Ernest W

Autoren, Automaten,
Audiovisionen

Ernest W. B. Hess-Lüttich (Hrsg.)

Autoren, Automaten, Audiovisionen

Neue Ansätze der Medienästhetik und Tele-Semiotik

Westdeutscher Verlag

Die Deutsche Bibliothek – CIP-Einheitsaufnahme
Ein Titeldatensatz für diese Publikation ist bei
Der Deutschen Bibliothek erhältlich

1. Auflage Oktober 2001

Alle Rechte vorbehalten
© Westdeutscher Verlag GmbH, Wiesbaden 2001

Lektorat: Dr. Tatjana Rollnik-Manke

Der Westdeutsche Verlag ist ein Unternehmen der
Fachverlagsgruppe BertelsmannSpringer.
www.westdeutschervlg.de

Umschlaggestaltung: Horst Dieter Bürkle, Darmstadt
Druck und buchbinderische Verarbeitung: Rosch-Buch, Scheßlitz
Gedruckt auf säurefreiem und chlorfrei gebleichtem Papier
Printed in Germany

ISBN 3-531-13674-7

Inhalt

III. Audiovisionen: Literatur und Film im Medienwandel

IV. Tele-Visionen: Vom Film zum Fernsehen und zurück

Vorwort

In den Text-, Kommunikations- und Medienwissenschaften gewinnt in jüngster Zeit ein Thema an Resonanz, das von den Medien selbst längst schon vorgegeben wurde: *Sprachwandel* im Zeichen des *Medienwandels*. Den damit einhergehenden und teilweise wohl auch dadurch bedingten Veränderungen in den Gepflogenheiten unseres kommunikativen Gebarens im Alltag gilt daher, beispielsweise, das Interesse der Beiträge zu dem mit diesem vorliegenden Band korrespondierenden Sammelwerk *Medien, Texte und Maschinen* (Hess-Lüttich ed. 2001), das die ersten Umrisse einer zu entwickelnden *Angewandten Mediensemiotik* zu zeichnen strebt. Zu ihren Aufgaben gehören freilich nicht nur die Sichtung der dort vorgestellten theoretischen Ansätze, terminologischen Vereinbarungen, methodischen Instrumentarien, nicht nur die Beobachtung der Konsequenzen technischer Innovationen für den Umgang mit den gewohnten Ressourcen täglicher Information, nicht nur die Analyse der neuartigen Gestalt polycodierter Texte und ihrer Funktionen in Bildung und Wissenschaft, nicht nur die Rekonstruktion von Entwicklungslinien traditioneller Medien etwa der Presse oder der Werbung im Übergang vom Industrie- zum Informationszeitalter, nicht nur die Veranschaulichung versprachlichter Gehalte in anderen Codes, nicht nur die Entfaltung von Perspektiven des Wissenstransfers durch Computervisualistik oder der Sinnkonstruktion an den modernen Maschinen der Kommunikation.

Zu den Aufgaben einer solchen *Angewandten Mediensemiotik* gehört zweifellos auch die Reflexion auf die *ästhetische* Dimension des Zeichenwandels unter dem Einfluß der typologischen Expansion und technologischen Innovation des Mediensystems (cf. Hess-Lüttich 2000). Die Rolle der *Autoren* steht in Frage bei neuartigen Formen der Literaturproduktion am Bildschirm des Computers; die *Automaten* bestimmen die Textur ihrer Werke, an denen sie gemeinsam arbeiten im Verbund der Netze; ihre Wahrnehmungsgewohnheiten verändern die *Audiovisionen* in der Konkurrenz von Literatur, Film, Fernsehen, Video, Hypertext. Die zwölf Beiträge zu diesem Band gruppieren sich zu einem mehrstimmigen Plädoyer für die Fortschreibung des Projekts einer Medienästhetik (Schnell 2000), die auch den neuen Aufgaben einer noch zu entwerfenden Tele-Semiotik audiovisueller Medien und digitaler Kunst Rechnung trägt. Neue Genres bilden sich heraus; Netzliteratur, Hyperfiction, Computeranimation im Film, Bildschirmästhetik im Fernsehen, Interface- und Textdesign und E-Book-Roman – all dies erfordert neue Lektüre-Modelle, zu deren Entwurf und theoretischer Grundlegung hier einige Bausteine gesam-

melt werden in der Hoffnung, damit zu einer *textwissenschaftlich* systematischen Erforschung der vielfältigen und sich wechselseitig befruchtenden Formen künstlerischen Ausdrucks in allen Medien und über kulturelle Grenzen
hinweg beizutragen (cf. Knoblauch & Kotthoff eds. 2001).

Knapp die Hälfte der Beiträge geht zurück auf die anregenden Diskussionen
in den vom Herausgeber und von Jürgen E. Müller organisierten Sektionen zu
Fragen der Medienforschung und zur Geschichte des audiovisuellen Apparates
im Rahmen des 9. Internationalen Kongresses der *Deutschen Gesellschaft für
Semiotik* 1999 in Dresden. Die Autoren haben sich bereiterklärt, ihren dort vor-
getragenen Ansatz im Blick auf die Entwicklung einer Angewandten Mediensemiotik in einem eigens für diesen Band formulierten Beitrag vorzustellen.
Die Mehrzahl der Beiträge wurde speziell für diesen Band eingeworben, um
die an den neuen Entwicklungen der Medienästhetik interessierten Leser zu
einem Gespräch über die angestammten Disziplingrenzen hinweg zu ermun-
tern. Allen Autoren sei für ihre Bereitschaft zur Mitwirkung an diesem Band
und für ihre Disziplin angesichts knapper zeitlicher Vorgaben sehr herzlich
gedankt. Besonders danken möchte ich aber auch meinem Assistenten Patrick
Linder für seine unentgeltliche technische Hilfe bei den editorischen Arbeiten,
ohne die dieser Band nicht so aktuell hätte herausgebracht werden können.

Literatur

Hess-Lüttich, Ernest W.B. 2000: *Literary Theory and Media Practice. Six
    Essays on Semiotics, Aesthetics, and Technology*, New York: CUNY.

Hess-Lüttich, Ernest W.B. (ed.) 2001: *Medien, Texte und Maschinen. Ange-
    wandte Mediensemiotik*, Wiesbaden: Westdeutscher Verlag.

Knoblauch, Hubert & Helga Kotthoff (eds.) 2001: *Verbal Art across Cultures.
    The Aesthetics and Proto-Aesthetics of Communication*, Tübingen: Gun-
    ter Narr.

Schnell, Ralf 2000: *Medienästhetik. Zu Geschichte und Theorie audiovisueller
    Wahrnehmungsformen*, Stuttgart/Weimar: Metzler.

Bern, im Juli 2001   *Ernest W.B. Hess-Lüttich*

Ernest W.B. Hess-Lüttich

Net-Art

Neue Aufgaben der Medienästhetik und Tele-Semiotik

Tools sometimes work better than rules.
Howard Rheingold (1985)

Das wahre Multimedium ist der menschliche Organismus.
Lewis Rumford (1966)

1 Print oder Pixel? Von Autoren, Lesern und Leser-Autoren

Für eine bekennende Leserin wie die erfolgreiche Autorin Elke Heidenreich (2001: 3) sind die Prioritäten klar: „Zuerst kommt das Sprechen, dann kommt das Lesen, dann kommt alles Elektronische – ohne Lesen auch kein Internet", schreibt sie in ihrem engagierten Plädoyer für das schon ältere Medium Buch, dem das Kursbuch (Nr. 133 v. September 1998) ein vielbeachtetes Themenheft widmete. Sie dachte dabei vornehmlich an das literarische Buch, dessen Fortbestehen als Massenmedium nicht wenige in Frage sehen in Zeiten immer knapperer Zeitbudgets, die für das herkömmlich ‚kulinarische' Lesen als Teil des täglichen Medienkonsums in einem rasch expandierenden und sich ausdifferenzierenden Mediensystem noch zur Verfügung stehen (SPIEGEL *Spezial* 10/ 1999). Die Statistiken des Buchhandels (der allein in Deutschland zur Zeit noch jeden Tag weit über zweihundert Bücher auf den Markt wirft, Tendenz steigend) lassen die Sorge einstweilen verfrüht erscheinen; und die Möglichkeit der Lektüre literarischer Texte am Bildschirm des E-Book scheint selbst wohlwollende Tester wie Peter Glotz (1999) oder Uwe Timm (1999) noch nicht recht überzeugt zu haben.[1]

Doch immer häufiger „stellen" Autoren Literatur „ins Netz". Seit die Hamburger Wochenzeitung DIE ZEIT 1996 den 1. Internet-Literaturwettbewerb im deutschsprachigen Raum veranstaltete, drängen immer mehr Literaten ins neue Medium, um den Lesern die Produkte ihrer kreativen Anstrengung in „Echt-Zeit" zu präsentieren (Stöbener 1999). Die österreichische Schriftstellerin

---

[1] Links zum Thema E-Book: www.rocket-ebook.de, www.softbook.com, www.verybook.net, www.librius.com, www.openebook.org, www.eink.com, www.ebooknet.com

Marlene Streeruwitz lehrte die neue Kunst im Netz; anerkannte Buchautoren wie Joseph von Westphalen, Matthias Politycki oder Ilija Trojanow beteiligten sich 1998 am „Novel-in-progress"-Projekt, das die Redaktion der Kultursendung des ZDF „Aspekte" ins Leben rief; Rainald Goetz ließ seine Leser via elektronischem Tagebuch, das er unter dem Titel „Abfall für alle. Mein tägliches Textgebet" ins Netz stellte, an seinem Leben teilhaben: als Buch gedruckt (1999 bei Suhrkamp erschienen) wirkte es seltsam banal.

Im Gemeinschaftsprojekten wie „pool" oder „null" fanden sich gut 30 junge Autoren wie Christian Kracht, Andrian Kreye, Tom Kummer, Elke Naters, Eckhart Nickel, Georg M. Oswald, Carmen von Samson, Moritz von Uslar oder Alban Nikolai Herbst zusammen und füllten ihre Internet-Seiten täglich mit fortlaufenden Texten, die mal mehr, mal weniger Bezug aufeinander nahmen.[2] Als Leser den Zugangscode knackten und Texte unter den Namen der Autoren beisteuerten, wäre das fast niemandem aufgefallen, wenn diese das nicht höchst „uncool" gefunden und die eingeschleusten Hacker-Texte schnell wieder gelöscht hätten. Das fand der Internet-Autor Alban Nikolai Herbst, der unter 15 verschiedenen Namen und Identitäten im Netz präsent ist, seinerseits wiederum kleinlich, weil gerade die Durchlässigkeit der Autor-Leser-Rollen das ästhetisch Interessante sei an der Netz-Literatur.

Nicht nur die Rolle des Lesers wandle sich also, sondern auch die des Autors. Die Netzwerk-Struktur des elektronischen Textes, heißt es (cf. Rieger 1994), erlaube dem Leser bei dessen Lektüre den vom Autor in den Text eingeschriebenen Verknüpfungsinstruktionen zu folgen oder eben nicht oder auch selbst zum Autor zu werden, indem er neue Verknüpfungen herstelle und Knoten der Datenbasis manipuliere oder ergänze oder neu kreïere. Die Verknüpfungen oder Verweisfunktionen könnten zudem über mehrere Ebenen hinweg erfolgen und zu einem assoziativ verzweigten Lektüreprozess führen, der den Leser wie beim Blättern in einer Enzyklopädie möglicherweise weit vom Ausgangstext fortführe. Je nach Verweisebene entscheide der Leser selbst über seine Lesestrategie nach Maßgabe seiner Interessen und Prioritäten. So kann er beispielsweise auf der Internet-Seite des renommierten DuMont-Verlages das von dem jungen Autor und Robert-Walser-Preisträger Thomas Hettche betreute „null"-Projekt anklicken und dort unter Autoren wie John von Düffel, Burkhard Spinnen, Dagmar Leupold, Thomas Meinecke, Judith Kuckart oder Helmut Krausser wählen, deren oft in Briefform verfaßte Texte und Fragmente vielfältig „vernetzt" aufeinander reagieren.

---

2   Nach Redaktionsschluß erschien eine Auswahl als Buch: Sven Lager & Elke Naters (eds.) 2001: *The Buch: Leben am Pool*, Köln: Kiepenheuer & Witsch.

Der Autor wird hier so etwas wie „ein Reiseleiter in künstlichen interaktiven Umgebungen, der die Navigation durch thematische Räume anleitet und Orientierung bietet während des Aufenthalts in einem Tableau von Erlebnismöglichkeiten", zitiert der schweizerische Schriftsteller und Informatiker Emil Zopfi (2001: 1) aus einem Essay von Wolfgang Neuhaus in *Telepolis*, dem „Magazin der Netzkultur" (www.heise.de/tp). Mittlerweile beteiligen sich so viele Leser-Autoren an solchen virtuellen Schreibwerkstätten wie, zum Beispiel, dem deutschen „Webring" (www.bla2.de), daß Oliver Gassner schon Ende 1999 mehr als 4000 Einträge bzw. Links zu Autoren von Amman bis Zopfi zu einem literarischen Reiseführer von über 800 Seiten versammeln konnte; heute ist die Sammlung mit dem Namen „Carpe" das größte deutschsprachige Literaturverzeichnis im Internet (Stillich 1999: 41).

Die Gemeinde der „Online-Literaten" wächst. Jeden Tag entstehen neue elektronische Magazine, mehr als 1500 „e-zines" sind zur Zeit auf dem Netz. Die erfolgreichsten (wie *Hotwired* oder *Suck* aus dem Hause *Wired*) zählen ihre Popularität in sechsstelligen „klicks": *Suck* hatte 1997 (nach Baller 1997) immerhin über 500.000 Leser im Monat. Literatur- und Kulturmagazine (wie *Missing Link*, das "Ezine für Cyberspace, Philosophie und Kultur" mit ca. 2000 Lesern monatlich) sprechen ein spezielles, literarisch gern selbst aktives

Publikum an, das seine ästhetischen oder theoretischen Inspirationen via ‚mailing-list' beisteuert und so die nächste Ausgabe gestalten hilft.

Die Leser-Autoren experimentieren mit den neuen Formen der *Chats* und Textbausteine, der Zitate und Verknüpfungen, der Text-Bild-Collagen und eingebauten Video-Animationen. Etliche elektronische Literaturzeitschriften bieten für die Diskussion der neuen ästhetischen Formen ein intensiv genutztes Forum.[3] Anfang Oktober 2000 fand in Kassel die erste Tagung zur „Poetologie digitaler Texte" statt; sie soll unter dem Titel „p0es1s" eine jährliche Fortsetzung finden (www.dichtung-digital.de). Die 23. Solothurner Literaturtage vom 23. bis 25. Mai 2001 haben ihren Themenschwerpunkt der Netz-Literatur gewidmet. Der Deutsche Taschenbuch Verlag (dtv) hat den Literaturpreis „Literatur.digital 2001" ausgelobt (www.dtv.de, bis 15.8.2001).

Nicht immer freilich fördert die „Entmachtung des Autors" und die „Geburt des Lesers als Ko-Autor" die Lust am Lesen. Den wenigsten vom „Zwang zum linearen Erzählen" befreiten Hypertext-Romanen (wie *Autopol* von Ilija Trojanov) war anhaltender Erfolg beschieden. Literatur im Netz ist zudem nicht dasselbe wie Netzliteratur: die Experten unterscheiden da genau zwischen Texten, die genauso gut am Bildschirm wie im Buch gelesen werden könnten, und solchen, die medienspezifisch konzipiert und strukturiert sind. „Netzliteratur" im eigentlichen Sinne sei nicht druckbar, sondern „flüchtig wie die Pixel auf dem Schirm", erläutert Zopfi (2001: 1), sie sei eher ein Angebot an die Leser als ein fertiges Produkt, eine Einladung, „sich beim Surfen durch eine Struktur von verlinkten Wörtern, Textbausteinen, Bildern und Klängen die Geschichte selbst zu bauen" (ibid.). Manchmal auch eine Aufforderung zum Mit-Schreiben wie beim „Assoziations-Blaster" von Alvar Freude und Dragan Espenschied, zu dem erst Zutritt erhält, wer selber einen Text beisteuert, mit dem der Ausgangstext weiter wächst. In solchen „kollaborativen Schreibprojekten" wie jenen der Berliner Netz-Autorin Claudia Klinger („Human Voices", „Missing Link"), sind die mit-schreibenden Autoren die hauptsächlichen Leser, räumt die schweizerische Netz-Autorin Regula Erni unbefangen ein (www. starnet.ch/schreibstuben).

Die Entwicklung kam bekanntlich nicht über Nacht. Sie bahnte sich seit langem an und hat historische Vorläufer. Medien wurden seit jeher immer auch ästhetisch genutzt (Hiebel et al. 1999). Nach der Erfindung des Buchdrucks zur Verbreitung der Bibel wurden alsbald auch Flugschriften und Dramen gedruckt. Nach der Entwicklung des Radios zur Verbreitung von Nachrichten

---

3   Kleine Auswahl: www.dichtung-digital.de, www.cyberfiction.ch, www.netz-literatur.ch;
     www.carpe.com, www.claudia-klinger.de, www.hyperfiction.de, www.netz-literatur.de,
     www.bla2.de

schrieben literarische Autoren Hörspiele für das neue Medium. Bei den Telefondiensten der Post konnte, wen danach dürstete, unter einer speziellen Service-Nummer professionell deklamierten Gedichten lauschen. Gedichte finden sich nicht nur in Anthologien, sondern auch auf den Plakatwänden der Londoner U-Bahn. Und im April 2001 wurde ein Wettbewerb ausgeschrieben zur Prämierung des besten literarischen Textes, der auf dem Display eines Handy (160 Buchstaben) Platz findet.

Literarische Texte sehen sich am Anfang des neuen Jahrhunderts einer zunehmenden Konkurrenz zu den neuen Medien ausgesetzt. Für Kunst als Ware erzeugen sie einen hohen Anpassungsdruck – man denke nur an das eher ökonomische als ästhetische Kriterium der ‚Verfilmbarkeit' von Büchern, an die Buch-zum Film-Projekte des Verlegers Eichborn oder die multimediale Mehrfachverwertung literarischer Stoffe als Buch, als Film, als CD-ROM, als Hypertext und wieder zurück (wenn Kunstfiguren von Computerspielen wieder zu Helden von Filmen werden wie Lara Croft in *Tomb Raider* 2001).

Die klassischen Grenzen zwischen den Medien beginnen in solchen Fällen zu verschwimmen, die Hybridisierung von Kino und Computer schreitet voran: computergenerierte Kino-Helden erfüllen den Maschinentraum des Publikums von jenen digitalisierten Kunstwelten, die von den Computerspielen her vertraut sind; traditionelle Spielfilme enthalten immer häufiger die Tricks des „computer-generated imagery" (CGI), das nicht nur die Welt der Saurier wiederbelebt (*Jurassic Park*) oder künstliche Wellen auftürmt (*Der Sturm*) und historische Bomberangriffe simuliert (*Pearl Harbor*), sondern die Fälschung zum Standard erhebt. Synthetische Schauspieler, die sog. „synthespians" (*synthetic thespians*), ersetzen in Großproduktionen wie *Titanic* (1997) oder *Gladiator* (2000) mühelos teure Statistenheere und stehen neuerdings gar als Cyborg-Stars im Mittelpunkt von Fantasy- und Science-Fiction-Filmen (*Shrek*, *Final Fantasy*, *A.I.* etc.). Dabei geht es selten um die Erfindung neuer Welten des so noch nie Gesehenen, oft wird nur das aus den „alten Medien" Vertraute technologisch neu ausstaffiert. Die Erzählmuster folgen zäh auch im neuen Medium meist den Bahnen der gewohnten Lektüre-Routinen. Aber nicht selten wirken die Erkundungen der Autoren im neuen Medium der Automaten kreativ zurück auf die Erzählweisen im alten des Buches. Einer kritischen Medienästhetik wachsen hier neue Aufgaben zu in der genauen Analyse intermedialer Wechselwirkungen zwischen Literatur und Film, Fernsehen und Video, Computer und Internet (cf. Müller 1996; Helbig ed. 1998; Schnell 2000).

Semiotisch und ästhetisch sind die neuartigen Kommunikationsformen für moderne Literatur insofern stets Leitgrößen gewesen, als moderne Autoren ihre Schreibstrategien häufig an den Codes und Wirkungsweisen der neuen

Medien gemessen und ausgerichtet haben. Schon die Montageformen des modernen Großstadtromans bieten dafür ein anschauliches Beispiel. Den medienbedingten Entwicklungen neuer ästhetischer Formen in der Literatur der letzten dreißig Jahre widmet sich eine neue Studie zur „Mediensimulation als Schreibstrategie", die hier aufgrund ihres unmittelbaren Bezugs zu unserem Thema in knapper Skizze exemplarisch vorgestellt sei.

2 Mediensimulation als Schreibstrategie

Unter diesem Titel hat der Göttinger Literaturwissenschaftler Philipp Löser (1999) das Verhältnis von Film, Mündlichkeit und Hypertext in der postmodernen Literatur der vergangenen Generation untersucht. Dabei ging er davon aus, daß literarische Reaktionen nicht allein durch mediale Differenzen, sondern durch die Einbettung in größere Zusammenhänge und Interessenlagen historisch bedingt seien und daß das Verhältnis verschiedener Medien zueinander sich nicht auf wahrnehmungs-psychologische oder semiotische Differenzen reduzieren lasse. Sensibel spürt Löser den verschiedenen Konzeptualisierungen anderer Medien in der Literatur nach und zeigt, wie die Versuche der Nachahmung oder „Simulation" dieser anderen Medien die Schreibstrategien postmoderner Autoren zum Teil erheblich beeinflussen. In drei Schritten werden Annäherungen an Film, die Computer-Technologie Hypertext und, gleichsam als Gegenprobe, an das älteste Medium der Mündlichkeit untersucht. Eine Skizze gängiger Positionen zum Medium Schrift komplettiert den Durchgang durch die Medienvorstellungen und -simulationen in der Literatur.

Anhand genauer Textanalysen zu Botho Strauß' Prosawerken *Paare Passanten* und *Der junge Mann* wird z.B. im Kapitel zum Film gezeigt, wie die Überwältigung des menschlichen Wahrnehmungsapparates durch den Film bei Botho Strauß vor allem zum Anlaß genommen wird, im Sinne klassischer Filmtheorien (Kracauer, Bazin) die Möglichkeit eines unmittelbaren Zugangs zur Wirklichkeit zu postulieren. Allerdings zeigt sich selbst bei Strauß, viel deutlicher aber noch bei Rainald Goetz und Italo Calvino, daß die Techniken der Montage, der Metafiktion und der Präsentation von Gedächtnisinhalten als Kino den Film ganz gegenläufig als reines Produkt des menschlichen Bewußtseins ausweisen können, das primär zur Manipulation von Bewußtseinsinhalten, aber gerade nicht zur Ermöglichung von Partizipation an göttlichem Geschehen geeignet erscheint.

Das Schriftkapitel bietet einleitend grundlegende Reflexionen zur Simulation anderer Medien in der Schrift und zur Frage, inwiefern die These vom Mediendeterminismus nicht stichhaltig ist. Darauf folgt die Erörterung grundlegender Charakteristika des Mediums Schrift und ein problemgeschichtlicher Abriß zum Thema „Abwesenheit". Eine eingehende Diskussion der Ich-Konstruktion in literarischen Texten und des Verhältnisses von Schreiben und Öffentlichkeit führt auf unterschiedlichen Wegen zurück zu der Frage, ob Schrift Einheit zu stiften imstande sei oder ganz in der Differentialiät ihrer Zeichen aufgehe.

Nach einem kurzen Forschungsüberblick zur Oralität in der Literatur kommt im Mündlichkeitskapitel die Verwendung der Grundsituationen des Monologs, des Gesprächs, des Geredes, der mündlichen Telekommunikation und der Begegnung mit losgelösten Stimmen zur Sprache. Während Botho Strauß die Aspekte der „Fühlungnahme" und der einigenden Kraft der autoritären Stimme in den Vordergrund stellt, zeigen Thomas Bernhards Prosatexte auf exemplarische Weise, wie Oralität gerade als Subversion, als Auflösung von Regelhaftigkeit, gedeutet werden kann.

Das vierte Kapitel zum Hypertext schließlich untersucht, was es bedeutet, das im Medium Schrift so dominante Prinzip der Linearität auszusetzen. In diesem Zusammenhang postulieren Hypertext-Autoren, aber auch Vertreter des Genres des enzyklopädischen Romans, eine neue Welthaftigkeit. Am Beispiel von Texten von Michael Joyce, Cortazar, Perec, Okopenko und abermals Botho Strauß werden entsprechend die Aspekte der mimetischen Darstellung des Welt-Chaos und der Programmierung, der Aussetzung von Linearität und der Einsetzung neuer Regelsysteme, kritisch gegeneinander abgewogen. Die zentrale Frage aller diesbezüglichen Überlegungen scheint zu sein, ob technische Entwicklung die Unvollkommenheit des menschlichen Geistes auffangen und zu neuen, ganzheitlichen Wahrnehmungsformen führen könne. Im abschließenden Kapitel zur Simulation von Schrift wird diese Perspektive probeweise umgekehrt: Können moderne Technologien auch nur die Möglichkeiten der Schrift und des menschlichen Bewußtseins erreichen? Die Antwort muß wohl negativ ausfallen, und spätestens an diesem Punkt werden Spekulationen zur revolutionären Kraft literarischer Hypertexte fragwürdig, wie sie von der Gemeinde der Internet-Literaten im ersten Überschwang beschworen zu werden pflegt unter Verweis auf die meist aus den Vereinigten Staaten von Amerika unbekümmert übernommenen Theorien des neuen Genres „Hyperfiction" (Hess-Lüttich 1999a; Mazenauer 2001).

3   Net-Art: Hypertext – Hyperfiction – Hypermedia

Seit Theodor Holm Nelsons *opus magnum* über die *Literary Machines* (1987) erschien, gewinnen die Stimmen an Kraft und Gehör, die für die *literaturtheo-*

retische Fundierung des Hypertext-Konzepts plädieren (z.B. Bolter 1991; Delany & Landow eds. 1991; Landow 1992). Dabei wird zuweilen in amerikanischer Unbefangenheit ins Volle gegriffen und Heterogenes großzügig zusammengerührt. Ob Roland Barthes in den beschaulich PC-freien 60er Jahren viel von den Rechnern verstand oder nicht – antizipiert habe er sie jedenfalls, als er Texte sah, soweit das Auge reicht („as far as the eye can reach", Barthes 1974: 11; cf. Bolter 1991: 161; Landow 1992: 3). Nach der Erfindung der Schrift, das muß er gespürt haben, stehe nun die zweite geistesgeschichtliche Revolution bevor, die alle traditionellen Vorstellungen von Kultur, Literatur oder Gesellschaft über den Haufen werfe (Bolter 1991: 233 ff.). Kühn wird der Bogen geschlagen von der jüdischen *Mishnah* bis zur literarischen Avantgarde (Landow 1992), von der *ars poetica* des Horaz zur *ars combinatoria* des Hypertext, vom Mythos der Antike zur Maschine der Moderne (cf. Bolter 1991: 35 ff.), wenn es gilt, Hypertext als „an essentially literary concept" zu erweisen (Slatin 1988: 112) und dafür Vorläufer zu benennen und Parallelen zu (er-)finden. Gemach, möchte man sagen, aus alteuropäischer Sicht.

Landow hat sich die *Poetik* des Aristoteles vorgenommen – und siehe da: Hypertext setze sie außer Kraft. Nichts mehr von „fixed sequence, definite beginning and ending, a story's ,certain definite magnitude', and the conception of unity or wholeness" (Landow 1992: 102). Nun sind die Regeln der aristotelischen Poetik schon häufiger verletzt worden, auch von Autoren, die sich beim Verfertigen ihrer Texte noch des Federkiels bedienten. Sie gehören zur schnell wachsenden Gemeinde der „Vorläufer" von Hypertext. Laurence Sterne's *Tristram Shandy* wird hier gern genannt mit seiner Kunst der Digression oder James Joyce's *Ulysses* und erst recht *Finnegans Wake* mit seinen enzyklopädisch verzweigten Assoziationsketten und subtilen Verweisungsnetzen (cf. Eco 1987: 72; id. 1990: 138), Alain Robbe-Grillet oder Jorge Luis Borges oder Vladimir Nabokov: ihre Werke seien Belege für den Versuch der Autoren, „to divorce themselves from imposing a particular reading of their texts on their readers, attempting to eliminate linearity of texts" (Ledgerwood 1997: 550). Genau dies war das literarästhetische Programm französischer Autoren wie George Perec oder Raymond Queneau und anderer, die sich in der OULIPO (*OUvriers de la LIttérature POtentielle*) zusammengeschlossen hatten und Texte darboten, deren Sinn sich dem Leser erst erschloß, wenn er die nicht-linearen Textteile selbst zu einem kohärenten Ganzen verschmolz. Queneaus *Cent mille milliards de poèmes* etwa bedürfe eines aktiven Lesers, der sich als Co-Autor verstünde (cf. Fendt 2001: 107).

Zugegeben: Bücher im landläufigen Sinne haben einen Anfang und ein Ende, aber zwingt uns das zur Linearität der Lektüre? Waren es nicht gerade die reputablen Schriften alter Kulturen, die uns aus diesem Zwang entließen, die Zeichen des Lao Tse, die Qumran-Rollen, der Talmud, die Bibel der Christen? Wurden für graphische „Benutzeroberflächen" nicht längst mittelalterliche Vorbilder ausgemacht (Clausberg 1994; Coy 1994)? Man vergegenwärtige sich nur einen Traktat aus dem Talmud, die Seite kunstvoll gestaltet mit Kopfzeile und Fußnote, mit dem Text der hebräischen *Mishnah* in der Mitte, eingerahmt vom Kommentar der aramäischen *Gemara*, erweitert durch erläuternde *Haggadah*, assoziativ angeschlossene Parabeln und mnemo-technisch hilfreiche Merkworte und Wortspiele, Querverweise auf andere Textstellen, auf die Bibel oder mittelalterliche Schriften, Einschübe, Marginalien, Korrekturen, Kommentare aus Jahrhunderten angelagert – so entstand im Laufe der Zeit „ein dichtes Geflecht von Texten über Texte, mit unzähligen Verweisen und Beweisführungen, das gerade durch die verschiedenen Lesarten, konkretisiert in den zahlreichen Kommentaren, zu immer neuer, ‚unendlicher' Interpretationsarbeit auffordert" (Fendt 1995: 93; cf. id. 2001: 106 f.).

Was sich im verständigen Umgang mit Handschriften – wir haben die klösterlichen Skriptorien des Mittelalters vor Augen – über die Jahrhunderte an Spuren ihres kritischen Gebrauches niederschlug und in Interlinear- oder Randglossen sedimentierte, zeuge von der Pluralität einer anonymen Autorschaft, die beitrug zum Werden und Wachsen des Textes. Nicht anders, im Prinzip, verführen die ‚user' von Hypertext, wenn sie Fenster um Fenster öffnen und sehen, was Autoren, über die Zeit und weit verstreut, zu seinem Ausgangspunkt zusammengetragen haben. So werde das ‚Textgedächtnis' fortgeschrieben und erweitert ins Unermeßliche und vielleicht Undurchschaubare, und es findet seine Grenzen nur in denen des Speichers. Wer sich verläuft im Irrgarten der Texte, erinnert sich vielleicht zum Troste, gebildet wie er (sie) hoffentlich ist, der seit der Antike beliebten und im 17. Jahrhundert zur Blüte reifenden Gattungs-Tradition der Text-Labyrinthe, durch die der Ariadnefaden linearer Lektüre keineswegs immer sicheres Geleit verhieß.

Mehr-Linearität, Leser-Aktivität, Intertextualität, Pluralität der Lesarten und Offenheit der Lesewege: für jedes dieser Merkmale von Hypertext ließen sich unschwer literarische Vorbilder finden, resumiert Fendt (1995: 108; id. 2001: 107) die einschlägigen Bemühungen, Texte von Autoren, die „das Experimentieren mit literarisch-ästhetischen Mustern zum Programm erhoben [haben] und in einer erstaunlichen Fülle der Kriterien, die auch für Hypertext gelten, auf ihre Texte" anwenden. Andererseits unterläuft den Jüngern der postmodernen „Literary Theory" im Überschwang auch die eine oder andere metaphorische Ungenauigkeit, wenn sie mit Derrida oder Bataille oder auch Sebeok die „unlimited semiosis in the semiotic web" beschwören. Die *chunks* und *links* im

Hypertextsystem sind immerhin bezifferbar; die Zahl möglicher Verknüpfungen stößt an physikalische Grenzen der Rechnerkapazität (und physische Grenzen der Perzipierbarkeit); alle Alternativen der Auswahl und Möglichkeiten der Verzweigung sind von den Programmen unveränderlich festgelegt; jemand muß die Verbindungen herstellen zwischen von ihnen definierten und selegierten Texteinheiten im Rahmen der Möglichkeiten des Programms; die Einheiten (Texte, Knoten, *chunks*) müssen sinnvolle (nicht notwendigerweise vom Erstautor als solche intendierte) Anschlußstellen für weitere Verknüpfungen enthalten; mit der Zahl der Verbindungen verliert die Rede vom Text als einer semantischen Funktionseinheit an Sinn; nicht alle Verbindungen sind von gleicher Plausibilität, es sei denn, man verstummt vor der Einsicht vieler Intertextualitätstheoretiker, nach deren schwer widerlegbarem Befund alles mit allem zu tun habe, und lauscht der Polyphonie der Stimmen im „chambre d'echos" der „Bibliothèque générale" (Barthes).

Wären alle Verbindungen gleich gültig, würden sie gleichgültig gegenüber dem Anspruch ihrer Rechtfertigung. Gegen diese Beliebigkeit hat Eco (1990) die Grenzen der Interpretation markiert und gegen Derrida oder Bataille Plausibilitätsansprüche geltend gemacht. Unter Rückgriff auf Peirce erinnert er daran, daß auch bei theoretischer Unbegrenztheit potentieller Verbindungen gegebener Interpretanten mit Zeichen(komplexen) die Zahl der faktisch gewählten Verbindungen endlich und begrenzt sei. Nicht alle Metatexte zu Texten seien gleich-wertig, einige setzten sich durch, andere würden mit Fug verworfen, bestimmte Verbindungen machten mehr Sinn als andere, manche Wege führten auch in Sackgassen. Dies gilt es bei der Fortentwicklung nicht nur der Literaturtheorie, sondern auch von Maßstäben ästhetischer Wertung im Zeitalter elektronischer Medienkonkurrenzen im Auge zu behalten.

Hinter der neuen Genre-Bezeichnung *Hyperfiction* verbirgt sich ja in noch laxer Redeweise durchaus Unterschiedliches: neben den oben beschriebenen kollaborativen Schreibprojekten, zu denen Autoren-Leser („Wreader") gemeinsam ihre linear konzipierten Textbausteine zusammentragen, werden darunter oft auch noch die multilateralen Dialog-Rollenspiele der so genannten *Chats* oder *MUDs* (*Multi User Dungeons*) verstanden, in denen im schnell geschriebenen Gespräch so etwas wie ein gemeinsamer Text entsteht, der mit der dazu nötigen Geduld linear sich verfolgen ließe. Von „Hyperfiction" im engeren und strengeren Sinne dagegen kann eigentlich erst dann die Rede sein, wenn sie den medienspezifischen Regeln der hypertextuellen Textproduktion und Textkonstitution folgt, also systematisch Gebrauch macht von den neuen Möglichkeiten des Mediums zur Vernetzung von Textblöcken durch entsprechend markierte digitale Hyperlinks. Sie sind die konstitutiven Einheiten von

Hyperfiction, mittels deren die narrativen Pfade geschlagen werden durch den Dschungel des Corpus im Speicher. Diese Pfade können verschlungene Wege sein mit immer neuen Verzweigungen, die dem Leser Entscheidungen abverlangen, aber auch gerade Einbahnstraßen, die ihn lähmend leiten, oder eben auch Sackgassen, die ihn zur Rückkehr zwingen und zu neuem Versuch.

Der Autor verwebt die Fäden der Textur und behält, im Glücksfalle, die Übersicht; der Leser knüpft sie neu, nach eigenem Gusto, und montiert sich so den ihm vielleicht gemäßen Text. Die Montage bleibt freilich im vom Autor definierten Rahmen des Programms, dessen Beschreibung und Bewertung einer neuen „Narratologie holistischer Textualität" obliegt (cf. Hess-Lüttich 1999a). Es ist zugleich eines der entscheidenden Kriterien für die Beurteilung einer literarischen Gattung, deren Qualität sich durch Sprache und Stil allein nicht mehr verbürgt. Hinzu treten Kriterien des gefälligen Screen- oder Textdesigns (Bucher 1996; Hess-Lüttich 1999c; Lobin ed. 1999) und der stimmigen Integration polycodierter Textelemente (Hess-Lüttich 1994) wie Grafiken und Tabellen, Töne, Geräusche, musikalische Sequenzen, Photos, Bilder, Videos, multimodale Animationen. Erst aus der Summe solcher Kriterien ergibt sich das Spezifische des neuen Genres und der komplexere Maßstab seiner Beurteilung.

Es überschreitet zugleich die Grenzen des Literarischen. Roberto Simanowski, der das online-Magazin für digitale Dichtung (www.dichtung-digital.de) ediert, hat deshalb zu Recht für eine Erweiterung des ästhetischen Instrumentariums zu seiner Beschreibung plädiert (hier zit. n. Mazenauer 2001: 2; cf. Simanowski 1996):

> Die Ästhetik der digitalen Literatur ist in hohem Masse eine Ästhetik der Technik, denn die künstlerischen Ideen müssen in die Materialität des Stroms überführt werden, ehe sie auf der Ebene sinnlicher Vernehmbarkeit erscheinen können. Die erfordert vom Autor eine weitere bisher nicht notwendige Qualifikation: neben der ästhetischen – und zwar multimedial – ist die technische nötig.

Sind die polycodierten Hypermedia noch Literatur? Wird das ästhetische Vergnügen an der Kunst sprachlicher Gestalt überlagert, ja verdrängt von dem am Raffinement der Text-Oberfläche? Das „Oberflächliche" so mancher Versuche digitaler Literatur ist ja nicht zufällig Gegenstand pointierter Kritik von am hergebrachten Kanon geschulten Experten. „Net-Art", Netz-Kunst ist deshalb vielleicht in der Tat das unverfänglichere Gefäß für „Werke" wie die von Jenny Holzer oder Barbara Kruger, in denen Sprache, Bild und Ton sich stimmig vereinen und die ein Terrain sondieren, auf dem wir das Gedeihen neuer Kunst-Formen jenseits der bewährten (auch bewehrten zuweilen und verbissen verteidigten) Schutzwälle tradierter Feldverteilung und Gebietsansprüche beobachten können.

Das Vergnügen an der Lektüre von Büchern im gewohnten Verstande steht dabei einstweilen nicht ernsthaft in Gefahr. Die Technik garantiert ja nicht schon von selbst ästhetische Qualität, die schöpferische Kraft heischt und eine ordnende Hand. Entsprechend gelassen äußert sich der Hamburger Verleger (und zeitweilige Staatsminister für Kultur in Berlin) Michael Naumann im SPIEGEL-Gespräch mit Stephan Burgdorff und Johannes Saltzwedel (SPIEGEL *Spezial* 10/1999: 30-34): mit den elektronischen Stilmitteln des Hypertextes werde versucht, „das Gehirn des Lesers auszuräumen und zu ersetzen durch alle vorstellbaren Assoziationsketten bis hin zu Absurditäten. Es ist der vergebliche Versuch, Phantasie durch Technik zu ersetzen, letztlich ein Verlust von Freiheit im Namen von Vielfalt". Die von den Hypertext-Apologeten behauptete Aufhebung der Herrschaft des Autors halte er ungefähr für so naiv „wie das alte Renaissance-Ideal, jeder könne sein eigener Autor sein". Und die Mit-Entscheidung des Lesers darüber, wie ein Handlungsfaden weitergesponnen werden solle, habe es schließlich auch schon bei Charles Dickens gegeben, der seine frühen Romane als Zeitungsserie veröffentlichte. Im übrigen kann sich nicht nur der Leser leicht verirren in den Labyrinthen des Netzes („lost in cyberspace"), sondern auch der Autor: Harold Brodkey etwa hinterließ in seinem Rechner gut 36.000 Seiten seines Romanprojekts „The Runaway Soul", die sich nicht mehr zu einem Manuskript sortieren ließen – er habe sich, sagt Naumann, „in seinem Computer verlaufen, wie Robert Musil in seinem *Mann ohne Eigenschaften* sich in der Überfülle der Notizen verloren hat".

Entsprechend reserviert bleibt die etablierte *Literaturkritik* gegenüber den ihr bislang präsentierten „Werken": in Solothurn stellte die Internet-Autorin Susanne Berkenheger unter dem gewiß interessierte Anteilnahme weckenden Titel „HILFE!" einen „Hypertext für vier Kehlen" vor, der nach dem harschen Urteil des in der Schweiz renommierten Literaturkritikers Charles Linsmayer (in DER BUND 152.122 v. 27.5.2001: 5) „sprachlich-inhaltlich allen interaktiven Collage-Möglichkeiten zum Trotz die Stufe eines (schlechten) Pennäler-Aufsatzes nicht überstieg". Die sonstigen Präsentationen digitaler Literatur („Lesungen" paßt ja nicht mehr recht für das Genre, und über die Namen gehen wir gnädig hinweg) vermochten ihn jedenfalls ebensowenig zu überzeugen wie die theoretischen Reflexionen der Experten für experimentelle Poesie auf den Podien der Literaturtage, denn, resümiert er ohne Umschweife, „wenn aus der heillosen Verwirrung in Sachen Hyperfiction überhaupt etwas Berichtenswertes hervorging, dann die Tatsache, dass die Hyperfiction ein neues Leseverhalten erfordert, dass von einer Konkurrenzierung der geschriebenen Literatur derzeit noch keine Rede sein kann und dass aus einem missglückten Text durch die Transponierung in eine Hyperfiction noch lange kein geglückter wird" (ibid.).

Über das im Sommer 2001 als *The Buch* erschienene Sammel-Werk der *Pool*-Autoren (Fußnote 2) urteilt die Zürcher Autorin Simone Meier unter dem Titel „Nichtigkeit im Weltformat" (in: DER SPIEGEL 31 v. 30. 7. 2001: 151) nicht minder harsch: „Simple Linearität bestimmt die Form, die Begegnung mit dem Medium Internet hat nichts gebracht außer einem gewachsenen Vertrauen in die Oberflächlichkeit von Textproduktion, das vielschichtige und schwer zähmbare Ungetüm namens Hyperfiction hat weder im Pool noch in ‚The Buch' Spuren hinterlassen."

Umso nachdrücklicher wäre demnach die *Literaturwissenschaft* gefordert. Aber die hat sich bislang auffallend bedeckt gehalten. „Warum interessieren sich die Literaturwissenschaftler nicht für das Internet?", fragt der Netz-Autor Dirk Schröder, „die haben doch die Aufgabe, Literatur aufzuspüren, wo es geht" (Stillich 1999: 42). Nur scheinen die in ihrer überwiegenden Mehrheit einstweilen noch eher ratlos. Der Geschäftsführer des schweizerischen Schriftstellerverbandes Peter A. Schmid hält eine Diskussion der neuen ästhetischen Formen von Netz-Literatur, von digitaler Dichtung, von Hyperfiction oder Cyberfiction für dringend geboten. Es gebe ja nicht einmal Kriterien dafür, ob die Online-Literaten überhaupt als Schriftsteller zu gelten hätten und etwa in den PEN oder in den Schriftstellerverband aufzunehmen wären. Freilich habe sich „bisher auch noch keiner darum bemüht" (zit. n. Zopfi 2001: 2). Deshalb möchten wir diese Diskussion mit den Beiträgen ausgewiesener Literatur- und Textwissenschaftler der zumeist jüngeren Generation zu dem hier vorgelegten Buch, sozusagen auf traditionellem Terrain, anstoßen und vertiefen helfen.[4]

---

4   Neben den in Fußnote 3 genannten Internet Foren wie dem von Roberto Simanowski betreuten online-Magazin für digitale Ästhetik (www.dichtung-digital.de) oder der kommentierten Database über Hyperfiction-Projekte (www.cyberfiction.ch) oder dem aktuellen Wegweiser durch das mittlerweile unüberschaubar gewordene Literatur-Angebot im Internet (www.netz-literatur.ch) cf. zu dieser Diskussion auch die CD-ROM pegasus 1998 mit den Beiträgen des Internet-Wettbewerbes von DIE ZEIT, ARD, IBM und Radio Bremen 1996-98 oder das CD-ROM Archiv der Ausgaben von *dichtung-digital* von Juni 1999 bis November 2000 sowie das Projekt von Johannes Auer & Reinhard Döhl 2000: *„kill the poem". Digitale visuell konkrete Poesie und Poem Art*, Zürich: update. Verwiesen sei außerdem auf Suter & Böhler (eds.) 1999 und Suter 2000.

4 Ausgewählte Stimmen zur Medienästhetik und Tele-Semiotik

Die Beiträge zu diesem Band sind in ausgewogener Balance zu vier Teilen gruppiert. Drei Beiträge reflektieren unter dem Obertitel (i) „Autoren: Literatur, Technik, Medienästhetik" in historischer, erkenntnistheoretischer und literaturkritischer Absicht das Verhältnis von Autor und Leser im Wandel der technischen Bedingungen literarischen Schreibens und fragen nach den Konsequenzen für die Formulierung einer diesen neuen Bedingungen insgesamt gerecht werdenden Medienästhetik, die neue Kunstformen (wie z.b. die sog. „Netzkunst") einschließt. Drei weitere Beiträge nehmen auf dem so bereiteten theoretischen Fundament das neue Genre der „Netzliteratur" genauer unter die Lupe: (ii) „Automaten: Literatur, Computer, Hyperfiction". Intermedialen Relationen zwischen Literatur und Film gilt das Interesse der drei Beiträge im dritten Teil unter dem Stichwort (iii) „Audiovisionen: Literatur und Film im Medienwandel". Und wiederum drei Beiträge widmen sich dem Verhältnis von Film und Fernsehen am Beispiel intermedialer Bezüge, historischer Entwicklungen und künftiger Transformationsstufen des Zuschauens: (iv) „Tele-Visionen: Vom Film zum Fernsehen und zurück". Sie seien im folgenden (auf der Grundlage der Zusammenfassungen durch die Autoren) kurz vorgestellt.

HENRIETTE HERWIG (Freiburg im Breisgau) vergleicht in ihrem Eröffnungsbeitrag über die „Wendepunkte der Mediengeschichte und ihre Auswirkungen auf das Lesen und die Literatur" die sozialen, medialen, religiösen und kulturellen Folgen der Einführung des Buchdrucks im Europa der frühen Neuzeit mit der Erweiterung, Differenzierung und Funktionsverschiebung der Medien in der global vernetzten Kommunikationsgesellschaft der Gegenwart. Sie erörtert den Einfluß der neuen Medien auf das Informationssystem, den Zeichen-, Text- und Wirklichkeitsbegriff, den literarischen Markt, das Gattungssystem, die Produktions- und Rezeptionsweisen von Texten, das Bild des Menschen und die Hierarchie der Sinne.

Insbesondere geht sie der Frage nach, welche Veränderungen des Leseverhaltens mit der Gewöhnung an Hypertexte einhergehen und welche Auswirkungen auf die Literatur von ihr zu erwarten sind. Sie diskutiert die sprach- und literaturtheoretischen Voraussetzungen literarischer Verstehensprozesse und führt die Opposition zwischen dem linearen Lesen gedruckter Texte und dem interaktiven Lesen von Hypertexten auf ein falsches Modell der Autor-Text-Leser-Interaktion zurück, das sie durch ein text- und mediensemiotisches zu ersetzen vorschlägt. Vor dem Hintergrund der Ergebnisse der empirischen „Wissenskluft"-Forschung wagt sie schließlich die Prognose, daß die elektronischen Medien die Kulturtechnik des Lesens nicht verdrängen, sondern im mediensemiotisch erweiterten Sinn mehr denn je zur kulturellen Schlüssel-kompetenz machen werden.

GESINE LENORE SCHIEWER (Bern) geht in erkenntnistheoretischer Absicht der Frage nach, inwiefern und inwieweit sich „Oswald Wieners experimentelle Kunst als Kritik formaler Kommunikationstheorien" reformulieren lasse. Im Werk des literarischen Autors, Automaten- und Erkenntnistheoretikers Oswald Wiener verbinden sich seine weiten Interessenfelder in vielfältiger Weise: in den literarischen Texten *Die Verbesserung von Mitteleuropa, Roman* (1969), *Nicht schon wieder ...! Eine auf einer Floppy gefundene Datei* (1990) und *Bouvard und Pécuchet im Reich der Sinne. Eine Tischrede* (1998) nehmen theoretische Themen breiten Raum ein, in den *Schriften zur Erkenntnistheorie* (1996) ist die Frage kreativen Verstehens von zentraler Bedeutung und in den *Literarischen Aufsätzen* (1998) wird eine Synthese des erkenntnistheoretischen Ansatzes mit der ästhetischen Konzeption angestrebt. Wieners Grundannahmen beruhen dabei auf der Automatentheorie Alan M. Turings, die einer Fundierung seiner Analyse von Sprache, von Kommunikation und von Verstehensprozessen dient. Seinem Entwurf zur Einbindung von Kunst in das genauere Verständnis von Sprache und Bewußtsein im Zeitalter der Informationsgesellschaft gilt auf dem Boden des in den jüngst publizierten Sammlungen erreichten Forschungsstandes das zentrale Interesse dieses Beitrags.

PETER RUSTERHOLZ (Bern) liefert mit seinen Notizen über die „Darstellung der Krise – Krise der Darstellung. Friedrich Dürrenmatts Darstellung der Maschinenwelt in seiner Novelle *Der Auftrag*" dazu gleichsam das literarisch-literaturkritische Pendant. Friedrich Dürrenmatt verarbeitete ja eine Identitäts- und Schaffenskrise nach dem Mißerfolg seines Dramas *Der Mitmacher* (1973), indem er zu einem grundsätzlich neuen und anderen Schriftprinzip fand, das den Autor nicht mehr als Subjekt, sondern als Objekt seiner Stoffe sieht. Unter dem Eindruck von Sören Kierkegaards *Unwissenschaftlicher Nachschrift* beschäftigt ihn im Gegensatz zu diesem nicht die Frage des Glaubens an Gott, sondern die Möglichkeit des naiven Darstellens und Erzählens nach dem Verlust des Glaubens an ein überzeitliches Ich.

Die alte Teil-Ganzes-Relation mit Wirklichkeitsanspruch wird durch eine neue Teil-Teil-Rekonstruktion mit beschränktem Möglichkeitsanspruch ersetzt. In der Novelle *Der Auftrag* wird das Erzählen zum Rekonstruktionsversuch von Geschichten, die auf einem multipel gestaffelten, negativ wie positiv gesetzten Beobachten einer nur mehr medial zu erfassenden Wirklichkeit beruhen. Das Beobachten ist ambivalent ein negativ besetztes Objektivieren und ein positiv besetztes als Subjekt Beachten; schließlich wird das Beobachten selbst zum sinnstiftenden Seinsprinzip. Die Problematisierung der Konstituti-

onsbedingungen des Ichs und des Werks in Dürrenmatts Spätwerk vollzieht ein
Bewußtsein, das den Glauben an die Wirklichkeit der Fiktion und die wissenschaftlich objektive Erfahrung von Wirklichkeit verloren hat und das die Möglichkeit der poetischen Fiktion als Gleichnis verschiedener Möglichkeiten gewinnt.

CHRISTINA VOGEL (Zürich) fragt in ihrem Beitrag in kritischer Absicht „Internetliteratur: (k)eine Revolution?". Wer am Beginn des 3. Jahrtausends die
oft euphorischen Theorien mit den Praktiken von Internetliteratur vergleiche,
stelle nämlich eine enorme Unstimmigkeit zwischen spekulativem Anspruch
und wirklich Erreichtem fest. Bedenklicher als diese Diskrepanz von Theorie
und Praxis aber sei die Tatsache, daß die Konzepte, die man im Zusammenhang mit Internetliteratur bemühe, stets herkömmlichen Text- und Literatur-
modellen gegenübergestellt würden, wobei diese Modelle in unzulässiger Weise vereinfacht erschienen. Um den revolutionären Charakter von Netzliteratur
hervorzuheben, suggeriere man, Texte – insbesondere literarische – ließen sich
reduzieren auf starre Zeichenketten; Linearität wäre diesen Vorstellungen zufolge das Hauptmerkmal von konventioneller Literaturproduktion. Dabei werde stillschweigend unterstellt, vor der „Internet-Revolution" sei Lesen ein rein
passiver Vorgang gewesen, ein bloßes Sich-Abarbeiten an fixen Sequenzen
von Textbausteinen.

Doch solche Modelle und Begriffe erweisen sich als unhaltbar, wenn man
die Produktion und Rezeption von Texten verstehen will, die einem literarischen Diskurstyp zuzuordnen sind und folglich spezifisch ästhetische Qualitäten und Sinnstiftungsprozesse aktualisieren. Bei genauerem Hinsehen beobachten wir, dass angeblich nur die Internetliteratur kennzeichnende Merkmale
– wie die hypertextuelle Verweisstruktur, die Intertextualität oder die Intermedialität – keineswegs Errungenschaften von Netzliteraur sind, sondern auf eine
lange Tradition zurückblicken. Soll die semiotische Praxis der Internetliteratur
Zukunft haben, soll sie ihre eigenen Ressourcen und Möglichkeiten ausschöpfen, sind theoretische Vorstellungen und Begriffe zu entwickeln, die nicht allein auf der Abwertung traditioneller Literatur beruhen, sondern den neuen medialen Voraussetzungen von speziell fürs Netz geschaffener Literatur Rechnung tragen.

JÜRGEN DAIBER (Trier) setzt genau hier an und exponiert unter dem Titel
„‚Ut pictura poesis' – *Ars poetica* und Hyperfiction" digitale Literatur als Gat-
tungsbegriff für eine Sorte von Texten, deren ästhetische Existenzvoraussetzung unabdingbar mit der Maschine Computer verknüpft ist: Texte also, die
sich nicht so einfach rematerialisieren lassen, sich nicht zwischen die Deckel
eines Buches pressen lassen, ohne daß sie etwas verlieren, was als ihr „media-

ler Zuwachs" gegenüber der Buchliteratur bezeichnet werden könnte. Daiber fragt nun, worin genau dieser mediale Zuwachs von digitaler Literatur gegenüber „traditioneller" Literatur in Buchform bestehe und unterzieht drei der die einschlägige Diskussion prägenden Leitbegriffe – Interaktivität, Hypertextualität, Intermedialität – einer kritischen Analyse. Die Begriffsanalyse soll die Unterschiede und die Gemeinsamkeiten zwischen digitaler Literatur und Buchliteratur transparenter machen und zugleich demonstrieren, daß digitale Literatur nicht zwangsläufig mit der literarischen Tradition brechen muß, um zu einer eigenständigen (Medien-)Ästhetik zu finden, die auch schon den sich abzeichnenden weiteren Entwicklungen einer digitalen Literatur der sogenannten 2. Hyperfiction-Generation gerecht zu werden verspricht.

BERNHARD J. DOTZLER (Berlin/Köln) fragt unter dem Titel „Virtual Textuality – oder: Vom parodistischen Ende der Fußnote im Hypertext" nach dem Textstatus von Hypertext vor dem Hintergrund einer langen Entwicklung texttheoretischer Reflexion. Ob Prousts *Recherche*, die Tageszeitung oder der Fernsehschirm – alles sei Text, schrieb bekanntlich Roland Barthes. Im Zeichen des Hypertexts finde diese Linie in der Literaturtheorie ihre logische Fortsetzung und zu ihr passe auch die rezeptionsästhetische Prämisse, nach der jeder Text erst im Akt der Lektüre zum Leben erwache. Während Hypertexte mehr „Eigenleben" enthielten als alle Manifestationsformen zuvor, gelte ihr Textstatus als durchaus prekär. Als „Programme" könnten sie (nach Derridas grammatologischem Hinweis) dem „Bereich der Schrift" subsumiert werden. Um aber zu „laufen", müssen Programme nicht nur in andere Codes übersetzt (assembliert und kompiliert) werden, sondern in Bitmaps, d.h. physikalische Zustände von Halbleiterbauelementen, die eine neue Grenze der Kunst des Lesens und Schreibens markierten.

ANDRZEJ GWÓŹDŹ (Katowice) stellt unter dem Titel „Sehmaschine Audiovision: Filme im Medienwandel" einige mediale Interfaces des zeitgenössischen Films zur Diskussion, wobei er vor allem das Maschinelle der Medien (den Apparat) in den Vordergrund rückt. Nach einer Übersicht über das elektronische Kino unterscheidet er anhand vorläufiger Grenzziehungen drei Typen des „Films zwischen den Medien": die hybriden Filme, Filme der digitalen Fiktion und Filme der neuen Sichtbarkeit(en). Jenseits kultur-pessimistischer Warnrufe und technik-trunkener Euphorie können so die Prozesse der Elektronisierung des Films analytisch auf die Ontologie des Bildes bezogen und einem breiteren Paradigma der Kultur des Bildes subsumiert werden.

Ausgehend von der postmodernen ‚Krise' des Körpers und der Polarisierung der aktuellen Körper-Diskurse, die gleichermaßen das ‚Verschwinden' und die ‚Wiederkehr' des Körpers in einer apriorischen Setzung und gegenseitigen Ausschließung von Körper/Mensch/Natur und Medium/Maschine/Kultur postulieren, nimmt INGA LEMKE (Bonn) mit ihrem Beitrag „‚Verschwinden des Körpers' – ‚Wiederkehr des Körpers'. Theatralisierung und Anthropologisierung in den audiovisuellen Medien" eine kultur-anthropologische und historische Re-Perspektivierung der Frage nach künftigen Entwicklungen der Medienästhetik vor. Die Entwicklung von Verfahren der Inkorporation und Verkörperung in den Bildmedien und die Veränderung von Körper- und Identitätskonzeptionen im Spannungsfeld von Natur und Kultur bilden für sie die historischen Bezugsfelder, an die die Re-Installierung von Körperlichkeit in den audiovisuellen Medien anschließe. Prozesse der Theatralisierung und Anthropologisierung werden vor diesem Hintergrund als historische Strategien der Verkörperung in den audiovisuellen Medien vorgestellt und auf die aktuelle ‚Krisen'-Diskussion bezogen.

Für JÜRGEN FELIX (Mainz) steht außer Frage, daß das literarische Lektüremodell des klassischen Hollywood im modernen Autorenfilm seine Vorbildfunktion verloren habe. Strittig sei hingegen die Signatur jenes Blockbuster-Mainstream-Kinos, mit dem ein neues Hollywood-System in den 80er Jahren die Leinwände dieser Welt zurückeroberte: während die einen von einer Wiederkehr des klassischen Hollywood-Kinos sprechen, konstatieren die anderen eher die Herausbildung eines neuen „Kinos der Attraktionen". Jenseits dieses fruchtlosen Streits möchte Felix lieber eine Dialektik von Narration und Spektakel nachzeichnen, die das multiple Lektüremodell eines post-klassischen Hollywood-Kinos strukturiere, ein Modell nämlich, das seriell funktioniere, primär auf Körpererfahrung ausgerichtet sei und zugleich auf ein Hypertext-Verfahren verweise, für das nicht mehr die Literatur, sondern eben die Multimedia-Maschine Computer das Vorbild sei.

„Tele-Vision als Vision" – unter diesem Programmtitel formuliert JÜRGEN E. MÜLLER (Amsterdam) „Einige Thesen zur intermedialen Vor- und Frühgeschichte des Fernsehens" am Beispiel von Fallstudien zu Charles François Tiphaigne de la Roche und Albert Robida. Eine Geschichte der Audiovisionen, die sich als eine *vernetzte Geschichte im Spannungsfeld zwischen Technik, Kultur, historischen Mentalitäten und Gesellschaft* begreift, kann sich nach seiner Auffassung nicht auf die sogenannten etablierten Medien beschränken, sondern muss Imag(o)inationen, textuelle, pikturale und andere Repräsentationen ‚alter', ‚neuer' und ‚virtueller' Medien einbeziehen. Den (schon geschriebenen) Geschichten der ‚erfolgreichen' Medien stehe eine Vielzahl ungeschriebener Geschichten vergessener Medien und medialer Entwürfe gegenüber. Die Geschichte der audiovisuellen Apparate beginne somit nicht mit deren erstem Auftreten, sondern mit deren utopischen und technischen Vorentwürfen.

Unter dieser Prämisse untersucht Müller die Vor- und Frühgeschichte des Fernsehens. Die Rekonstruktion der Tele-Vision als *Vision* führt ihn zu zwei Romanen des 18. und 19. Jahrhunderts, die stellvertretend für ein größeres Korpus literarischer Texte stehen. Der Akzent seiner Studie liegt auf den *intermedialen* Aspekten der imaginierten Apparaturen; sie macht deutlich, daß „Fernsehen" von Anfang an die Verbindung und Hybridisierung unterschiedlicher Dispositive und Gattungen impliziert.

Fallstudien präsentiert auch ERNEST W.B. HESS-LÜTTICH (Bern) mit seinem zuerst nur auf CD-ROM präsentierten Beitrag (Kolberg et al. eds. 2000) über den „Migrationsdiskurs im Kurz- und Dokumentarfilm. Peter von Guntens *They teach us how to be happy* und Pepe Danquarts *Schwarzfahrer*". Ausgehend von der Vielfalt aktueller Formen der Repräsentation von Fremde und Fremden im Spielfilm, zielt das Interesse seines Beitrages auf den sowohl in Kinos wie im Fernsehen gezeigten Kurz- und Dokumentarfilm als aktuelles Medium des gesellschaftlich kontroversen Migrationsdiskurses. Nach einer Vorstellung des mehrfach prämierten schweizerischen Dokumentarfilms von Peter von Gunten unterzieht der Verfasser den populär gewordenen Kurzfilm *Schwarzfahrer* einer eingehenden filmsemiotischen Analyse im Hinblick auf die Codes der Handlungsstruktur, der Kameraführung, der Farbregie, der Tonspur, der Dialogregie mit dem Ziel, die medienspezifischen Strategien der Kritik an Formen der Diskriminierung im medienästhetischen Diskurs der Medien zu profilieren.

Zum Abschluß zeichnet THOMAS STEINMAURER (Salzburg) in seinem Aufsatz über „Fern-Sehen. Historische Entwicklungslinien und zukünftige Transformationsstufen des Zuschauens" die historische Entwicklung des Fernsehens nach mit besonderem Fokus auf die technischen und sozialen Aspekte des Empfangs. Aufbauend auf dem theoretischen Modell des Dispositivs nimmt der Text auch auf die gesellschaftlichen Rahmenbedingungen Bezug, die entscheidenden Einfluß auf die Entwicklung des Mediums nahmen. Dabei geht er insbesondere auf das Modell der mobilen Privatisierung nach Raymond Williams und auf soziologische Ansätze der Individualisierung (Ulrich Beck, Gerhard Schulze) ein. Vor diesem Hintergrund wird die Geschichte des Fernsehempfangs – in Anlehnung an die „Audiovisionen" nach Siegfried Zielinski (1989) – von den ersten Visionen aus dem 19. Jahrhundert bis in die Gegenwart überblicksartig dargestellt, wobei auch auf die unterschiedlichen Ausdifferenzierungslinien des Fernsehens neben dem klassischen Modell des Heimempfangs eingegangen wird. Abschließend werden die derzeit im Rahmen der

Konvergenzentwicklung sich abzeichnenden Transformationsstufen des Fernsehens und die in diesem Kontext entstehenden neuen Empfangs- und Nutzungsformen thematisiert.

5 Literatur

Baller, Susanne 1997: „Abschied von Gutenberg? e-zines im Internet", in: _Der digitale Mensch_. SPIEGEL _Spezial_ 3/1997: 39-40.

Barrett, Edward (ed.) 1988: _Text, ConText, and Hypertext. Writing with and for the Computer_, Cambridge/Mass.: MIT Press.

Barthes; Roland 1974: _s/z_, New York: Hill & Wang.

Bolter, Jay David 1991: _Writing Space: The Computer, Hypertext, and the History of Writing_, Hillsdale/NJ: Lawrence Erlbaum.

Bolz, Norbert 1990: _Theorie der neuen Medien_, München: Raben.

Bucher, Hans-Jürgen 1996: „Textdesign – Zaubermittel der Verständlichkeit? Die Tageszeitung auf dem Weg zum interaktiven Medium", in: Hess-Lüttich et al. (eds.) 1996: 31-58.

Clausberg, Karl 1994: „Gummiband und Gummilinse: Mittelalterliche Vorbilder für graphische Benutzungsoberflächen", in: _Zeitschrift für Semiotik_ 16.1-2 (1994): 5-9.

Coy, Wolfgang 1994: „Gutenberg & Turing: Fünf Thesen zur Geburt der Hypermedien", in: _Zeitschrift für Semiotik_ 16.1-2 (1994): 69-74.

Delany, Paul & George P. Landow (eds.) 1991: _Hypermedia and Literary Studies_, Cambridge/MA: MIT Press.

Eco, Umberto 1987: _Lector in fabula. Die Mitarbeit der Interpretation in erzählenden Texten_, München: Hanser.

Eco, Umberto 1990: _The Limits of Interpretation_, Bloomington/IN: Indiana University Press.

Fendt, Kurt 1995: _Offene Texte und nicht-lineares Lesen. Hypertext und Textwissenschaft_, Bern: Diss. phil. (Universität Bern).

Fendt, Kurt 2001: „Die Kohärenz des Nicht-Linearen. Über den Erwerb komplexen Wissens in Hypertextsystemen", in: Hess-Lüttich (ed.) 2001: 105-116.

Gauger, Hans-Martin & Herbert Heckmann (eds.) 1988: _Wir sprechen anders. Warum Computer nicht sprechen können_, Frankfurt/M.: Fischer.

Grünzweig, Walter & Andreas Solbach (eds.) 1999: _Grenzüberschreitungen: Narratologie im Kontext_, Tübingen: Narr.

Heidenreich, Elke 2001: „„Wer nicht liest, ist doof.' Über die ewige Liebesgeschichte zwischen einem Buch und einem leidenschaftlichen Leser", in: DER KLEINE BUND 152.121 v. 26.5.2001: 3-4 [zuerst erschienen im Kursbuch zum Thema „Das Buch" (= Heft 133 v. September 1998)].

Helbig, Jörg (ed.) 1998: *Intermedialität. Theorie und Praxis eines interdisziplinären Forschungsgebiets*, Berlin: Erich Schmidt.

Hess-Lüttich, Ernest W.B. (ed.) 1982: *Multimedia Communication*, 2 vols., Tübingen: Narr.

Hess-Lüttich, Ernest W.B. & Roland Posner (eds.) 1990: *Code-Wechsel. Texte im Medienvergleich*, Opladen: Westdeutscher Verlag.

Hess-Lüttich, Ernest W.B. (ed.) 1991: *Literature and Other Media. Teaching German in the Age of Multimedia Communication*, Tübingen: Narr.

Hess-Lüttich, Ernest W.B. 1992: „Die Zeichenwelt der multimedialen Kommunikation", in: id. (ed.) 1992: 431-450.

Hess-Lüttich, Ernest W.B. (ed.) 1992: *Medienkultur – Kulturkonflikt*, Opladen: Westdeutscher Verlag.

Hess-Lüttich, Ernest W.B. 1994: „Codes, Kodes, Poly-Codes", in: id. & Müller (eds.) 1994: 111-122.

Hess-Lüttich, Ernest W.B. & Jürgen E. Müller (eds.) 1994: *Semiohistory and the Media. Linear and Holistic Structures in Various Sign Systems*, Tübingen: Narr.

Hess-Lüttich, Ernest W.B., Werner Holly & Ulrich Püschel (eds.) 1996: *Textstrukturen im Medienwandel*, Frankfurt/Berlin/New York: Lang.

Hess-Lüttich, Ernest W.B. 1999a: „Im Irrgarten der Texte. Zur Narratologie holistischer Textualität", in: Grünzweig & Solbach (eds.) 1999: 209-230.

Hess-Lüttich, Ernest W.B. 1999b: „Towards a Narratology of Holistic Texts. The Textual Theory of Hypertext", in: Inkinen (ed.) 1999: 3-20 .

Hess-Lüttich, Ernest W.B. 1999c: „Wissenschaftskommunikation und Textdesign", in: *Sprachtheorie und germanistische Linguistik* 9.1 (1999): 3-17.

Hess-Lüttich, Ernest W.B. (ed.) 2001: *Medien, Texte und Maschinen. Angewandte Mediensemiotik*, Wiesbaden: Westdeutscher Verlag.

Hiebel, Hans H. et al. 1999: *Große Medienchronik*, München: Fink.

Inkinen, Sam (ed.) 1999: *Mediapolis. Aspects of Texts, Hypertexts, and Multimedial Communication*, Berlin/New York: de Gruyter.

Jäger, Ludwig & Bernd Switalla (eds.) 1994: *Germanistik in der Mediengesellschaft*, München: Fink.

Kolberg, Sonja, Gabriele Schwieder, René Bauer & Stefan Hofer (eds.) 2000: *Von Goethe bis Hyperfiction. CD-ROM zum 60. Geburtstag von Michael Böhler* http://www.gingko.ch

Kuhlen, Rainer 1991: *Hypertext. Ein nicht-lineares Medium zwischen Buch und Wissensbank*, Berlin: Springer.

Landow, George P. 1992: *Hypertext. The Convergence of Contemporary Critical Theory and Technology*, Baltimore: Johns Hopkins Univ. Press.

Landow, George P. (ed.) 1994: *Hyper/Text/Theory*, Baltimore: Johns Hopkins Univ. Press.

Laurel, Brenda (ed.) 1990: *The Art of Human-Computer Interface Design*, Reading/Mass.: Addison-Wesley.

Laurel, Brenda 1991: *Computers as Theatre*, Reading/Mass.: Addison-Wesley.

Ledgerwood, Mikle David 1997: „Hypertextuality and Multimedia Literature", in: Nöth (ed.) 1997: 547-558.

Lobin, Henning (ed.) 1999: *Text im digitalen Medium. Linguistische Aspekte von Textdesign, Texttechnologie und Hypertext Engineering*, Opladen / Wiesbaden: Westdeutscher Verlag.

Löser, Philipp 1999: *Mediensimulation als Schreibstrategie. Film, Mündlichkeit und Hypertext in postmoderner Literatur*, Göttingen: Vandenhoeck & Ruprecht.

Mazenauer, Beat 2001: „Die Lektüre als Gestus und Montage", in: DER KLEINE BUND 152.121 v. 26.5.2001: 2.

Müller, Jürgen E. 1996: *Intermedialität. Formen moderner kultureller Kommunikation*, Münster: Nodus.

Nelson, Theodor Holm 1967: „Getting it Out of Our System", in: Schecter, George (ed.) 1967: *Information Retrieval. A Critical View*, Washington/London: Thompson Academic Press, 191-210.

Nelson, Theodor Holm 1987: *Literary Machines*, Vers. 87.1, Swathmore/BA: Selbstverlag.

Nielsen, Jakob (ed.) 1990: *Designing Interfaces for International Use*, Amsterdam: Elsevier.

Nielsen, Jakob 1990: *Hypertext and Hypermedia*, Boston: Academic Press.

Nöth, Winfried (ed.) 1997: *Semiotics of the Media*, Berlin/New York: Mouton.

Rheingold, Howard 1985: *Tools for Thought*, New York: Simon & Schuster.

Rheingold, Howard 1994: *Virtuelle Gemeinschaft. Soziale Beziehungen im Zeitalter des Computers*, Bonn/Paris/Reading/MA: Addison-Wesley.

Rieger, Burghard 1994: „Wissensrepräsentation als Hypertext. Beispiel und Problematik einer Verstehenstechnologie", in: Jäger & Switalla (eds.) 1994: 373-404.

Schnell, Ralf 2000: *Medienästhetik. Zu Geschichte und Theorie audiovisueller Wahrnehmungsformen*, Stuttgart/Weimar: Metzler.

Simanowski, Roberto 1996: „Himmel & Hölle. Cyberspace – Realität im 21. Jahrhundert", in: *ndl – Neue deutsche Literatur. Zeitschrift für deutschsprachige Literatur und Kritik* 44.5 (1996): 177-202.

Slatin, John M. 1988: „Hypertext and the Teaching of Writing", in: Barrett (ed.) 1988: 111-129.

Slatin, John M. 1991: „Reading Hypertext: Order and Coherence in a New Medium", in: Delany & Landow (eds.) 1991: 153-170.

Stillich, Sven 1999: „Monitor im Bett", in: *Die Zukunft des Lesens*. SPIEGEL *Spezial* 10/1999: 40-42.

Stöbener, Dorothée 1999: „Dicht am Dichter", in: *Die Zukunft des Lesens*. SPIEGEL *Spezial* 10/1999: 36-39.

Suter, Beat & Michael Böhler (eds.) 1999: *Hyperfiction. Hyperliterarisches Lesebuch mit CD-ROM*, Basel/Frankfurt: Nexus b. Stroemfeld.

Suter, Beat 2000: *Hyperfiktion und interaktive Narration im frühen Entwicklungsstadium zu einem Genre*, Zürich: update.

Thimm, Caja (ed.) 2000: *Soziales im Netz. Sprache, Beziehungen und Kommunikationsstrukturen im Internet*, Opladen/Wiesbaden: Westdeutscher Verlag.

Timm, Uwe 1999: „Kafka lacht", in: *Die Zukunft des Lesens*. SPIEGEL *Spezial* 10/1999: 26-29.

Zielinski, Siegfried 1989: *Audiovisionen. Kino und Fernsehen als Zwischenspiele in der Geschichte*, Reinbek: Rowohlt.

Zopfi, Emil 2001: „Spiel mit Sprache und Software", in: DER KLEINE BUND 152.121 v. 26.5.2001: 1-2.

MAUS–KLICK!

I.
Autoren:
Literatur, Technik, Medienästhetik

Henriette Herwig

Wendepunkte der Mediengeschichte und ihre Auswirkungen auf das Lesen und die Literatur

„Wenn nichts Besonderes passiert, reproduzieren sich die Menschen und die sozialen Systeme endlos im gewohnten Trott." Gelegentlich tauchen neue Phänomene auf, die Störungen erzeugen und zur Umstrukturierung des gewohnten Selbst- und Weltbildes zwingen. Als Impulsgeber solcher Veränderungen kommen in erster Linie Menschen, soziale und ‚natürliche' Phänomene in Betracht, dann aber auch Werkzeuge, Maschinen und nicht zuletzt neue Techniken der Informationsspeicherung und der Wissenszirkulation (Giesecke 1998: 47-49). Ein für die alten Institutionen krisenhafter Moment dieser Art entstand zweifellos mit der Einführung des Buchdrucks im Europa der frühen Neuzeit durch Johannes Gutenberg. Wir erleben zur Zeit eine Phase noch rasanterer Beschleunigung des kulturellen Wandels: das Entstehen der global vernetzten Kommunikationsgesellschaft mit seiner ständigen Zunahme medial vermittelter und konstruierter Wirklichkeit. Marshall McLuhan hat die Aufmerksamkeit schon Anfang der sechziger Jahre auf das „Ende der Gutenberg-Galaxis" gerichtet (McLuhan 1968, engl.: 1962). Norbert Bolz hat das Schlagwort wieder aufgegriffen und auf die digitale Veränderung der Kommunikationsverhältnisse bezogen (Bolz 1993). Im folgenden möchte ich den Zusammenhang von Kultur- und Medienwandel an diesen zwei Schaltstellen der kulturhistorischen Entwicklung betrachten: am Beispiel der frühen Neuzeit auf der einen Seite und an dem der Gegenwart auf der anderen. Dabei interessieren mich folgende Aspekte: Ist die elektronische Medienrevolution, die wir zur Zeit erleben, in ihren Auswirkungen der typographischen Medienrevolution des 15. und 16. Jahrhunderts vergleichbar? Stimmt es, daß die elektronischen Medien das Buch und mit ihm die kulturelle „Schlüsselkompetenz" (Rosebrock 1995a: 10) des Lesens verdrängen? Welchen Einfluß haben die neuen elektronischen Medien auf das Informationssystem, den Wirklichkeitsbegriff, den Textbegriff, den Zeichenbegriff, die Lesegewohnheiten und die Literatur? Wenden wir uns zunächst den sozialen und medialen Folgen zu, die die Einführung des Buchdrucks im Europa der frühen Neuzeit hatte.

1 Gutenbergs Medienrevolution

Die Einführung des Buchdrucks durch Johannes Gutenberg zeitigte Folgen in allen Bereichen des sozialen und des kulturellen Lebens. Mit seinen standardisierten Lettern vereinheitlichte und verbesserte der Buchdruck das Schriftbild von Geschriebenem, er machte es leichter lesbar. Michael Giesecke hat in seiner ausgezeichneten Bielefelder Habilitationsschrift sogar die Vermutung aufgestellt, daß Gutenberg zunächst nur eine „Schönschreibmaschine ohne Schreibrohr, Griffel und Feder" (Giesecke 1998: 134) schaffen wollte, am Anfang also gar keine weiter reichenden Absichten verfolgte. Als Begleiterscheinung verbesserte der Buchdruck dann aber auch die Wissensspeicherung. Er ermöglichte eine billigere und verläßlichere Vervielfältigung von Büchern, die vorher nur in wenigen handschriftlichen Abschriften zugänglich waren, teilweise gar zu verschimmeln drohten. Ferner machte er das Geheimwissen von Berufsgilden öffentlich. Zudem beschleunigte er die simultane Verbreitung von Informationen über große räumliche Distanzen. Ein Sekundäreffekt war die Institutionalisierung der Post. Der Buchdruck verhalf der Volkssprache zum Durchbruch. Das gedruckte Buch privilegierte aber auch das ‚stille Lesen' vor dem Vorlesen und den Augensinn vor den übrigen menschlichen Sinnen. Damit ging eine vorher nicht gekannte Abwertung oraler und taktiler Informationen einher und eine Störung des Gleichgewichts zwischen den menschlichen Sinnesleistungen (McLuhan 1968: 21, 26; Giesecke 1998: 33, 52). Mit dem Buch setzte sich die marktwirtschaftliche Distributionsform und eine neue Berufsstruktur durch. Alte Berufe wie der des Schreibers wurden marginalisiert, neue wie der des Druckers und Verlegers entstanden. Die neue Technik wurde sofort für die Verbesserung der städtischen Verwaltung instrumentalisiert. Sie veränderte das Verhältnis zwischen Lehrer und Schüler, indem sie das vom Lehrer vermittelte Wissen für den Schüler kontrollierbar machte. Darüberhinaus ermöglichte der Buchdruck die Ausdifferenzierung neuer Medien wie Flugblatt, Flugschrift, Kalender, Zeitung. Parallel dazu beförderte er die Funktionsverschiebung von den Menschmedien (Prediger, Ausschreier, Fahrender, Sänger, Erzähler) zu den Druckmedien.

Das Spektrum der literarischen Gattungen verbreitete sich erheblich. Das zeigt nicht nur die Unterhaltungsliteratur der frühen Neuzeit – man denke an Schwanksammlungen wie Georg Wickrams *Rollwagenbüchlein* (1555), Michael Lindeners *Katzipori* (1558) und das *Lalebuch* (1597), an den *Reynke de vos* (1498), den *Fortunatus* (1509) und die *Historia von D. Johann Fausten*

Abreiſſung eines vngeſtalten Kinds/ ſo am Neu-
wen Jars abent / M. D. Lxxviij. geborn.   Auch eines vngeſtalten Kalbs / von einem
Ku geworpffen/ damit ein Spanier vorhin zu thun/ vnd ſein vnzucht getrieben hat. ꝛc

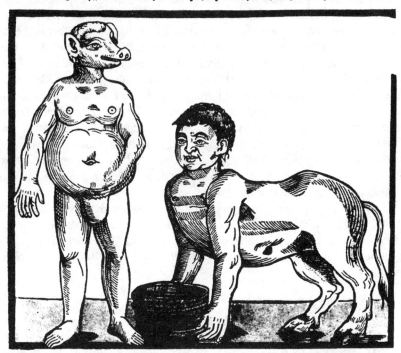

AM Abent dieſes Neuwen Jaers M. D. Lxxviij. iſt dieſe mißfellige vnd vngeſtalte Monſter eines Kindes/ in dem Lande Gleeſſ/ in ein Dorff genennet Praeſt geborn/ in form
vnd geſtalt/ wie albie vor augen zu ſehen/ nemblich/ mit einem Schweinßmaul/ vñ einem groſſen
Bauch wie ein Trum/ darjnnen der eine handt vnd Arm inwendig vermiſcht vnnd ingewachſen/
an die ander Handt ſechs Finger/ an beiden Füſſen ſechs Zehen/ ein Gemacht wie ein Blaß/ iſt
geſtorben auff den Newen Jars tag/ vnd heimlich begraben vnd hingeſtickt worden

Dieſe vnd ander dergleiche Monſtra vnd vngeſtalte Mißburten geſchehen feſt viel vnd allerley dieſer zeit/
vnd ſeind nicht dann ernſtliche warnungen/ darmit alle Schwangere Frauwen verurſacht mochten worden/ zu
Gott den Allmechtigern Schepffer aller Creaturen mit dem gebete/ in warer Gottes fruchten ſtets an zuhalten/
daß er ſie gnediglich/ wenn die zeit da iſt/ erlöſe/ vnd mit rechtſchaffene Leibes Frucht begnaden wölle/ damit ſein
heyliges Nam gelobt vnd gepreiſt mocht werden.   Iſt auch ein erſchrecklich fürbild allen liechtfertigen Frau-
wen/ die ſich dann offtmal mit Buben vnd Geſellen in vnzucht anlegen/ vnd wenn ſei alß denn bekomen/ darnach
ſie ſelber geringt haben/ ſich vnd ihrem frucht mit groſſer vngedult erſchrecklich verfluchen vnd verſchweren/ vnd
damit offtmal verurſachen zu ſolchen mißſtalten geburten.

Diß ander vngeſtalte Kalb / mit dem halben Leibe einem Menſchen gleich/ iſt vorgangener zeit im Lande
Berge/ damals da die Spanier dat Stettiln Hernberg in hetten/ von einem Ku geworpffen/ vnd iſt vielen leuten
ennlich/ daß ein Spanier mit derſelben Ku ſein vnzucht ſolte gedreuen haben.

Abb. 1:   *Abreißung eines ungestalten Kinds*, Holzschnitt von 1587 (Faulstich 1998: 121).

(1587) –, sondern auch die Reiseliteratur. Mit der leichteren Mitteilbarkeit von Neuigkeiten ging eine Empirisierung der Wissenschaften einher. Das Kartenbild beispielsweise entwickelte sich von der allegorischen Karte, die Überzeugungen des theosophischen Weltbildes darstellte, zur an der Empirie orientierten Karte, mit der man reisen konnte. Das frühe Flugblatt, um ein weiteres Beispiel zu nennen, war ein meist anonymer Einblattdruck, der Text und Bild verknüpfte. Es war eine Ware, die auf öffentlichen Plätzen vertrieben wurde. Man muß es als multifunktionales Medium bezeichnen, denn es diente mit seinen Sensations- und Wunderberichten als Unterhaltungsblatt (Abb.1), als Trostspender und Andachtsblatt, in Form von Land- und Weltkarten der räumlichen Orientierung, als Informationsträger politischer und kriegerischer Ereignisse, zusammen mit der Flugschrift sogar als Medium der Reformation und Gegenreformation (Faulstich 1998: 117-126). Luthers Flugschrift *An den christliche Adel deutscher Nation*, am 18. August 1520 in einer ersten Auflage von 4000 Exemplaren erschienen, war in fünf Tagen vergriffen. So reagiert das Publikum heute auf einen neuen *Harry Potter*[1].

In seiner kulturhistorischen Bedeutung wird das Flugblatt vom Kalender (Abb. 2) sogar noch übertroffen. Als Mittel der Strukturierung von Zeit war der Kalender schon in den frühen Hochkulturen bekannt, zum Mittel der gesellschaftlichen Synchronisation entwickelte er sich aber erst in der frühen Neuzeit.

> Der Kalender reglementierte das religiöse Fest-Leben und das allgemeine Weltbild bis hin zu praktischen bäuerlichen Tätigkeiten wie Säen, Pflanzen, Rebenbeschneiden, Obstlesen, Holzhauen und sogar zu Sexualität und Körperpflege, mithin den gesamten Alltag der Menschen auf dem Land. (Faulstich 1998: 133)

Er brachte literarische Gattungen wie die Kalendergeschichte, das Predigtmärlein, die Wundergeschichte und die sogenannte Hausväterliteratur hervor. Er vermittelte Werte und Normen, fungierte als praktischer Ratgeber und wandelte sich von einer bloßen Gedächtnisstütze für die korrekte Abfolge kirchlicher Feste zu einem Unterhaltungs- und Informationsmittel, im 18. Jahrhundert schließlich sogar zu einem Medium der Aufklärung. Bei beiden Medien, dem Flugblatt und dem Kalender, lag in der historisch neuen Möglichkeit der massenhaften Verbreitung von Informationen in der Volkssprache ein systemstabilisierendes wie ein systemsprengendes Potential. Dasselbe gilt für das Buch, das von der alten Kirche nach anfänglichem Zögern als Mittel der effizienteren Verbreitung ihrer Lehrmeinung akzeptiert wie als gefährliches

---

1   Die *Harry Potter*-Romane der Engländerin Joanne K. Rowling verkauften sich in den letzten drei Jahren weltweit über 40 Millionen Mal.

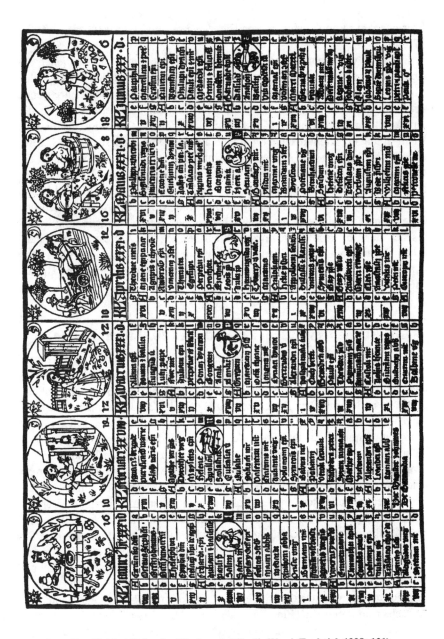

Abb. 2: Der Einblatt-Kalender (Vorderseite) für die Wand (Faulstich 1998: 131).

Instrument zur Popularisierung von Häresien bekämpft wurde (Giesecke 1998: 170, 175-179).

Um 1550 war die neue Technik bereits so weit etabliert, daß sich jeder, der sich ihr nicht anschloß, von der gesellschaftlichen Entwicklung abkoppelte. Mit der breiten Akzeptanz ging auch ein Wandel der erkenntnistheoretischen Tradition einher: Nicht nur Gott und der menschlichen Vernunft, auch der Druckerei wurde Erkenntnisfähigkeit zugeschrieben. Das zeigt die häufige Übertragung der Lichtmetapher von Gott auf den Druck (Giesecke 1998: 150), eine Mythenbildung, wie sie heute dem Internet zuteil wird. Die Nachteile, die der Buchdruck auch mit sich brachte, wurden „erst richtig sichtbar, als er sich unumkehrbar durchgesetzt hatte" (Giesecke 1998: 168). Die Multiplikation von Büchern führte auch zur Multiplikation von Fehlern. Scholastische Gelehrsamkeit wurde abgewertet, häretische Anschauungen zirkulierten rascher, der Ruf nach Präventivzensur wurde laut. Die Auflösung der ständischen Ordnung wurde beschleunigt. Die Haftbarkeit von Personen für Aussagen stieg. Erstmals gab es so etwas wie Informationsüberflutung. Die Hierarchie der Sinne war verändert.

2   Die Medienrevolution am Ende des 20. Jahrhunderts

Läßt sich auch heute im Zuge des Medienwandels eine Veränderung des literarischen Marktes, des Gattungssystems und seiner Funktionen, der Produktions- und Rezeptionsmodi von Texten und der Hierarchie der Sinne feststellen? Zunächst ist festzuhalten: In der zweiten Hälfte des 20. Jahrhunderts stieg das Angebot an technisch vermittelter Kommunikation exponentiell. Einen immer größeren Anteil ihres täglichen Zeitbudgets widmen die Menschen dem Umgang mit Kommunikationsmedien: 1990 waren es bei den Bundesbürgern (West) einer repräsentativen Langzeitstudie zufolge mehr als sechs Stunden an jedem Werktag; dabei standen den sechs Stunden Massenkommunikation pro Tag nur eineinhalb Stunden personaler Kommunikation gegenüber (Berg & Kiefer 1992: 328) – ein erschreckender Befund! Seither zeichnet sich eine neue Qualität dieser Entwicklung ab. Ihre vier wichtigsten Merkmale sind für Winfried Schulz die „technologische Integration", die Tendenz zur „Internationalisierung", zur „Kommerzialisierung" und die „Angebotsexplosion" (Schulz 1994: 123-124). Mit „technologischer Integration" ist die wechselseitige Durchdringung von Datenverarbeitung, Telekommunikation und Unterhaltungselektronik gemeint. Eine Folge davon ist die Verwandlung des Personal Computers in ein Multimedia-System. Das Stichwort „Internationalisierung" faßt den Umstand zusammen, daß erhebliche Konzentrationsprozesse im

Kommunikationssektor weltweit den Einfluß multinationaler Konzerne verstärken, den Gestaltungsspielraum nationaler Regierungen in der Technologie-, Wirtschafts- und Medienpolitik zurückdrängen und das Angebot im nationalen Rahmen vielfältiger, im internationalen aber gleichförmiger machen. „Kommerzialisierung" besagt, daß mit der Lockerung von Wettbewerbsbeschränkungen und der Privatisierung öffentlicher Einrichtungen die Marktmacht der multinationalen Medienkonzerne wächst, die Medieninhalte unter dem Gesichtspunkt der „Marktfähigkeit" ausgewählt werden und die öffentliche Kommunikation zunehmend mit Werbung durchsetzt wird. Die „Angebotsexplosion" im Bereich der Radio- und Fernsehprogramme und der Computer-Kommunikation führt zur Verschärfung des Wettbewerbs, zur subtilen Vermischung von Werbung und Programm, neuen Programmformen wie Game-Show und Tele-shopping und zu einer wachsenden Diskrepanz zwischen Angebot und Verarbeitungskapazität der Nutzerinnen und Nutzer (Schulz 1994: 123-128).

Das ist kein Grund zum Kulturpessimismus, zwingt aber zur Medienreflexion. Einerseits stehen die Massenmedien in der historischen Kontinuität der Entwicklung kultureller Techniken zur Erweiterung der menschlichen Wahrnehmung, Codierung, Speicherung und Übertragung von Wissensbeständen. Andererseits gibt der beschriebene Qualitätssprung in der Medienentwicklung Anlaß zur Frage, ob mit ihm nicht auch neue Gefahren verbunden sind. Jede Einführung einer neuen Technologie hat ihren Preis (Postman 1994: 17-18): Das Auto erhöht die individuelle Mobilität, verstopft aber die Städte und zerstört die Umwelt. Daß man die Geister, die man gerufen hat, nicht mehr los wird, hat Goethe schon im *Zauberlehrling* (HA 1: 276-279) gestaltet und noch eindrücklicher im fünften Akt von *Faust II* (V.11043-12111; HA 3: 333-364). „Technologischer Wandel ist ökologisch, nicht additiv", die Einführung eines neuen Mediums „fügt nicht hinzu", sie „verändert alles" (Postman 1994: 26, 23). Deshalb müssen wir uns fragen: Welche Folgen hat die Einführung der neuen Kommunikationstechnologien für die Wahrnehmungs-, Denk-, Handlungs- und Beziehungsfähigkeit der von ihr betroffenen Menschen, ihr Zusammenwirken in der Gesellschaft, ihr politisches System und ihre Kultur?

Schulz (1994: 130-140) konstatiert schon jetzt folgende Negativtendenzen des jüngsten Technologiesprungs im Bereich der Medien: Die Medien erweitern unser „Weltwissen", orts- und zeitunabhängig, „durch synthetische Erfahrung", verwischen dabei aber gleichzeitig „die Grenzen zwischen Realität und Fiktion". Die durch sie geschaffene „Medienrealität" (Kaase & Schulz 1989; Kepplinger 1992) führt lebenspraktisch zur Gefahr des Wirklichkeitsverlusts und im Bereich der Kultur zu einer Krise der Repräsentation (Rusterholz

2001). Die Medien wirken stimulierend und beruhigend; sie ermöglichen es ihren Nutzerinnen und Nutzern, beliebig Stimmungen und Gefühle zu erzeugen. Die erfreuliche Medienvielfalt mit ihren Möglichkeiten der Geschmacksdifferenzierung fragmentiert das Publikum und zerstört das, was als ‚bürgerliche Öffentlichkeit' einst als Forum der Wahrheitsfindung und politischen Meinungsbildung gefeiert wurde. In ihrer heutigen Form erhöht sie das Risiko des kollektiven Irrtums.

Im Zusammenhang mit meiner Frage nach dem Verhältnis der Medienentwicklung zu derjenigen der Literatur interessiert mich hier besonders die Krise der Repräsentation. Warum erscheint der alte Glaube an die Möglichkeit einer relativen Repräsentationsfähigkeit der Zeichen heute nicht nur den Theoretikern der Postmoderne als obsolet? Zur Einsicht, daß die Erkenntnis sich nicht nach den Gegenständen richtet, sondern die Gegenstände sich nach der Erkenntnis, hat uns schon die ‚kopernikanische Wende' in der Erkenntnistheorie von Kant gebracht. Schon ihm ist jeder naive Abbildrealismus fremd. Die Erfassung der Realität ist schon bei ihm abhängig von den Wahrnehmungs-, Sprach- und Deutungsmustern, die sie ermöglichen, d.h. sie ist kulturell geprägt und konstruktiv. Auch der Zeichenbegriff de Saussures ist kein substantialistischer mehr. Er versteht Sprache als reine Form und macht die Bedeutung eines Zeichens von seiner Differenz zu allen anderen Zeichen eines Systems abhängig (Herwig 1989: 116), wodurch es zum relativen Begriff wird. Sicherlich muß die schon von Kant gestellte Frage nach den sprachlichen Bedingungen der Wirklichkeitskonstitution heute mehr denn je um die Frage nach ihren medialen Bedingungen erweitert werden. Wir sind Zeugen einer rasanten Zunahme medial erzeugter virtueller Welten (Rötzer 1991). Schwindet damit auch – wie Wolfgang Welsch (1998: 207) behauptet – der *absolute* Vorrang der Alltagserfahrung vor der Medienerfahrung? Schauen wir uns ein paar der Phänomene, die zu solchen Thesen Anlaß geben, an.

Der Film verfügt mit Einstellung, Schnittlänge, Kameradistanz, Perspektive, Ausschnittwahl, Schwenk, Slow motion, Zoom, Zeitraffer, Montage, Blende, Kontrast-, Parallel- oder Sukzessivanordnung über ein großes Spektrum von Möglichkeiten, Bildfolgen zu manipulieren und kunstvoll zu arrangieren. Die künstlichen Wahrnehmungsmuster, die er einübt, verändern umgekehrt auch unsere Wahrnehmungsdispositionen im Alltag, ein Phänomen, auf das die Literatur schon lange mit veränderten Erzählmustern reagiert, bereits im Expressionismus, dann wieder mit dem Nouveau Roman und der von ihm beeinflußten Prosa. Inzwischen sind filmische Erzähltechniken wie Schnitt, Montage, Collage, Perspektivenwechsel, simultane, graphische und serielle Textkompositionen in der experimentellen Literatur an der Tagesordnung.

(Großklaus & Lämmert 1989; Stocker 1994: 94) Berühmte Beispiele der deutschsprachigen Literatur sind *Der Schatten des Körpers des Kutschers* (1952/1960) von Peter Weiss und *Die linkshändige Frau* (1976) von Peter Handke. Unsere Fernsehnachrichten werden nach Nachrichtenwertkriterien wie Überraschung, Leiden von Personen, Negativismus sowie Intensitätsgrad der Dramatik ausgewählt und unter Wirksamkeitsgesichtspunkten arrangiert (Neuberger 1993). Ihr Unterhaltungswert verdrängt zunehmend ihren Informationswert, ein Phänomen, das mit dem Neologismus „Infotainment" (Matzker 1997: 105) bezeichnet worden ist. Die „umfassenden Computer", die auch als Radio-, Fernseh-, Videogerät und Mittel der Fernkommunikation brauchbar sind, Handbibliothek, Schreibmaschine, Diktaphon, Faxgerät und Telefon ersetzen, sind Wahrnehmungs-, Darstellungs- und Handlungsmedium in einem (Seel 1998: 256-258). Sie haben neue Phänomene wie Hypertext, Hypermedia und Hyperfiction hervorgebracht.

Hypertext ist ein elektronischer Text, der durch Verbindungen zwischen einzelnen Wörtern und weiterführenden Ergänzungen den nicht-linearen Zugang zu Informationen ermöglicht (Berk & Devlin 1991: 3-7; Aarseth 1994: 60; Nestvold 1996: 14). Im Papiermedium kommt dem hypertextuellen Arrangement die Fußnote am nächsten. Aber nicht nur textliche Erläuterungen können in der Fußnote abgelegt sein, auch Abbildungen oder Zeichen zeitbasierter Medien wie Ton, Film, Animation, womit der Hypertext sich zu Hypermedia weitet (Wingert 1996: 191). Es liegt in der Struktur des Hypertext, daß er von seinem eigenen Zentrum ablenkt (Abb. 3). Nicht umsonst spricht man vom *Surfen* oder *Navigieren*, womit Sportmetaphern auf den Umgang mit dem Internet übertragen werden. Die Bauformen von Hypertexten lassen sich beschreiben; über die Art, wie sie rezipiert werden, gibt es bisher kaum verläßliche empirische Daten. Wie werden die Informationsbruchstücke zusammengetragen, wie werden die Teile zusammengefügt, wie wird das Ganze – sofern wir an der Idee, daß es das gibt, noch festhalten wollen – gelesen? Genügt ein „textorientierte[r] Lesebegriff" noch als „theoretisches Rüstzeug" (Wingert 1996: 187)? Während Hypertexte uns durch Startkarten, Graphiken, Befehlszeichen Anweisungen geben, wie wir *in* ihnen lesen können (oft folgen sie einer verborgenen T-Struktur), ist *das* Lesen der Gesamtstruktur eines Hypertext äußerst schwierig. Im Fall von Sachtexten folgen Hypertexte oft dem Programm, einen Text in seine Bestandteile aufzulösen: These, Argument, empirischer Beleg, Theorietradition, und diese dann neu zu ordnen (Wingert 1996: 198). Bei Fiktivtexten sind die Textstrukturen und die ihnen entsprechenden Rezeptionsweisen noch komplizierter.

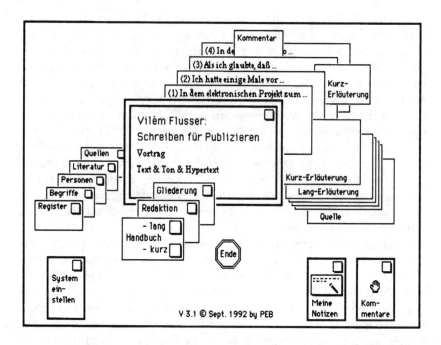

Abb. 3:   Die Startkarte des Hypertext von Vilém Flusser (Wingert 1996: 196).

Welche Veränderungen des Leseverhaltens gehen mit der Gewöhnung an Hypertexte einher? Im Gegensatz zum angeblich vorwiegend sequentiellen Lesen von Printmedien, springt der Leser beim computerunterstützten, bildschirmorientierten Lesen von Hypertexen rasch von Thema zu Thema (Berk & Devlin 1991: 5). Das erlaubt mehr Individualisierung – angeblich auch Demokratisierung – des Lesevorgangs, verführt aber zu assoziativem, zentrifugalem Lesen (Wirth 1997: 319). Schlimmstenfalls wird aus dem „konstruktive[n] Zusammenlesen", das Benutzer privater und öffentlicher Handbibliotheken auch ohne elektronische Unterstützung immer schon getan haben, ein „erratisches Umherirren" (Wingert 1996: 200). Abgesehen davon, daß der Computer auch aufgrund seiner physikalischen Eigenschaften wie Rasterung, unscharfe Konturen, Reflexe nur begrenzt als Lesemedium taugt, hat sein Einsatz als solches auch sonst weitreichende Folgen für das Lesen. Bernd Wingert (1996: 201-204) führt folgende sieben Merkmale des Hypertext-Lesens auf: Erstens zeigt der Bildschirm kleinere Textproportionen. Das führt zur „Enträumlichung" von Texten und zur stärkeren „Temporalisierung" des Leseprozesses.

Die mit den *links* verbundene Staffelung von Textschichten verschiebt zweitens die Aufmerksamkeitsstruktur der Lesenden. Es kommt zur tatsächlichen
Präsenz anderer Texte neben dem Text (Heim 1992: 35) und damit zur Verstär-
kung seiner Intertextualität. In Hypertexten sind drittens viele Informationen
geradezu versteckt. Ein Buch kann „schneller überflogen, quergelesen oder
stöbernd angelesen werden". Viertens erfordern die in Hypertexten angezeig-
ten *links* ein Meta-Lesen dieser Zeichen. Wenn Hypertexte mehrere Medien
integrieren, müssen fünftens die unterschiedlichen Medien auf ihre je eigene
Weise aufgenommen und gelesen werden. Hypertext-Lesen ist sechstens interaktiv und mit Motorik, Gestik und Bewegung verknüpft. Siebtens können
Hypertexte als Programme eingerichtet und mit Ereignischarakter versehen
sein.

Während die meisten von uns sich an das Phänomen des Hypertext schon
gewöhnt haben, ist Hyperfiction so neu, daß uns zu ihrer Bewertung noch die
Maßstäbe fehlen. Ruth Nestvold fragt mit offener Ironie:

> Soll Hyperfiction etwa nach der Anzahl ihrer Verzweigungen bewertet werden; nach der
> Art, wie sie ihre eigene Handlung untergräbt; oder vielleicht sogar nach den Möglich-
> keiten der Handlung selbst? Wie relevant ist die sprachliche Kunstfertigkeit in einem
> Medium, das weitaus mehr als sprachliches Können verlangt? (Nestvold 1996: 15)

Nicht umsonst waren die Pioniere der Hyperfiction zugleich Schriftsteller und
Programmierer: Rod Willmot, Michael Joyce und Jay David Bolter.[2] Den
Bereich der elektronischen Kunstwerke kennzeichnet gegenwärtig eine ekla-
tante Theorie-Praxis-Diskrepanz. In der Theorie dynamisiert der nicht-sequen-
tielle Zugang zur Netzliteratur den Lesevorgang und untergräbt das hierarchische Verhältnis zwischen Autor und Leser; in der Praxis funktionieren *link*-
reiche Hyperfictions aber nur, wenn sie „eine verständliche Handlung mit einer
erkennbaren Chronologie" aufweisen (Nestvold 1996: 20-21). Auch einem so
prominenten Förderer der Hyperfiction wie Robert Coover (1993: 10) fiel
schon früh die konventionelle Struktur ihrer erfolgreichsten Versionen auf.
Afternoon, a story, ein Klassiker der amerikanischen *interactive fiction* von
Michael Joyce, „erzählt die ‚Geschichte' eines Verkehrsunfalls aus der Perspektive unterschiedlich beteiligter Personen" (Wingert 1996: 209). Von der
ersten Textkarte aus ergeben sich zahlreiche Verzweigungsmöglichkeiten. Die
links sind nicht markiert, man findet sie durch Ausprobieren; einige sind kondi-
tional, also von der vorherigen Aktivierung anderer *links* abhängig; narrative
Schemata, die kohärenzstiftend wirken könnten, werden absichtlich verborgen

---

2   Ihre Hyperfictions sind: Rod Willmot 1990: *Everglade,* Version: 2.3, Sherbrooke, Quebec:
     Hyperion Softword (Original Version: 1989). Michael Joyce 1987: *Afternoon, a story,*
     Cambridge, MA: Eastgate Systems. Jay David Bolter 1990: *Writing Space.*

(Winko 1999: 521). So kann die Leserin keine Erwartungen über den Fortgang der ‚Geschichte' ausbilden. Das erzeugt Überraschungseffekte und eine Vielzahl möglicher Lesarten, die als befreiend, aber auch als desorientierend empfunden werden kann. Wahrscheinlich ist, daß das Interesse nach einer gewissen Zeit aufhört und der Lesevorgang abbricht (Wingert 1996: 214). Vor dem Hintergrund vergleichbarer Befunde wagt Ruth Nestvold (1996: 21-22) folgende These: Das Interaktionspotential von Hyperfictions kann umso größer sein, je konventioneller sie erzählt sind. Umgekehrt gilt, daß experimentelle Hyperfictions, welche die Chronologie der Handlung aufbrechen, auf allzuviele *links* verzichten müssen. Das gilt beispielsweise für *Tavern* (1990) von Anastasia Smith, eine fantastische Hyperfiction, die impressionistisch traumhafte Episoden reiht und diese mit Elementen aus Video-Spielen, der Fernsehserie *Raumschiff Enterprise* und Unterhaltungsfilmen durchsetzt. Nicht umsonst greifen die meisten bisher aktualisierten Hyperfictions auf die vergleichsweise streng reglementierte Gattung Kriminalgeschichte zurück. Wenn die zukünftige Entwicklung digitaler Literatur diese Tendenz bestätigt, besteht keine Gefahr für die sogenannt ‚schöne Literatur'. Dann bleibt sie ein Refugium für Konstruktions- und Sprachexperimente, die so nur dank der Geschlossenheit, Materialität und Verläßlichkeit der Printmedien durchgeführt werden können.

Bevor man allerdings Prognosen darüber wagen kann, wie die digitale Literatur die herkömmliche Literatur verändern wird, muß man einige Internet-Mythen (Münker & Roesler 1997) demontieren: zunächst wohl die Opposition zwischen der linearen oder sequentiellen Organisationsform herkömmlicher Texte und der ach so komplexen Netzstruktur der digitalen Literatur. Hinter dieser Opposition steht ein falsches Modell der Autor-Text-Leser-Interaktion. Auch bei gedruckter Literatur verbietet sich die Reduktion auf eine starre Zeichenkette. Auch ihr entspricht kein linguistischer, sondern wie dem Hypertext nur ein semiotischer Textbegriff (Hess-Lüttich 1997; Vogel 2001). Nicht nur hat sie neben den syntagmatischen auch paradigmatische, hierarchische, analogische, symbolische, kontextuelle und intertextuelle Beziehungen, zudem muß sie in jedem Leseakt neu aktualisiert werden. Und das ist kein konsumatorischer, sondern ein konstruktiver Vorgang. „Zeichen mögen in Zeit und Raum aufeinanderfolgen. Bedeutung aber ist nicht die Summe aneinandergereihter Zeichen" (Vogel 2001: 97). Linearität bestimmt die materielle Manifestation gedruckter Texte, nicht aber die Funktionsweise der Zeichen und der Bedeutungskonstitution. Auch die Leser konventioneller Literatur gehen konkret oder in Gedanken vor und zurück, machen Sprünge, bilden Hypothesen und verwerfen sie wieder, ziehen andere Texte zum besseren Verständnis mit hinzu. Nicht nur Netzliteratur tendiert zum Dialog. Literatur war ihrem Wesen nach

immer schon dialogisch, setzt sich mit Sprachnormen, Vorläufertexten, Gat-
tungstraditionen, Weltanschauungen, Rationalitätstypen und Wertvorstellungen auseinander. Tut sie das nicht, bleibt sie wirkungslos. Auch bei ihr war die
Leserin immer schon Ko-Autorin, verändert haben sich nur die medialen
Bedingungen, unter denen die Ko-Autorschaft sich im Netz manifestiert: nämlich in beinahe völliger Gleichzeitigkeit.

   Aber ist diese Form der Interaktivität nicht nur ein Oberflächenphänomen,
ein Kniefall vor der weltweiten Tendenz zur Beschleunigung? Intersubjektive
Verständigung hängt ja nicht von der Schnelligkeit ab, mit der die Informationsübermittlung gelingt, sondern von der „Übereinstimmung der Sichtweisen,
Sinnkonzeptionen, Rationalitätstypen, Wertsysteme" (Vogel 2001: 94). Die
herzustellen, gelingt, wenn überhaupt, oft erst nach langer Reibung. Und die
erzeugt konventionelle Literatur vielleicht sogar eher, als die jedes Ausweichen legitimierende Netzliteratur. Auch daß die Möglichkeit, Pfade zu wählen
und so den Verlauf der Fiktion zu bestimmen, die Leserin von der Autorität der
Autorin befreie, stimmt nur zum Teil. Die Abzweigungen, die die Lesenden
einschlagen können, wurden vorher alle programmiert. Gemeinsam geschriebene Hyperfictions, bei denen alle Leserinnen und Leser zu Mitautorinnen und —
Mitautoren werden können, sind bisher erst „eine neue Form des Gesell-
schaftsspiels" (Nestvold 1996: 26).

3   Sprach- und literturtheoretische Voraussetzungen

Die adäquate Erfassung literarischer Verstehensprozesse setzt den Abschied
von zweistelligen Zeichentheorien, vom Glauben an problemlosen Bedeu-
tungstransport und von Hermeneutiken der Rekonstruktion der Autorintention
voraus. Im Gegensatz zu ihnen ist die dreistellige Semiotik von Peirce als
Grundlagenwissenschaft der Literaturwissenschaft (Herwig 1989: 117-123)
wie als Erkenntnisinstrument für vergleichende Medienforschung geeignet,
weil sie Zeichenbildung und Sinnkonstitution als Handlungen konzeptualisiert,
Objektkonstitution nicht als außermentale ‚Wirklichkeit' versteht und ihr pro-
zessualer Erkenntnisbegriff Erkenntnis an intersubjektive Verständigung bin-
det (Köller 1975; Oehler 2000). Das ist ein Plädoyer für einen milden, zeichen-
und handlungstheoretisch kontrollierten Konstruktivismus, nicht für einen
radikalen Konstruktivismus im Sinne von Siegfried J. Schmidt (1998).

   Die Verabschiedung des Werkbegriffs kam ebenfalls nicht erst mit dem
Internet. Schon Kafkas Schreibstrom machte es den Editoren schwer,
geschlossene Werke und Werkgruppen aus dem Schreibstrom auszugliedern
(Kittler & Neumann 1982). Auf Netzliteratur ist der Werkbegriff allerdings

überhaupt nicht mehr anwendbar. Ihre prinzipielle Offenheit und Anschlußfä-
higkeit läßt keine Vorstellung eines Bedeutungsganzen mehr aufkommen. Der
Gewinn an Offenheit wird aber um den Preis der größeren Beliebigkeit
erkauft. Wenn sie als Kunst verstanden werden will, muß Internetliteratur
Kohärenz- und Kompositionsprinzipien, Textsorten und Verknüpfungsregeln
entwickeln, die nachvollziehbar sind und zu anderen in Konkurrenz treten können. (Vogel 2001: 101) Erst dann wird sie ein Ort der Begegnung.

4 Synthese und Ausblick

Mit Bezug auf meine eingangs gestellten Fragen komme ich zu folgendem
Schluß: Der Übergang von der Skriptographie zur Typographie im Europa der
frühen Neuzeit war ein Medienwechsel mit weitreichenden sozialen, religiösen, kulturellen, ökonomischen und politischen Folgen. Was wir heute erleben,
ist kein Medienwechsel, sondern die Erweiterung und Differenzierung einer
multimedialen Kultur. Das Lesen wird von den elektronischen Medien nicht
verdrängt; im mediensemiotischen Sinn (Nöth 1998), der das Lesen bildlicher
und akustischer Zeichen einschließt, wird es mehr denn je zur kulturellen
Schlüsselkompetenz. Für die optimale Nutzung multimedialer Systeme ist eine
Textsorten und Medien differenzierende Lesefähigkeit unbedingte Voraussetzung. Und diese Fähigkeit kann besonders im Umgang mit Literatur geschult
werden. Die Kenntnis der Mediengeschichte ist wichtig für ein historisches
und ein aktuelles Verständnis literarischer Texte, weil diese immer auch die
Entwicklung der Medien reflektieren. Sie muß die „Geschichte der Sinne"
(Jütte 2000) einbeziehen und sich zur historischen „Anthropologie der
Medien" (Reck 1996: 243) entwickeln. Die viel berufene Demokratisierung
der Literatur durch das Internet zeigt sich zur Zeit eher in materieller Hinsicht:
Elektronische Texte sind leichter und kostengünstiger reproduzierbar. Um sie
lesen zu können, braucht man aber eine Anwenderkompetenz im Umgang mit
dem Computer und die entsprechende Infrastruktur. Die von Wingert (1996)
beschriebene Schwierigkeit, Hypertexte zu lesen, wird die „Wissenskluft"
(Tichenor; Donohue; Olien 1970[3]; Bonfadelli; Saxer 1986; Hoffmann 1994a)
zwischen geschulten und ungeschulten Computerbenutzern voraussichtlich

---

3   Schon 1970 stellte die erwähnte Forschergruppe aus Minnesota, USA, die These auf, daß
     der Abstand zwischen den gut und den schlecht Informierten mit der Verbreitung der Mas-
     senmedien nicht kleiner, sondern größer werde, weil die aufgrund ihrer formalen Bildung
     bereits gut Informierten zusätzlich mühelos Wissen aus den Medien aufnähmen, während
     die anderen auch durch die Medien nicht klüger würden.

nicht aufheben, sondern vertiefen (Kittler 1996). Schon in den zwanziger Jahren hatte der amerikanische Lehrer Larry Cuban folgende Vision:

> Mister Edison sagt,
> das Radio wird den Lehrer ersetzen.
> Victrola-Schallplatten können Sprachen lehren.
> Der Film wird abbilden,
> was das Radio nicht zeigen kann.
> Lehrer werden zusammen mit dem Einhorn
> in den Wäldern verschwinden;
> oder in Museen gezeigt werden,
> Erziehung wird zu einem Knopfdruck.
> Vielleicht kann ich bei der Vermittlung arbeiten.
> (Postman 1997: 69)

Noch haben wir uns nicht selbst abgeschafft. Zu hoffen ist, daß das so bleibt, der Computer nicht das Bild des Menschen bestimmen, die künstliche Intelligenz nicht zum Maßstab der natürlichen werden oder diese gar ersetzen wird.

Die Literatur, jedenfalls, wird das Internet in sich aufnehmen, wie sie das mit der Fotografie, dem Telefon (Weigel 1996), dem Film, der Popmusik und dem Video auch getan hat. Sie wird ihr Gattungssystem differenzieren, neue Genres der Science-fiction-Literatur wie den Cyberpunk (Mayer 1996; Nestvold 1999) integrieren und sich durch kürzere Texte dem Trend zur Beschleunigung anpassen. Im spekulativen Raum der Fantastik wird sie den Cyberspace (Gibson 1999) erkunden, noch stärker als bisher mit der Aufhebung der Grenzen zwischen „Technologie und Biologie, Virtualität und Realität" (Mayer 1996: 165) und mit computergenerierten Identitäten experimentieren. Daß die Grenze zwischen Mensch und Maschine mit Spekulationen über den Cyborg (Haraway 1995) bereits aufgehoben sei, wie das der australische Performance-Künstler Stelarc (Abb. 4) mit seinen Auftritten suggerieren will, wage ich zu bezweifeln. Anzunehmen ist eher, daß der Mensch künftig mehr denn je Refugien „für das Unerledigte" (Messner & Rosebrock 1987: 155) brauchen wird, Medien der Verlangsamung Sinnfindung durch Geschichten und Kontemplation (Calvino 1991).

Abb. 4:   **Stelarc mit Laser Eyes, Third Hand und Amplified Body (Jütte 2000: 349).**

5 Literatur

Aarseth, Espen J. 1994: „Nonlinearity and Literary Theory", in: Landow (ed.) 1994: 51-86.

Assmann, Aleida 1994: „Aspekte einer Materialgeschichte des Lesens", in: Hoffmann (ed.) 1994b: 3-16.

Assmann, Aleida 1996: „Schrift und Autorschaft im Spiegel der Mediengeschichte", in: Müller-Funk & Reck (eds.) 1996: 13-24.

Benjamin, Walter 1974a [1939]: „Das Kunstwerk im Zeitalter seiner technischen Reproduzierbarkeit", in: Benjamin 1974b: 471-508.

Benjamin, Walter 1974b: *Gesammelte Schriften*, Bd.II, Frankfurt/Main: Suhrkamp.

Berg, Klaus & Marie-Luise Kiefer (eds.) 1992: *Massenkommunikation IV. Eine Langzeitstudie zur Mediennutzung und Medienbewertung 1964-1990*, Baden-Baden: Nomos.

Berk, Emily & Joseph Devlin 1991a: „What is Hypertext?", in: Berk & Devlin (eds.) 1991b: 3-7.

Berk, Emily & Joseph Devlin (eds.) 1991b: *Hypertext/ Hypermedia Handbook*, New York [etc.]: McGraw-Hill.

Bolter, Jay David 1990: *Writing Space* (Hypertext).

Bolz, Norbert 1990: *Theorie der neuen Medien*, München: Raben.

Bolz, Norbert 1993a: *Am Ende der Gutenberg-Galaxis. Die neuen Kommunikationsverhältnisse*, München: Fink.

Bolz, Norbert 1993b: „Wer hat Angst vorm Cyberspace? Eine kleine Apologie für gebildete Verächter", in: *Merkur* 47. 9-10: 897-904.

Bonfadelli, Heinz & Ulrich Saxer 1986: *Lesen, Fernsehen und Lernen. Wie Jugendliche die Medien nutzen und die Folgen für die Medienpädagogik*, Zug: Klett und Balmer.

Buttgereit, Michael (ed.) 1987: *Lebenslauf und Biographie*. Werkstattberichte 18 des Wissenschaftlichen Zentrums I der Gesamthochschule Kassel, Kassel: Gesamthochschul-Bibliothek.

Caemmerer, Christiane (ed.) 1997: *Die totale Erinnerung. Sicherung und Zerstörung kulturhistorischer Vergangenheit und Gegenwart in den modernen Industriegesellschaften*, Bern [etc.]: Lang.

Calvino, Italo 1991 [ital. 1988]: *Sechs Vorschläge für das nächste Jahrtausend*, München/Wien: Hanser.

Coover, Robert 1992: „The End of Books", in: NEW YORK TIMES, 21. June 1992.

Coover, Robert 1993: „Hyperfiction: Novels for the Computer", in: NEW YORK TIMES BOOK REVIEW, 29. Aug. 1993: 1, 8-12.

Faulstich, Werner 1998: *Medien zwischen Herrschaft und Revolte. Die Medienkultur der frühen Neuzeit (1400-1700)*, Göttingen: Vandenhoeck & Ruprecht.

Gibson, William 1987 [engl.: 1984]: *Neuromancer*, München: Heyne.

Gibson, William 1999 [engl.: 1986]: *Cyperspace*, München: Heyne.

Giesecke, Michael 1998 [1991]: *Der Buchdruck in der frühen Neuzeit. Eine historische Fallstudie über die Durchsetzung neuer Informations- und Kommunikatinstechnologien*, Frankfurt/Main: Suhrkamp.

Gnüg, Hiltrud & Renate Möhrmann (eds.) 1999: *Frauen Literatur Geschichte. Schreibende Frauen vom Mittelalter bis zur Gegenwart*, Stuttgart/Weimar: Metzler.

Goethe, Johann Wolfgang von 1989: *Werke*, Hamburger Ausgabe in 14 Bänden (HA), Bd. 1 und 3, München: Beck.

Großklaus, Götz & Eberhard Lämmert (eds.) 1989: *Literatur in einer industriellen Kultur*, Stuttgart: Cotta.

Haraway, Donna 1995: *Die Neuerfindung der Natur. Primaten, Cyborgs und Frauen*, Frankfurt/Main/New York: Campus.

Heim, Michael 1993: *The Metaphysics of Virtual Reality*, New York/Oxford: Oxford University Press.

Herwig, Henriette 1989: „Von offenen und geschlossenen Türen oder Wie tot ist das Zeichen? Zu Kafka, Peirce und Derrida", in: *Kodikas/Code Ars Semeiotica* 12.1-2: 107-124.

Hess-Lüttich, Ernest W.B. 1997: „Text, Intertext, Hypertext – Zur Texttheorie der Hypertextualität", in: Klein & Fix (eds.) 1997: 125-148.

Hess-Lüttich, Ernest W.B. (ed.) 2001: *Autoren, Automaten, Audiovisionen. Neue Ansätze der Medienästhetik und Tele-Semiotik*, Wiesbaden: Westdeutscher Verlag.

Hoffmann, Hilmar 1994a: „Auf Gutenbergs Schultern", in: Hoffmann (ed.) 1994b: S.260-273.

Hoffmann, Hilmar (ed.) 1994b: *Gestern begann die Zukunft. Entwicklung und gesellschaftliche Bedeutung der Medienvielfalt*, Darmstadt: Wissenschaftliche Buchgesellschaft.

Hoffmann, Hilmar 1996: „Zwei Kulturen im Zusammenstoß. Erkundungen im Medienland über ein Leseland", in: Matejovski & Kittler (eds.) 1996: 37-49.

Jannidis, Fotis, Gerhard Lauer, Matias Martinez & Simone Winko (eds.) 1999: *Rückkehr des Autors. Zur Erneuerung eines umstrittenen Begriffs*, Tübingen: Niemeyer.

Joyce, Michael 1987: *Afternoon, a story* (Hyperfiction), Cambridge/MA: Eastgate Systems.

Jütte, Robert 2000: *Geschichte der Sinne. Von der Antike bis zum Cyberspace*, München: Beck.

Kaase, Max & Winfried Schulz (eds.) 1989: *Massenkommunikation. Theorien, Methoden, Befunde*, Opladen: Westdeutscher Verlag.

Kammer, Manfred 1997: „Der Traum von der Bibliothek von Alexandria", in: Caemmerer (ed.) 1997: 43-55.

Kepplinger, Hans Mathias 1992: *Ereignismanagement. Wirklichkeit und Massenmedien*, Zürich: Interfrom / Osnabrück: Fromm.

Kittler, Friedrich 1996: „Computeranalphabetismus", in: Matejovski & Kittler (eds.) 1996: 237-251.

Kittler, Wolf & Gerhard Neumann 1982: „Kafkas ,Drucke zu Lebzeiten' – Editorische Technik und hermeneutische Entscheidung", in: *Freiburger Universitätsblätter* 78: 45-84.

Klein, Josef & Ulla Fix (eds.) 1997: *Textbeziehungen. Linguistische und literaturwissenschaftliche Beiträge zur Intertextualität*, Tübingen: Stauffenburg.

Klepper, Martin, Ruth Mayer & Ernst-Peter Schneck (eds.) 1996: *Hyperkultur. Zur Fiktion des Computerzeitalters*, Berlin/New York: de Gruyter.

Köller, Wilhelm 1977: „Der sprachtheoretische Wert des semiotischen Zeichenmodells", in: Spinner (ed.) 1977: 7-77.

Korte, Werner B. 1985: *Neue Medien und Kommunikationsformen – Auswirkungen auf Kunst und Kultur*, München [etc.]: Saur.

Krämer, Sybille (ed.) 1998: *Medien, Computer, Realität. Wirklichkeitsvorstellungen und Neue Medien*, Frankfurt/Main: Suhrkamp.

Landow, George P. (ed.) 1994: *Hyper/Text/Theory*, Baltimore; London: The Johns Hopkins University Press.

Matejovski, Dirk & Friedrich Kittler (eds.) 1996: *Literatur im Informationszeitalter*, Frankfurt/Main/New York: Campus.

Matzker, Reiner 1997: „Medienzukunft", in: Caemmerer (ed.) 1997: 105-112.

Mayer, Ruth 1996: „Cyberpunk", in: Klepper; Mayer & Schneck (eds.) 1996: 163-173.

McLuhan, Marshall 1968 [engl.: 1962]: *Die Gutenberg-Galaxis*, Düsseldorf/Wien: Econ.

Messner, Rudolf & Cornelia Rosebrock 1987: „Ein Refugium für das Unerledigte – Zum Zusammenhang von Lesen und Lebensgeschichte Jugendlicher in kultureller Sicht", in: Buttgereit (ed.) 1987: 155-196.

Müller-Funk, Wolfgang & Hans Ulrich Reck (eds.) 1996: *Inszenierte Imagination. Beiträge zu einer historischen Anthropologie der Medien*, Wien/ New York: Springer.

Münker, Stefan & Alexander Roesler (eds.) 1997: *Mythos Internet*, Frankfurt/ Main: Suhrkamp.

Nestvold, Ruth 1996: „Das Ende des Buches. Hypertext und seine Auswirkungen auf die Literatur", in: Klepper; Mayer & Schneck (eds.) 1996: 14-30.

Nestvold, Ruth 1999: „Androgyne, Amazonen und Cyborgs. Science Fiction von Frauen", in: Gnüg & Möhrmann (eds.) 1999: 219-230.

Neuberger, Christoph 1993: „Acht Tricks, die Wirklichkeit zu überlisten. Wie die Massenmedien den Bedarf an Unglücksmeldungen stillen", in: *Medium* 23: 12-15.

Nöth, Winfried 1998: „Die Semiotik als Medienwissenschaft", in: Nöth & Wenz (eds.) 1998: 47-60.

Nöth, Winfried & Karin Wenz (eds.) 1998: *Intervalle 2: Medientheorie und digitale Medien*, Kassel: Kassel University Press.

Oehler, Klaus 2000: „Einführung in den semiotischen Pragmatismus", in: Wirth (ed.) 2000: 13-30.

Postman, Neil 1985: *Wir amüsieren uns zu Tode. Urteilsbildung im Zeitalter der Unterhaltungsindustrie*, Frankfurt/ Main: Fischer.

Postman, Neil 1994: „Selbstverteidigung gegen die Lockungen der technologischen Beredsamkeit", in: Hoffmann (ed.) 1994b: 17-26.

Postman, Neil 1997 [1995]: *Keine Götter mehr. Das Ende der Erziehung*, München: Deutscher Taschenbuch Verlag.

Reck, Hans Ulrich 1996: „‚Inszenierte Imagination' – Zu Programmatik und Perspektiven einer ‚historischen Anthropologie der Medien'", in: Müller-Funk & Reck (eds.) 1996: 231-244.

Rosebrock, Cornelia 1995a: „Literarische Sozialisation im Medienzeitalter", in: Rosebrock (ed.) 1995b: 9-29.

Rosebrock, Cornelia (ed.) 1995b: *Lesen im Medienzeitalter. Biographische und historische Aspekte literarischer Sozialisation*, Weinheim/München: Juventa.

Rötzer, Florian (ed.) 1991: *Digitaler Schein. Ästhetik der elektronischen Medien*, Frankfurt/Main: Suhrkamp.

Rötzer, Florian 1997: *Die Telepolis. Urbanität im digitalen Zeitalter*, Mannheim: Bollmann.

Rötzer, Florian 1998: *Digitale Weltentwürfe. Streifzüge durch die Netzkultur*, München/Wien: Hanser.

Rusterholz, Peter 2001: „Darstellung der Krise – Krise der Darstellung. Friedrich Dürrenmatts Darstellung der Maschinenwelt in seiner Novelle *Der Auftrag*", in: Hess-Lüttich (ed.) 2001: 75-84 (im selben Band).

Schmidt, Siegfried J.: „Konstruktivismus als Medientheorie", in: Nöth & Wenz (eds.) 1998: 21-46.

Schnell, Ralf 2000: *Medienästhetik. Zu Geschichte und Theorie audiovisueller Wahrnehmungsformen*, Stuttgart/Weimar: Metzler.

Schöttker, Detlev (ed.) 1999: *Von der Stimme zum Internet. Texte aus der Geschichte der Medienanalyse*, Göttingen: Vandenhoeck & Ruprecht.

Schulz, Winfried 1989: „Massenmedien und Realität. Die ‚ptolemäische' und die ‚kopernikanische' Auffassung", in: Kaase & Schulz (eds.) 1989: 135-149.

Schulz, Winfried 1994: „Medienwirklichkeit und Medienwirkung", in: Hoffmann (ed.) 1994b: 122-144.

Seel, Martin 1998: „Medien der Realität und Realität der Medien", in: Krämer (ed.) 1998: 244-268.

Smith, Anastasia 1990: *Tavern* (Hyperfiction).

Spinner, Kaspar H. (ed.) 1977: *Zeichen, Text, Sinn*, Göttingen: Vandenhoeck & Ruprecht.

Stocker, Günther 1994: *Ein rebellisches Fossil. Die fiktionale Literatur im Zeitalter der modernen Kommunikationstechnologien*, Aachen: Alano.

Tichenor, P.J., G.H. Donohue & C.N. Olien 1970: „Mass Media Flow and Differential Growth in Knowledge", in: *Public Opinion Quaterly* 34. 2: 159-170.

Vogel, Christina 2001: „Internetliteratur: (k)eine Revolution", in: Hess-Lüttich (ed.) 2001: 87-102 (im selben Band).

Weigel, Sigrid 1996: „Telephon, Post, Schreibmaschine. Weibliche Autorschaft im Aufschreibesystem der (Post) Moderne am Beispiel von Ingeborg Bachmanns *Malina*", in: Müller-Funk & Reck (eds.) 1996: 147-162.

Welsch, Wolfgang 1998: „‚Wirklich'. Bedeutungsvarianten – Modelle – Wirklichkeit und Virtualität", in: Krämer (ed.) 1998: 169-212.

Wiegerling, Klaus 1998: *Medienethik*, Stuttgart/Weimar: Metzler.

Willmot, Rod 1990: *Everglade*, Version: 2.3, Sherbrooke, Quebec: Hyperion Softword (Original Version: 1989).

Wingert, Bernd 1996: „Kann man Hypertexte lesen?", in: Matejovski & Kittler (eds.) 1996: 185-218.

Winkels, Hubert 1997: *Leselust und Bildermacht. Über Literatur, Fernsehen und neue Medien*, Köln: Kiepenheuer & Witsch.

Winko, Simone 1999: „Lost in hypertext? Autorkonzepte und neue Medien", in: Jannidis, Lauer; Martinez & Winko (eds.) 1999: 511-533.

Wirth, Uwe 1997: „Literatur im Internet. Oder: Wen kümmert's, wer liest?", in: Münker & Roesler (eds.) 1997: 319-337.

Wirth, Uwe (ed.) 2000: *Die Welt als Zeichen und Hypothese. Perspektiven des semiotischen Pragmatismus von Charles S. Peirce*, Frankfurt/Main: Suhrkamp.

Gesine Lenore Schiewer

Oswald Wieners experimentelle Kunst als Kritik formaler Kommunikationstheorien

Oswald Wiener, der neben seinem bekannten literarischen Werk *Die Verbesserung von Mitteleuropa, Roman* aus dem Jahr 1969 eine Reihe von Aufsätzen und weitere Buchpublikationen zu Literatur und Erkenntnistheorie[1] veröffentlicht hat, skizziert in dem *Vorwort* seiner 1996 herausgegebenen *Schriften zur Erkenntnistheorie* den Horizont seiner Forschungsinteressen:

> Für mich ist diese Sammlung in erster Linie Beleg der Entwicklung meiner ursprünglichen Neigung zur Bewußtseins-Metaphysik hin zu einer Besinnung auf die unserem Verstand überhaupt gegebenen Möglichkeiten. Ich hatte meine Empfindlichkeit zunächst auf das Aufspüren von Einschränkungen durch die „Medien" trainiert. Der hier abgedruckte Auszug aus der *verbesserung* gibt einen Eindruck davon. Ihm ist aber auch zu entnehmen, daß mir die individuellen Vorgänge des Verstehens allmählich als das tiefere Problem bewußt wurden – nicht nur als ein Mittel, Determinierungen durch „Kommunikation" in gewissem Ausmaß zu entgehen. Dies einmal erkannt, verloren sich die metaphysischen, literarischen, „geisteswissenschaftlichen" und soziologischen Einkleidungen wie von selbst (ein Übergangsstadium ist mit Wiener *1970* markiert). Da sich die öffentliche Diskussion in den vergangenen dreißig Jahren mehr und mehr in das – eigentlich behavioristisch inspirierte – Thema „Medien und Kommunikation" verbissen hat, und zwar ziemlich genau in jenes Ahnungsgefüge, das aufzugeben die *verbesserung* sich angeschickt hatte, mag die Dokumentation einer in manchen Hinsichten gegenläufigen Entwicklung dieses Buch nicht nur in meinen Augen rechtfertigen. (Wiener 1996: XI f.)

Der umrissenen Entwicklung in Wieners Denken, die in den *Schriften zur Erkenntnistheorie* dokumentiert ist, soll im folgenden nachgegangen werden im Hinblick auf den hier entwickelten Ansatz einer automatentheoretischen Fundierung menschlicher Erkenntnisprozesse und insbesondere zentraler Begriffe wie „Verstehen" und „Bewußtsein". Weiterhin sind die sich ergebenden Konsequenzen dieses Konzeptes, das den Komplex von Medien und Kommunikation zurückführt auf die Verstandestätigkeit des Menschen, für die Formulierung des erkenntnistheoretisch fundierten Kunstbegriffes Wieners zu umreißen. Hier wird die 1998 publizierte Sammlung *Literarische Aufsätze* zugrunde gelegt.

Die zunächst in dem Konzept des Bio-Adapters – dem Wiener zentrale Bedeutung für die gesamte *Verbesserung von Mitteleuropa, Roman* zuschreiben

---

1   Vgl. die Verzeichnisse in Kubaczek 1992: 265-267, Kurz 1992/1997 und Mixner 1978 ff.

will (vgl. Wiener 1996a: 1) – angestrebte Fokussierung der Einschränkungen durch die Medien respektive der Determinierung durch Kommunikation akzentuiert eine Kritik des behavioristischen Denkens (vgl. Wiener 1996a: 5), welche mit einer Auseinandersetzung mit dem „Ausrollen der Neuzeit in Kybernetik"[2] einhergeht.

Die Orientierung der Linguistik an behavioristischen Ansätzen bringt Wiener zufolge eine Ausklammerung des Begriffs des Bewußtseins als Forschungsgegenstand dieser Disziplin mit sich. Das habe eine Art der Sprachbetrachtung zur Folge, die von jedem Zusammenhang mit Bewußtseinsaspekten absehe. Infolgedessen ergäbe sich beispielsweise die Notwendigkeit der Unterscheidung von Objektsprache und Metasprache, welche in der Linguistik Berücksichtigung finde. Es werde auf diese Weise angestrebt, die – metasprachliche – Reflexion über den Gegenstand von dem – objektsprachlichen – Gegenstand selbst abzugrenzen. Sofern Sprache jedoch nicht jeder Einfluß auf die ‚Wahrnehmung' abgesprochen werden müsse[3], sei die Möglichkeit einer solchen Trennung illusorisch (vgl. Wiener 1996a: 2), womit Wiener davon ausgeht, daß Bewußtsein durchaus von sprachlichen Strukturen geprägt sei und somit nicht ohne Berücksichtigung sprachlicher Aspekte sinnvoll zu erfassen sei. Ferner bleibe „die Frage, ob Sprache ein Bestandteil der Wirklichkeit sein soll, oder ihr gleichwertig gegenüberstehe, ob der Begriff der Wirklichkeit überhaupt erforderlich sei etc." (Wiener 1996a: 26, Anm. 8) ungeklärt. Weiterhin würden, so Wiener, in einem Ansatz, der Sprache nicht als ein System der Wirklichkeitsabbildung, sondern als ein in sich geschlossenes System betrachtet, die Begriffe der ‚Kommunikation' und der ‚Information' praktisch ausgeklammert (vgl. Wiener 1996a: 3), das heißt mit anderen Worten, daß im weitesten Sinn pragmatische und semantische Bezüge zurückgedrängt werden. Die Annahme behavioristisch ausgerichteter Linguistik, daß „ein jeweiliges System der Wirklichkeit als einer Sprache inkorporiert" (Wiener 1996a: 3) zu betrachten sei – das heißt eine implizite Aufhebung der Trennung von Wirklichkeit einerseits und Sprache andererseits –, wird von Wiener jedoch ebenfalls abgelehnt (vgl. Wiener 1996a: 3 f.). Wiener wendet sich dagegen, daß in der Sprache auch schon die Wirklichkeit faßbar sei (vgl. Wiener 1996a: 2 u. 28, Anm. 19). Vielmehr „ist die Sprache das Wirkliche, das Reale, das Einzige, das Greifbare, das Vorhandene, der Maßstab ist die Kommunikation – Nebelflecke

---

2 Wiener 1996a: 1. Vgl. zur Kybernetik in _Die Verbesserung von Mitteleuropa, Roman_ Koops 1979.
3 Vgl. Wiener 1996a: 26, Anm. 8: „Wir berichten, indem wir uns durch die Sprache berichtigen. Es kann kein Zweifel bestehen, daß die Erziehung (d.i. zur Sprache), welche die Welt der Erwachsenen hervorbringt, unsere Koordination von Apperzeption und Verhalten schafft."

und Sinneseindrücke heften sich daran als ‚Wirklichkeit' und ‚Bewußtsein'"
(Wiener 1996a: 28, Anm. 21). Sprache und Kommunikation bedingen Wiener
zufolge die Wahrnehmung dessen, was dann als Wirklichkeit und Bewußtsein
gedeutet wird. Dabei sei jedoch beispielsweise ungeklärt, was überhaupt unter
‚Sinn' zu verstehen sei (vgl. Wiener 1996a: 4). Eine Kritik behavioristischen
Denkens habe daher „immer neu mit der Betrachtung der Sprache [zu] beginn-
nen, der Sprache und der verschiedenen Attitüden ihr gegenüber" (Wiener
1996a: 5).

> Der Sprachgebrauch hat jene höchst merkwürdige Eigenschaft, die Laing [Ronald Da-
> vid Laing, The Divided Self, London 1959. G. S.] im Auge gehabt haben muß, als er
> schrieb, ‚unsere Zivilisation' unterdrücke jede Art der Transzendenz: er ist ein Schutz-
> wall vor den Anfechtungen der Empfindung; die Sprache geht sozusagen mitten durch
> uns hindurch, der Wirklichkeit unseres Bewußtseins enge Gassen vorschreibend, als
> Nämlichkeit Identität erzeugend, die vielleicht mögliche Erfahrung verhindernd. Wer
> also seine Sprache nicht als letzte Richtschnur gelten läßt, begibt sich in zweifache Ge-
> fahr: er verliert sich selbst in den Landschaften des Bewußtseins, die zu betreten ihm je-
> des Rüstzeug fehlt; und er verliert den Beistand der Menschheit gegen Tod und Leben,
> jene Sicherheit der Solidarität, die den Staatsbürger übers ganze Dasein hinwegträgt
> und sogar noch um den Tod betrügt. (Wiener 1996a: 7)

Aufgrund der Dominanz der Sprache gegenüber den grundsätzlich viel weiteren Dimensionen des Bewußtseins müssen die sprachlich bedingten Beschrän-
kungen in den Blick genommen werden, um eine Kritik an einer exklusiven
Fokussierung von Sprache fundieren zu können. Die Ausnutzung der Sprache
als Steuerungsinstrument des Bürgers betreffend führt Wiener weiter aus:

> Daß die Demokratie den Staat auf die Sprache stellt (man könnte es ja schon an Be-
> zeichnungen wie Parlament und Kanzler ablesen), macht sie ja eben zum totalen, und in
> Folge dessen zum totalitären Staat. Die ‚informierte Gesellschaft' ist eben dadurch eine
> formierte Gesellschaft. [...] Die Anlage der Informationstheorie ist, entsprechend der
> psychagogischen Zielrichtung offizieller Kommunikation (entsprechend also der Werk-
> zeughaftigkeit der Sprache), auf Sicherung der Befehlsübermittlung abgestimmt – die
> Informationstheorie ist rein behavioristisch, was sich an ihrem sorgfältigen Überspringen
> gen aller eigentlich sprachlichen Probleme nur bestätigt. (Wiener 1996a: 10)

Die Rolle der Kybernetik – das heißt, wie Wiener in einer Anmerkung darlegt,
ursprünglich in André-Marie Ampères *Essai sur la philosophie des science*,
1843, die Wissenschaft vom Regieren im Staat – besteht Wiener zufolge in diesem Zusammenhang darin, das ausscherende, die Sprache hinterfragende (vgl.
Wiener 1996a: 16, 17) Individuum in den staatlichen Rahmen zurückzudrän-
gen (vgl. Wiener 1996a: 11 f.). Sie werde „als Erfüllung des Behaviorismus"
vorangetrieben (Wiener 1996a: 5) und gehe mit einer letztlich konservativen
Wirkung des Computers einher (vgl. Wiener 1996a: 19), da qualitative Aspekte
wie Bewußtsein und Empfindung bei der Datenverarbeitung außer Acht blieben; Einsichten in die „Bewußtseinslage der Maschinen" seien nicht von Inter-

60   *Gesine Lenore Schiewer*

esse (vgl. Wiener 1996a: 20, 22 f.). Aus diesem Grund gelte der extensionale
Informationsbegriff Claude Shannons als zentral.[4] Diesen grundlegenden *Notizen* schließt sich die Darstellung des eigentlichen *Bio-Adapters* an. Dessen bedürfe der Mensch,

> weil er im Zuge seiner Geschichte (welche im Adapter abhanden kommt) durch Hervorbildung seines Bewußtseins in einen Gegensatz zu seiner immer verbaler apperzipierten (d.h. im Verlauf der progressiven Verbalisierung überhaupt erst „wahrgenommenen") Umwelt gerät, diese geradezu erst herausfordert, vorhersagt, materialisiert, erzeugt. Er vereinzelt sich ... sein Bewußtsein, dem er sich immer verzweifelter überläßt, drängt ihm unter Bildung und Zuhilfenahme kränklicher Begriffe Individualität, Polarität gegenüber einer vexierbildhaften Umgebung, welcher er in Überanstrengung seiner Sinne Bestandteile anzuerkennen bemüht ist, gegenüber einer erfundenen, gleichwohl erlittenen, ihn blindwütig mit Nachrichten befetzenden Objektwelt, und neurotisch-anankistische Organisierung derselben zu Kategorien und methodisch angehauchten Hierarchien auf. Der Mensch wurde schutzlos durch das Bewußtsein seiner symbolischen Singularität, dieser seiner lyrischen Hoffnung, und seiner ergo fiktiven Gegnerschaft zum alsbald als bedrohlich empfundenen All. Hier setzt nun der Bio-Adapter an, und reduziert das All auf den Status einer unhaltsamen ... Fabel. (Wiener 1996a: 46 f.)

Die angestrebte Aufwertung des individuellen Bewußtseins gegenüber sprachlich vorgeformter Wirklichkeitswahrnehmung zielt darauf ab, diese „als Sender und Empfänger lebenswichtiger Nachrichten (Nahrung und Unterhaltung, Stoff- und Geistwechsel)" (Wiener 1996a: 46) zu ersetzen durch den autonomen Bio-Adapter. Wiener weitet die kommunikationstheoretischen Grundbegriffe des Senders, des Empfängers und der Nachricht somit auf das Verhältnis von Mensch und Umwelt aus; Sprache wird nicht allein hinsichtlich ihrer interindividuellen Kommunikationsfunktion reflektiert, sondern hinsichtlich ihrer Determination der individuellen Welterkenntnis. Die Leistung des Bio-Adapters beruht dann auf einem vollständigen Ausblenden durch Abkopplung des Menschen von der Umwelt:

> Der sich von seiner Umwelt auf attraktive Weise ausgeeinzelt fühlende Mensch weiß sich inmitten einer Konversation, in einem Spiel-ähnlichen Dialog mit einer wohlwollenden Instanz begriffen. Die tatsächliche Aktivität des Bio-Adapters in dieser Phase besteht jedoch in der Simulation eines Kommunikations-Schildes, einer Membran zwischen den verschiedenen Strukturen des Bewusstseins seines Inhalts. Er simuliert einen Verkehr mit dem „Außen", indem er [...] im Verlaufe seiner Exploration des inkorporierten Menschen sämtliche Nachrichten desselben an das nunmehr hypothetische All analysiert (auch die Produkte des Metabolismus), und ausgewählte Portionen davon

---

4   Vgl. Wiener 1996a: 20. In Absetzung zu Claude Shannons und Warren Weavers *The Mathematical Theory of Communication*, 1949, erläutert Wiener seine Auffassung des Informationsbegriffes in der Schrift *,Information' und Selbstbeobachtung*, 1996. Er erinnert hier daran, daß Shannon aus seiner Theorie das Problem der Bedeutung ausgeklammert habe – sein Informationsbegriff also ausschließlich auf die übermittelnden Zeichenketten bezogen sei – und erst später die behavioristisch orientierte Annahme aufgekommen sei, daß „Bedeutung oder Sinn irgendwie *in den Zeichenketten* (z.B. Worten) liegen, daß mit der Übermittlung von Zeichenketten auch schon Bedeutung mitgeteilt werde". Vgl. Wiener 1996h: 293.

durchkombiniert wieder zurückbietet, wobei der Nachdruck stets auf dem Kriterium der Glückhaftigkeit zu liegen käme. Der Bio-Adapter funktioniert also [...] als ein Makro-Instruktionen einer nicht mehr vorhandenen äußeren Nachrichtenquelle simulierender Informationsspiegel: die Impulse der Bio-Einheit werden analysiert, nach Maßgabe der zunächst mutmaßlichen Lustbetonung neugruppiert, transkodifiziert, und eingespiegelt.[5]

Das zentrale Instrument des Bio-Adapters besteht jedoch zunächst wiederum in der sprachlichen Kommunikation: er erteilt dem inkorporierten Menschen mittels imaginärer Gesprächspartner Belehrungen, wobei er ganz im Rahmen der „gewöhnlichen Suggestiv-Eigenschaften der Kommunikation" bleibe (vgl. Wiener 1996a: 51). Erst auf einer zweiten Adaptions-Stufe wird ein direkterer Informationsfluß zwischen Adapter und Bio-Modul erreicht (vgl. Wiener 1996a: 53). Ziel ist eine Verdrängung der Natur durch das Bewußtsein: „Waren früher die Gestalten der sinnlichen Wahrnehmung bloße Produkte bedingter Reflexe einer überlegenen Versuchsanordnung, [...] Ausgeburten der Sprache, so ruht nun das Bewußtsein, unsterblich, in sich selber und schafft sich vorübergehende Gegenstände aus seinen eigenen Tiefen" (Wiener 1996a: 55). Ziel ist also eine möglichst weitgehende Verlagerung von einer dominanten aufgrund sprachlichen Perspektivismus kategorial vorstrukturierten Umwelt zu einem autonomen Bewußtsein, womit Wiener sich von behavioristischen Ansätzen abzusetzen bestrebt ist.[6]

Die kürzere Abhandlung *subjekt, semantik, abbildungsbeziehungen* aus dem Jahr 1970 bezeichnet Wiener in der oben zitierten Passage als ein Übergangsstadium von der im vorangehenden skizzierten Phase einer Bewußtseins-Metaphysik zu erkenntnistheoretischen Reflexionen. Ausgangspunkt ist hier die Frage der Beeinflussung von Literatur durch historische Veränderungen erkenntnistheoretischer Konzepte einschließlich deren Auswirkungen auf das jeweilige Lebensgefühl und die entsprechenden Äußerungen einer Epoche. Für die Literatur seit dem 19. Jahrhundert ist, so Wiener, infolge Marcel Prousts von grundlegender Bedeutung „das allmähliche bewusstwerden des umstands,

---

5   Wiener 1996a: 47. Gleichzeitig erfüllt der Bio-Adapter jedoch auch die Funktion der Simulation mehrerer Gesprächspartner für den eingeschlossenen Menschen. Vgl. Wiener 1996a: 50.
6   In seinen *Notizen zum Konzept des Bio-Adapters* aus dem Jahr 1988 relativiert Wiener jedoch diese Tendenz zur Autonomie durch den Hinweis, daß ihm deutlich geworden sei, daß der Adapter mit der Welt sinnvoll kommunizieren müsse und auf diese Weise in diese hineinreiche und somit seinerseits verändere im Sinne einer Komplizierung, da nur auf diese Weise ein „unregelmäßiges" Wachsen des „Glücksbündels" möglich sei. Das bedeutet ein nicht durch Strukturen und damit letztlich mechanisch bestimmter Verlauf. Der Bio-Adapter müsse ferner, so Wiener 1988, um dem inkorporierten Individuum in den angestrebten Sinn nützlich sein zu können, seinerseits Bewußtsein und Willen, eventuell Lust- und Schmerzempfindungen, Neigungen und Vorurteile haben, das heißt also, unterschiedlichen Impulsen unterworfen sein. Damit verschiebt sich jedoch die Problematik des Individuums auf die Ebene des Adapters, der damit im Grunde genommen – wenn Wiener diese Konsequenz auch nur andeutet – *ad absurdum* geführt ist. Vgl. Wiener 1996d: 111.

dass die sprache etwas mehr ist als ein mittel der analyse" (Wiener [2]1970: 2).
Daraus ergibt sich die Aufgabe gegenwärtiger Literatur, mit deren Formulie-
rung Wiener an den Horizont seiner Überlegungen zu dem Verhältnis von
Sprache und Wirklichkeit in der *Verbesserung* sowie seinen Ansatzpunkt einer
Kritik behavioristischer Konzepte anknüpft:

> es scheint mir, dass die ausnahme der instrumente aus dem experiment, die begriffliche
> trennung von sprache etwa und dargestelltem (wobei natürlich das instrument selber un-
> analysiert bleibt), zu einem vorläufigen und unhaltbaren beiseitesetzen der wichtigsten
> probleme führen muss, und dass manche dieser problemkreise dann, z.b. mit dem na-
> men ,kunst' versehen, ein metaphysisches dasein weiter führen. (Wiener [2]1970: 3)

Diese Problemstellung verweist die Literatur Wiener zufolge an die wissenschaftliche Theoriebildung. Jedoch finde sie hier keine Antworten auf die seiner Ansicht nach entscheidenden Fragen, nämlich die der Semantik. Infolgedessen sei die Literatur in der Auseinandersetzung mit diesen Aufgaben auf
sich selbst verwiesen. Die Schwierigkeit der Semantik bestehe insbesondere
darin, daß sie auf die Sprache angewiesen sei, um Fragen der Bedeutung zu be-
handeln, deren Klärung jedoch schon Voraussetzung dafür sei, mittels Sprache
semantische Aspekte der Sprache zu erörtern (vgl. Wiener [2]1970: 3). Das Ziel
einer Klärung des Begriffes der Wirklichkeit sei durch eine extensionale Bestimmung nicht zu erreichen, womit der Ansatz einer formalen Handhabung
von Zeichen im Rahmen des Logischen Empirismus für Wiener obsolet ist.[7]
Ähnliche Schwierigkeiten sucht Wiener Kants Begriff der analytischen Urteile
nachzuweisen: Es bleibe fraglich, inwiefern dieser Ansatz als Abbildung von
Wirklichkeit zu betrachten sei und letztlich wie Sprache der Erkenntnis von
Wirklichkeit dienlich sein könne. Somit unterbleibe die Verankerung des For-
malismus in der Semantik. Wieners Kritik zielt ab auf den unvermittelten Dualismus von Geist und Materie in Kants Denken: „irgendwo müsste jene ,analy-
tizität' ja wohl materiell werden – aber nicht im ,analytischen' satz, und auch
noch nicht in den ihn logisch umgebenden ... irgendwo weit fort eben" (Wiener
[2]1970: 4). Ebenfalls einer grundsätzlichen Kritik unterwirft Wiener sowohl die
allgemeinen Konzepte der Wiederspiegelungs-Hypothese der Semantik und
die Auffassung von Wirklichkeit als Abbild der Sprache als auch das spezifisch
linguistische Programm einer strukturalen Semantik (vgl. Wiener [2]1970: 4-10).
Die zentrale Frage des literarischen Autors richte sich vielmehr auf die Möglichkeiten des Bewußtseins, sich von eventuell genetisch angelegter und durch
sprachlichen Perspektivismus bedingter Prädestination zu lösen.

---

7   Vgl. Wiener [2]1970: 4. Mit der oben erwähnten Kritik an der strengen Trennung von Objekt-
     und Metasprache wendet Wiener sich indirekt natürlich ebenfalls gegen den Logischen
     Empirismus.

Weiterhin erkennt Wiener die Problematik der Semantik nicht allein in der Unüberprüfbarkeit sprachlicher Strukturen an den Strukturen sinnlicher Wirklichkeit, sondern auch in der Unüberprüfbarkeit der Bewußtseinsinhalte verschiedener Menschen (vgl. Wiener [2]1970: 10). In diesen Bereich fallen „nichtkommunizierbare nebeneffekte" von Wörtern, welche die sinnlichen Eindrücke umfassen sowie die individuelle Art zu verstehen:

> [...] nicht einmal die genaueste physiologische kenntnis des farbensehens könnte jene sinnlichkeit normieren, weil prinzipiell (und dieses prinzip ist eben semantisch) die brücke zwischen erleben und der das erleben tragenden materiellen struktur nur durch die kommunikation hergestellt wird. fragen nach diesen zusammenhängen gelten als unwissenschaftlich, und, seit einiger zeit, als unphilosophisch; als dichter aber kann ich sie stellen, und ich tue es. (Wiener [2]1970: 10)

Wiener stellt weiterhin fest, daß Bewußtseinsinhalte auf die Sprache projiziert werden, ohne daß sie eindeutig oder miteinander vergleichbar abzubilden seien. In der Kommunikation würden dem Bewußtsein die „unüberprüfbaren bewusstseinsprojektionen der anderen als ‚wirklichkeit' zugeordnet" (vgl. Wiener [2]1970: 11). Diese Unmöglichkeit des unmittelbaren Abgleichs der Bewußtseinsinhalte verschiedener Menschen habe dazu geführt, „auf behavioristische art die welt, die wirklichkeit, die empfindung in der sprache enden zu lassen" (Wiener [2]1970: 11). Was das Individuum bei der Verwendung von Sprache empfindet oder denkt, bleibe unbeachtet. Infolgedessen komme es zu einer Verwechslung des Kontaktbereichs Bewußtsein und Sprache mit dem von Sprache und Wirklichkeit, wobei ersterer vernachlässigt werde: „im vordergrund bleibt die mit der kommunikation identische objektivität" (Wiener [2]1970: 11).

Hierin ist, so Wiener, auch der gegenwärtige Begriff geistiger Gesundheit begründet. Als normal gelte derjenige, der sich mit der allgemeinen Kommunikation identifiziere. Denkbar sei jedoch auch eine Kluft oder Dissoziation zwischen Bewußtsein und Kommunikation. In diesem Fall werde üblicherweise von Geisteskrankheit oder Schizophrenie gesprochen.[8] Den Begriff der Identifikation bezieht Wiener dabei auf „unbedenklichkeit im umgang mit der kommunikation, und davon abgeleitet, mit der wahrnehmung" (Wiener [2]1970: 12).

---

8   Friedbert Aspetsberger betrachtet den Anschluß an die Humanpathologie als Charakteristikum Wieners: *„Alle Behauptungen seines Werks – damit insbesondere dessen literarische Formen – sind radikale Fragestellungen in diesem Rahmen.* [Hervorhbg. bei Aspetsberger]" Aspetsberger 1995: 224.

,identifikation' in meinem sinn liegt vor, wenn eine formulierung (eine wahrnehmung) direkt mit dem corpus der das „normale" lebensgefühl ausmachenden bewusstseinsverhältnisse in beziehung gestellt wird. wenn also z.b. ein satz 1) unbedenklich verstanden, und 2) direkt zu einer adjustierung des bewusstseins [...] verwendet wird. (Wiener [2]1970: 12)

Jedoch sei es möglich, diese Form der Identifikation einzudämmen, was gleichbedeutend sei mit einem Abweichen von der „normal" funktionierenden Kommunikation. Eine Auseinandersetzung mit derartigen Abweichungen beispielsweise in psychiatrischem Zusammenhang sei durchaus ein fruchtbarer Ansatz für die semantische Forschung (vgl. Wiener [2]1970: 13). Der Bereich, den Wiener für semantische Überlegungen aktuell für fruchtbar hält, die Literatur, habe daher darauf abzuzielen, die Identifikation in dem genannten Sinn aufzuheben. Auf diese Weise könnten die Unsicherheiten, die aufgrund der gegenwärtig gegebenen Eigendynamik von Sprache und Kommunikation für das Lebensgefühl insgesamt ergeben hätten, aufgefangen werden (vgl. Wiener [2]1970: 13).

Wenn Wiener diesen Text als ein „Übergangsstadium" in der Entwicklung seiner Interessen bezeichnet, dann muß sich diese Einschätzung beziehen auf die Konkretisierung seiner Befassung mit dem menschlichen Bewußtsein im Rahmen der hier vorliegenden Auseinandersetzung mit den Ansätzen der Semantik. Dabei bleibt die Fokussierung auf die „Einschränkung durch die ‚Medien'" insofern präsent, als die Identifikation in dem dargestellten Sinn als Regelfall diskutiert und betrachtet wird. Eine Auseinandersetzung mit den „unserem Verstand überhaupt gegebenen Möglichkeiten" findet hier jedoch in einer über die Kritik vorhandener Konzepte hinausgehenden Weise noch nicht statt. Dies wird für Wiener erst möglich durch Heranziehung der Forschungsansätze der Künstlichen Intelligenz. Die entsprechenden Abhandlungen liegen seit 1996 in den _Schriften zur Erkenntnistheorie_ gesammelt vor. Im folgenden sollen die bisher umrissenen zentralen Aspekte der frühen Überlegungen Wieners, das heißt insbesondere die Einschätzung des Behaviorismus und solcher Begriffe wie die der Bedeutung, der Information und des Verstehens, in dem späteren Zugriff dargestellt werden.

1980 knüpft Wiener an die erarbeitete Position einer Problematisierung des Verhältnisses von sprachlicher Perspektivität und Bewußtsein an mit der Erklärung, daß der Sinn von Sätzen und Gedanken, der Inhalt alltäglicher psychischer Vorstellungen problematisch geworden sei, obwohl die Illusion der „Gestalthaftigkeit" der Vorstellungen noch aufrecht erhalten werde. Dennoch sei erkennbar, daß Sinn nur eine Kompensation eines Mangels an formaler Kapazität sei, also vorgefertigte Einschränkungen möglicher Sichtweisen bietet und damit die unzureichende „Fähigkeit zur Auswahl" mit einer „Enge des Bewußtseins" auffängt (vgl. Wiener 1996b: 57). Nun wird jedoch nicht mehr Absicherung in einer semantischen Theoriebildung gesucht, sondern das Desiderat einer naturwissenschaftlichen Erkenntnistheorie als „eine lückenlose physikalisch-mathematische Theorie des Entstehens von Gedanken im menschlichen Gehirn oder sonstwo" (Wiener 1996b: 57) eingebracht. In einem programmatischen Zugriff geht Wiener hier davon aus, daß Sinn darzustellen sei als Eigenschaft derjenigen Strukturen, die dem Zeichengebrauch zugrunde liegen, und verweist bereits auf das mathematische Berechenbarkeitsproblem, welches die Frage nach Automaten als Strukturen der Zeichen und die Frage nach der Interpretation habe hervortreten lassen.[9] Gleichzeitig hebt Wiener auch hervor, daß die gegenwärtig verfügbaren Computer kein adäquates Bild des Bewußtseins bereitstellen könnten. Zunächst einmal sei es entscheidend, „daß ich es verschmähe, auf Bewußtsein, „Inhaltlichkeit", oder auf das Unbewußte in irgendeinem metaphysischen Sinn meine Hoffnung zu setzen" (Wiener 1996b: 62).

In *Turings Test*, 1984, betont Wiener dann explizit die ambivalenten Tendenzen in Alan M. Turings Überlegungen zu der Frage, ob Maschinen denken können, welche sowohl darauf hinweisen, daß „für die Modellierung des Verstands an einen Computer Anforderungen zu stellen sind, die über die bisher formulierten weit hinausgehen"[10], als auch darauf, daß sich viele Regungen des Bewußtseins als stereotyp und gesetzmäßig erwiesen (vgl. Wiener 1996c: 77). Es sei durchaus zutreffend, so Wiener, daß die Kapazität eines sequentiellen Computers nicht ausreiche, die Leistungen der Intelligenz auch nur annähernd darstellen zu können, denn aufgrund von Selbstbeobachtungen sei eine beachtliche Parallelität sogar auf der Ebene der durch Aufmerksamkeit fokussierten „Enge des Bewußtseins" anzunehmen (vgl. Wiener 1996c: 93). Dennoch sei Turings Test nicht obsolet: „Damit eine Maschine im Imitationsspiel erfolgreich abschneide, muß wohl ein erheblicher Teil dessen eingebracht werden, was Menschen in ihrer Selbstbeobachtung für Charakteristika ihrer Psyche halten" (Wiener 1996c: 95). Wiener schließt somit eine zukünftige Entwicklung solcher Programme nicht grundsätzlich aus, die der menschlichen Intelligenz in höherem Maß entsprechen. Da jedoch das Ausmaß der Komplexität menschlicher „intuitiver Imagination" oder „Ingenuität" unbekannt sei, sei die Frage, ob es sich hierbei um eine Turing-Maschine handle, nach wie vor unbeantwortet (vgl. Wiener 1996e: 113). Wiener bezweifelt allerdings, daß die Hy-

---

9   Vgl. Wiener 1996b: 61. Die Möglichkeiten einer Beschreibung des Sinn-Begriffes mit den Instrumenten der Automatentheorie ist Wiener mit zunehmender Klarheit herauszuarbeiten bestrebt, wie im folgenden dargestellt werden soll.

10   Allerdings sei über eine grundsätzliche Unmöglichkeit einer Simulation des Bewußtseins kaum abschließend zu befinden, vgl. Wiener 1996c: 77 f.

pothese, daß explizites Wissen durch Turing-Maschinen sowohl verkörpert als auch erzeugt werde, in diesem umfassenden Verständnis aufrecht zu halten ist. Aus diesem Grund sei eine Erweiterung der mechanistischen Auffassung notwendig, die dahin gehe, daß ein „evolutionsartiger Mechanismus" etwa im Sinn Ernst Machs hinzugenommen werde.[11] Es stellt sich somit die Frage, in welchem Maß das Modell der Turing-Maschine unter Hinzuziehung eines „evolutionsartigen Mechanismus" menschliche Erkenntnistätigkeit darstellen kann.

Der im Konzept des Bio-Adapters in den Blick genommene und 1970 in dem Aufsatz *subjekt, semantik, abbildungsbeziehungen* diskutierte Ansatzpunkt einer Eingrenzung der Rolle der Sprache zugunsten eines autonomen Bewußtseins des Individuums bleibt für Wieners Denken grundlegend. Auch 1995 in *Form und Inhalt in Organismen aus Turing-Maschinen*, zuerst in englischer Sprache 1988, erklärt er: „Da ich der Ansicht bin, daß die fundamentalen Mechanismen der Erkenntnis nicht prinzipiell von Sprache und Kommunikation abhängen, werde ich hier wenig über die unbezweifelbare, das Denken unterstützende Funktion der Sprache sagen, [...]" (Wiener 1996e: 123). Sprache wird dem Entwurf des menschlichen Organismus aus Turing-Maschinen subsumiert und gefaßt als Bezeichnung und Beschreibung von Programmen zur Konstruktion von Modellen (vgl. Wiener 1996a: 126 f.). Unter Bezugnahme auf Gottlob Freges Unterscheidung von Sinn und Bedeutung – wobei Wiener Sinn erklärt als Bezeichnung eines entsprechenden Modells, das die betreffende Zeichenkette erzeugen und akzeptieren kann, während die Bedeutung einer Bezeichnung auf den Output des Modells verweist – beschreibt Wiener diese semantischen Aspekte von Sprache folgendermaßen:

> [Es. G.S.] produziert der mit einem Deutsch-Modul ausgestattete Organismus auf dem Zeichen „Baum" mit Hilfe jeweiliger LUs [Laufumgebungen. G.S.] die jeweiligen Bedeutungen der Bezeichnungen „langlebige Pflanze mit einem einzigen hölzernen selbsttragenden Stamm", „Diagramm aus sich verzweigenden Linien", „Strang aus isolierten Drähten" etc. – nämlich interne Zeichenketten, die für den Beobachter bildartige Darstellungen eines Baums, eines Baum-Diagramms, eines Kabelbaums usw. sind; der jeweilige Sinn von „Baum" aber ist das vom Organismus jeweils zur Erzeugung dieser „Bilder" benutzte Modell. (Wiener 1996e: 128)

Sprache dient also aufgrund ihrer „offenbar umwegarmen Verbindung mit den durch sie benannten Strukturen" dazu, „das Auffinden von Modellen [zu] unterstützen" (Wiener 1996e: 139). Dabei unterscheidet Wiener zwischen routinemäßigem Sprechen, Hören und Lesen einerseits, bei dem die Sprachausdrücke „in den Lauf des unterliegenden Mechanismus als Steuerungssignale"

---

11   Wiener verweist auf Machs Ansatz einer Anpassung der Gedanken an die Tatsachen und aneinander in *Erkenntnis und Irrtum*, 164 ff.

eingreifen, und dem bei Verständnisschwierigkeiten aktivierten bewußten Sprachverstehen, bei dem den bei der sprachlichen Kommunikation auftretenden inneren Bildern gezielt Beachtung geschenkt wird (vgl. Wiener 1996g: 210).

Die Erkenntnistätigkeit des Menschen einschließlich des genannten „evolutionsartigen Mechanismus" richtet sich jedoch vor allem auf neu auftretende Zeichenketten, die als von außen an einen Organismus herantretende Störungen in Erscheinung treten und mit den vorhandenen Erklärungsinstrumenten, den existierenden Modellen, nicht erfaßt werden können. Es kommt dann zu einem Anpassungsprozeß, den Wiener folgendermaßen beschreibt:

> Ich nehme an, daß KU [Konstruktionsumgebung. G.S.] dann eine vorhandene Maschine T, die Z [eine neu auftretende Zeichenkette. G.S.] wenigstens in Teilen erklärt, an von LU [Laufumgebung. G.S.] bestimmten Stellen „zerbricht" und durch Einfügung (von Komponenten) anderer Erklärungen wieder repariert, so, daß T weiterhin die alten Zeichenketten, die neue indessen besser (in größeren Teilen als zuvor) erklärt. (Wiener 1996e: 114)

Einen derartigen Erwerb neuer Modelle bezeichnet Wiener als Lernen (vgl. Wiener 1996e: 122). Die Fähigkeit zur Konstruktion oder Modifikation von Modellen kennzeichnet einen bewußten Organismus, der aufgrund dieses Bewußtseins über einen Orientierungs-Mechanismus verfügt (vgl. Wiener 1996e: 136). Die mechanisch nachvollziehbaren Möglichkeiten einer Assimilation und Umstrukturierung bereits vorhandener Modelle eines Organismus müssen Wieners programmatisch formuliertem Fazit dieser Untersuchung zufolge geprüft werden, bevor die Annahme der Darstellbarkeit menschlicher Erkenntnistätigkeit durch das Konzept der Turing-Maschine verworfen werden kann (vgl. Wiener 1996e: 143). Ein solches Verfahren könne beispielsweise ein Mechanismus des *trial-and-error* sein (vgl. Wiener 1996e: 137): „Dieser Vorgang könnte aus Experimenten mit Parametern bestehen, und einschneidender in versuchendem Umbau schon vorhandener Strukturen über Ersetzungen von Moduln in Forme" (Wiener 1996f: 152). Eine von Menschen häufig eingesetzte Möglichkeit bestehe darin, nur teilweise passende Modelle an den unpassenden Stellen durch sogenannte Ausnahmen zu ergänzen (vgl. Wiener 1996f: 153). Grundlegend ist jedoch für jedes Lernen das Erfassen von Regelmäßigkeiten, welches damit eine zentrale Bedeutung für das Lösen intellektueller Probleme erhält (vgl. Wiener 1996f: 165).

Jedoch hebt Wiener 1990 in der Abhandlung *Kambrium der Künstlichen Intelligenz* eine Beobachtung hervor, die er als Indiz dafür wertet, daß die menschlichen Intelligenzleistungen zwar in bestimmten Bereichen, nicht aber ausschließlich und auch nicht in der Hauptsache als Turing-Maschinen aufzufassen sind:

> Wenn ein Mensch auch im Prinzip beliebige Berechnungsanweisungen inhaltslos ausführen kann, so betätigt er dabei doch nur einen kleinen Teil seiner kognitiven Ausrüstung. Seine natürliche Vorgangsweise ist es, einen (internen) Automaten zu konstruieren, der die Berechnung dann, in einem – man könnte meinen, überflüssigerweise – viel komplizierteren Vorgang (nämlich „verstehend") übernimmt. Diese Automaten laufen erst „von selbst", wenn sie „eingeschliffen" worden sind, und auch dann immer nur auf einem kleinen Bereich ihrer Parameter. Introspektiv kann man feststellen, daß die Anwendung dieser Maschinen immer wieder Aufmerksamkeit erfordert, wenn sie unter neuen Bedingungen laufen sollen. Es ist, als ob der grundlegende Mechanismus der Konstruktionsumgebungen die zentrale Einheit des kognitiven Geschehens wäre. Das Selbständigwerden der Modelle ist von einem Schub in der Modellheterarchie begleitet. Sie sinken in die Laufumgebungen, werden zu anonymen Handlungsformen, Werkzeugen, deren „Inhalt", nämlich der finale Grund ihrer Beschaffenheit, in den meisten Bedarfsfällen schwer zu rekonstruieren ist; bewußtes Laufenlassen ohne das Auftauchen neuer Faktoren wird uninteressant. (Wiener 1996f: 154f.)

Inhalt wird hier aufgefaßt als ein mechanische Ausführung begleitendes Bewußtsein und damit außerhalb der betreffenden Turing-Maschine selbst angesiedelt. In *Eine elementare Einführung in die Theorie der Turing-Maschinen* formuliert Wiener prägnant: „Man beachte: *Interpretationen einer TM sind Sache der Umgebung"* (Wiener et al. 1998: 28). Diese Umgebung besteht nun wieder aus einem Automaten. Verstehen bezieht sich damit auf eine zusätzliche Ebene, die parallel zu der eigentlichen Ausführung liegt und eine unterliegende Schicht darstellt. Diese in ungenügender Weise zu berücksichtigen, stellt die Kritik Wieners an dem Ansatz Allan Newells und Herbert A. Simons dar (vgl. Wiener 1996f: 182), in dem daher in für Wiener unzureichender Weise von behavioristischem Denken abgerückt wird.[12] Dieses habe die Entwicklung der Künstlichen Intelligenz sogar behindert, da es in der Erklärung des menschlichen Denkens versagt habe.[13] Von Verstehen, genauer klarem Verstehen, kann Wiener zufolge immer dann gesprochen werden, wenn ein adäquates Modell, das heißt eine Turing-Maschine, gegeben ist (vgl. Wiener 1996e: 125; id. 1996f: 176 f.). Diese Parallelität der verschiedenen Ebenen eines verstehenden und daher bewußten Organismus betrachtet Wiener als das zentrale Problem einer sequentiellen Computerimplementation.[14]

Solche tieferen Strukturen, die auch das Verhalten eines Menschen determinieren können, sind Wiener zufolge in der Selbstbeobachtung sichtbar zu machen. Wenn es jedoch um die Wahrnehmung neuer Regelmäßigkeiten geht, die

---

12 Vgl. Wiener 1996f: 175. „Behaviorismus war möglich, weil man sich auf eine seichte ‚operationale' Klassifikation der Erscheinungen einigte. Eine tieferliegende Struktur dieser Klassen wäre auf ›Informationen‹ angewiesen, auf die der Behaviorismus verzichtet hat" Wiener 1996g: 199.
13 Vgl. Wiener 1996g: 199. Wiener weist hier auf die Thematik des Leib-Seele-Problems hin, vor deren Hintergrund behavioristische Auffassungen einen festen Ausgangspunkt zu bieten scheinen.
14 Vgl. Wiener 1996c: 93 und Wiener 1996f: 189 f. Wiener bezieht sich in seinen Ausführungen zur Parallelität menschlicher Intelligenzleistungen unter anderem auf Edmund Husserls Begriff des Zeithofs und Alexius von Meinongs Überlegungen zur Gleichzeitigkeit.

es ermöglichen, eine Vorstellung zu verändern, zu ergänzen oder auch durch eine andere zu ersetzen und somit einen kreativen Prozeß begründen, spielen meist Schichten hinein, die außerhalb des Bereichs liegen, der der Selbstbeobachtung zugänglich ist. Erst allmählich wird eine entsprechende Regelmäßigkeit oder Ähnlichkeit klarer herausgearbeitet und an Zeichen gebunden, womit dann die Ebenen des bewußten Verstehens erreicht werden.[15] Es werden auf diese Weise Strukturen, das heißt Turing-Maschinen, geschaffen, deren Konstruktion meist jedoch nicht berechenbar, das heißt klar zu verstehen und nachvollziehbar sind. Vielmehr kommt es hier wesentlich an auf das genannte allmähliche Einschleifen eines Mechanismus. Sind die Strukturen im Gehirn verankert, so werden sie auch als Vorstellungen oder Modelle bezeichnet (vgl. Wiener 1996g: 218 f.). Zentral ist dabei, daß Wiener auf der Ebene von Vorstellungen Zeichen als „‚Griffe' an [...] Strukuren" betrachtet und als solche für unabdingbar hält für die menschliche Intelligenz.[16] Dabei ist zu berücksichtigen, daß Zeichen auch für nicht oder noch nicht existente Strukturen stehen können (vgl. Wiener 1996g: 239 f.). Da Wiener zufolge jedoch wesentliche Aspekte menschlicher Erkenntnistätigkeit, nämlich die Entdeckung neuer Regelmäßigkeiten und damit die kreativen Züge[17], auf tieferliegenden Schichten stattfinden, welche der Selbstbeobachtung kaum zugänglich sind, – Verstehen bezieht sich auf sämtliche Schichten (vgl. Wiener 1996g: 245) – sind, wie oben angeführt, die fundamentalen Mechanismen der Erkenntnis nicht von Sprache und Kommunikation abhängig. Jedoch ist zu berücksichtigen, daß „die berühmten plötzlich aus dem Nichts auftauchenden Einsichten nicht einer unbewußten Konstruktion, sondern einer unbewußt erreichten Konstellation vorhandener Modelle entstammen: die Strukturen waren schon da."[18]

Werden solche Regelmäßigkeiten im Zeichen erfaßt und der Umgang mit ihnen automatisiert, so wird ein Modul ausgebildet, welches als Subroutine eines Automaten bestimmte Regelmäßigkeiten einer Zeichenkette bearbeiten kann, das heißt akzeptiert und erzeugt. Der Einsatz bereits vertrauter Moduln ist mit einem Sinn-Gefühl verbunden, das allein auf Gewöhnung beruht (vgl. Wiener 1996h: 291). Auf diese Weise kommen beispielsweise strukturierte

---

15   Vgl. Wiener 1996g: 214 und 216 f. Auf dieser Ebene operiert die menschliche Vorstellung mit Zeichen, die beispielsweise das Nachdenken unterstützen und als Sprachzeichen Kommunikation ermöglichen. Derartige Zeichen markieren Grenzen, die in der Natur beispielsweise zwischen den Dingen physikalisch gegeben scheinen. Vgl. Wiener 1996g: 229, 232.

16   Wiener nennt solche Zeichen auch Vorstellungsbilder, die er als Komponenten des gesamten Komplexes eines gedanklichen Vorgangs betrachtet, vgl. Wiener 1996h: 282.

17   Es geht Wiener um die Kreativität der Intelligenz. Vgl. Wiener 1996g: 242.

18   Wiener 1996g: 266. Vgl. auch die Erläuterungen zu Wieners Beispiel des Zählenlernens, Wiener 1996h: 282 f.

Hör- und Seheindrücke zustande, bei denen die lineare Zeichenkette einer Folge von Wahrnehmungen gegliedert werden.

Grundsätzlich ist daher für Wieners Ansatz zentral, daß Bedeutung und Sinn nicht als in den Zeichenketten selbst liegend aufgefaßt werden, daß mit der Übermittlung von Zeichenketten nicht schon Bedeutung mitgeteilt wird. Vielmehr verweisen die Begriffe der Bedeutung und der Information auf die entsprechende Maschine, die durch eine Zeichenkette aktualisiert wird.[19] Der Begriff der Vorstellung bezieht sich auf diesen Verband von Automaten, während die Zeichenketten als Vorstellungsbilder gekennzeichnet sind (vgl. Wiener 1996h: 311, 312). Bewußtsein entspricht dabei den Zeichenprozessen und -veränderungen, die bei dem Vorgang der Konstruktion von Maschinen deutlich werden (vgl. Wiener 1996h: 321). Dieser Entwurf trägt der von Wiener 1970 akzentuierten Problematik der Semantik durch das nun entwickelte Konzept einer klaren Unterscheidung von Zeichenketten und Modellen Rechnung.

Die von Wiener immer wieder umkreiste Frage einer Simulierbarkeit menschlicher Erkenntnistätigkeit im Computer – wesentlich motiviert durch die Beobachtung, daß viele Bewußtseinsregungen durchaus nicht durch Originalität und Einmaligkeit, sondern durch Stereotypie und Gesetzmäßigkeit gekennzeichnet sind – konzentriert sich auf den Kristallisationspunkt des Lernens respektive der Konstruktion neuer Maschinen. Hier schließt Wiener die Möglichkeit des mechanischen Nachvollzugs der Umstrukturierung bestehender Modelle nicht aus. Sofern jedoch die Entdeckung neuer Regelmäßigkeiten in den Zeichenketten Grundlage der Konstruktion neuer Modelle oder Turing-Maschinen ist, so können Schichten der menschlichen Erkenntnistätigkeit hineinspielen, die sich erst allmählich zu einem bewußten und damit in einer Maschine repräsentierbaren Verstehen ausbilden. Das bedeutet, daß die Ebene des Verstehens, die eine unter Umständen mechanisch-inhaltslose Ausführung einer Aufgabe oder Handlung meist begleitet, in einer Turing-Maschine zu erfassen ist, sofern sie „eingeschliffen" und damit aufgrund der Gewohnheit sinnhaft geworden ist. Ist die entsprechende Regelmäßigkeit, die Basis des Lernens ist, noch nicht klar erkannt und noch an kein Zeichen gebunden, handelt es sich um eine Situation, in der Menschen „zwar oft wirkungsvoll, aber selten im

---

19   Vgl. Wiener 1996h: 298. Wieners Bestimmung des Bedeutungsbegriffes in *„Information'
und Selbstbeobachtung*, 1996, scheint dem an Frege orientierten Sinn-Begriff von 1995
[1988] der Schrift *Form und Inhalt in Organismen aus Turing-Maschinen* zu entsprechen.
Zentral ist die Bindung von Bedeutung und Information an die Ebene der Turing-Maschinen; es geht um die Frage, „wie Automaten in Köpfen zustande kommen [...]. Die Menschen wissen, daß sie sich Wissen mit schöpferischer Anstrengung erwerben müssen,
zudem daß der Erfolg der Anstrengung nicht garantiert ist. Wissen wird eben in einem
geschichtlichen Vorgang, individuell, in Interaktion mit der Umwelt und mit anderen Menschen, *konstruiert*, [...]" Wiener 1996h: 295.

genannten Sinn effektiv – das heißt vollständig berechenbar – planen und handeln" (Wiener 1996c: 87), so daß hier die Wiener zufolge entscheidende Frage darin besteht, wie nicht-effektive, nichtsdestoweniger aber zielführende Berechnungen angestellt werden können. Eine Grenze der Darstellbarkeit menschlichen Verstehens in der Turing-Maschine ist daher nicht eindeutig zu fixieren, die Annahme ihrer Existenz bleibt für Wieners Ansatz jedoch grundlegend.

Das von Wiener 1970 in dem erwähnten Aufsatz *subjekt, semantik, abbildungsbeziehungen* skizzierte Programm der Literatur, welches eine Aufhebung der Identifikation von Sprache und Bewußtsein zu ihrer Aufgabe macht, behält grundlegende Bedeutung für seine Kunstauffassung. 1978 präzisiert er das Konzept folgendermaßen:

> Experimentelles Schreiben ist Forschung geworden, ein Versuch, Modelle des menschlichen Verstehens zu erlangen, die ohne Isomorphismen von Zeichensystemen auf inhaltliche Zusammenhänge auskommen; ja ich glaube, daß die experimentelle Kunst seit dem Krieg der Ansatz zu einer Kritik der formalen Kommunikationstheorien geworden ist, und daß sie in dem Bemühen langsam vorankommt, dem inhaltlichen Gesichtspunkt als dem individualistischen eine argumentierbare Theorie zu verschaffen. (Wiener 1998a: 19)

Zentraler Aspekt von Literatur ist damit eine Orientierung hin zu einer Sprachauffassung, die sich der Differenz von Sprache und Verstehen bewußt ist, die Individualität von Verstehensprozessen akzentuiert und damit insbesondere solche fokussiert, die außerhalb des Bereiches liegen, den Wiener in den *Erkenntnistheoretischen Schriften* als stereotyp und gesetzmäßig bezeichnet hat. Ziel ist die Hintergehung insbesondere durch sprachlichen Perspektivismus bedingte Prädestination des Bewußtseins. Da „die wichtigsten Einsichten in die Natur des Denkens und der Mitteilung fehlten [...] war sie [die Konkrete Poesie. G.S.] ein Experiment, sich über die Mechanismen des Verstehens und des ‚Wirkens' von Sprache erste Hypothesen zu verschaffen" (Wiener 1998a: 9). Entsprechend formuliert er 1984 in *Wer spricht?*:

> Ich will das Erlebnis als die Maschine sehen, der es widerfährt, ich will nicht durch Aufzählung, sondern durch Erfassen einer Intension wissen, welche Erlebnisse dieser Apparat, welche Typen von Erlebnissen er haben kann. Selbstbeobachtung soll nichts als Material für die Induktion liefern. (Wiener 1998b: 92 f.)

Diese Aspekte sind ebenfalls grundlegend für die Abhandlung *„Klischee" als Bedingung intellektueller und ästhetischer Kreativität*, die in dem Sammelband *Literarische Aufsätze* 1998 erstmals erscheint. Wieners Auffassung zufolge entspricht ein Klischee einem automatisch gewordenen Schema oder Modell, das heißt einer eingeschliffenen Turing-Maschine (vgl. Wiener 1998c: 129). Ästhetisch interessant sind insbesondere solche Werke, die ein laufendes

Schema irritieren, ohne es jedoch zu sprengen: das Klischee wird in Frage gestellt (vgl. Wiener 1998c: 132 f.). Entscheidend ist dabei das Maß der Anpassung des Modells oder Klischees an das vorliegende Kunstwerk, das heißt die erforderliche Anstrengung, das Modell umzubauen oder – unter Heranziehung der Automatentheorie – eine neue Maschine zu konstruieren (vgl. Wiener 1998c: 135). Auf diese Weise werde der Rezipient zum Künstler, Rezeptivität und aktive Exploration, gleichermaßen bedeutsam, den die „Kunst des Verstehens" sollte zur wesentlichen Kategorie von Kunst geworden sein.

Zusammenfassend ist hervorzuheben, daß Wieners ästhetische Konzeption und seine eigenen literarischen Werke bereits mit der *Verbesserung* einem Entwurf der Durchbrechung – nicht der Aufhebung – von Mustern und der Herausarbeitung der sprachlichen Vorformung von Wahrnehmung und Bewußtsein (vgl. Wiener 1985 [1969]: XLI ff.) verpflichtet gewesen ist. Entsprechende Ziele werden auch in den literarischen Werken der neunziger Jahre, *Nicht schon wieder ...! Eine auf einer Floppy gefundene Datei* (1990) und *Bouvard und Pécuchet im Reich der Sinne. Eine Tischrede* (1998) verfolgt. Die Entwicklung der theoretischen Reflexion ist demgegenüber zeitlich leicht verschoben, wie aus Wieners oben zitierter Selbstdarstellung hervorgeht, jedoch konsequent orientiert an dem im ästhetischen Konzept angelegten Rahmen und insbesondere in der erwähnten *Klischee*-Abhandlung mit diesem explizit zusammengeführt.[20] Die Einbindung der Sprache als dem Mittel des literarischen Kunstwerkes stellt in diesem verstehensorientierten Ansatz, dessen Anliegen das Hintergehen sprachlich vorgegebener Kategorien ist, *per se* eine Spannung dar, die zu lösen Aufgabe des Einzelwerkes ist. Wiener verknüpft mit seinem Ansatz auf diese Weise Kunst erneut mit der Tradition solcher Entwürfe, die ihr eine Erkenntnisfunktion zusprechen bereit sind (vgl. Wiener 1979: 187 ff.). Inwieweit das konkrete literarische Werk dieser Aufgabe gerecht wird, ist jedoch kaum auszumachen, insbesondere da hier der Beteiligung des individuellen Lesers entscheidende Bedeutung zukommt.

---

20 Vgl. auch Funken 1988 und Fermüller/Müller/Zillner 1990. Aspekte des Verhältnisses von Dandysmus in der *Verbesserung* und Automatentheorie in Wieners Denken skizziert Wilfried Ihrig, vgl. Ihrig 1988: 185 ff.; vgl. zu dem *Floppy*-Text Bonik 1991, Farin 1990, Langenbacher 1991, Nenning 1990, Pichler 1991, Salzwedel 1991, Zanetti 1991.

Literatur

Aspetsberger, Friedbert 1995: „Das Unzulängliche, hier wirds Ereignis. Oswald Wieners Floppy-Roman und einige Anschlüsse bei Doderer, Weininger und anderen", in: *Études Germaniques*, 50e année, Janvier-Mars 1995: 223-260.

Bonik, Manuel 1991: „Wenn ich erst weiß, wie ich ticke. Ein Gespräch mit dem Dichter Oswald Wiener", in: DIE PRESSE, 12./13. Oktober 1991.

Farin, Michael 1990: „Der Kopf eine Baustelle. Computer, Bio-Adapter und Poetik: Oswald Wiener meldet sich zurück", in: SÜDDEUTSCHE ZEITUNG, 20./21. Oktober 1990.

Fermüller, Christian, Harald Müller & Christian Zillner 1990: „Lieber eine Maschine statt der Metaphor Mensch. Wir sprachen mit Oswald Wiener über seine Forschungen zur Künstlichen Intelligenz (Artificial Intelligence)", in: FALTER, 16. März 1990.

Funken, Peter 1988: „Mathematik ± Dichtung. Ein Gespräch mit Oswald Wiener von Peter Funken", in: FALTER, 15. Januar 1988.

Ihrig, Wilfried 1988: *Literarische Avantgarde und Dandysmus. Eine Studie zur Prosa von Carl Einstein bis Oswald Wiener*, Frankfurt/M.: athenäum.

Koops, Stefan 1979: „Die Wirklichkeit der ‚verkrachten Existenzen'. Kybernetik in der Literatur: Oswald Wiener, ‚die Verbesserung von mitteleuropa'", in: *Sprache im technischen Zeitalter*, Heft 72, Oktober-Dezember 1979: 336-341.

Kubaczek, Martin 1992: *Poetik der Auflösung. Oswald Wieners „die verbesserung von mitteleuropa, roman"*, Wien: Braumüller.

Kurz, Horst 1992 / 1997: Die Transzendierung des Menschen im „bio-adapter". Oswald Wieners *Die Verbesserung von Mitteleuropa, Roman*. http://www2.gasou.edu/facstaff/hkurz/ wiener/os-diss.htm.

Mixner, Manfred 1978ff.: „Oswald Wiener", in: *Kritisches Lexikon zur deutschsprachigen Gegenwartsliteratur*, hg. von Heinz Ludwig Arnold, München: Edition Text und Kritik.

Nenning, Günther 1990: „Großer Mauschel und großer Wiener. Die ganze Wahrheit", in: DIE ZEIT, Nr. 40, 28. September 1990.

Pichler, Georg 1991: „Das Kreative selbst ist ein Mechanismus. Ein Gespräch mit Oswald Wiener", in: *manuskripte*, 1991, Heft 113.

Salzwedel, Johannes 1991: „Wir sind Teile eines Programms. Oswald Wieners konsequente Paradoxien", in: FRANKFURTER ALLGEMEINE ZEITUNG, 7. Januar 1991.

Wiener, Oswald ²1970: *subjekt, semantik, abbildungsbeziehungen, in: text bedeutung ästhetik*, hg. von Siegfried J. Schmidt, München: Bayerischer Schulbuch-Verlag, 1-14.

Wiener, Oswald 1979: „Einige Gedanken über die Aussichten empirischer Forschung im Kunstbereich und über Gemeinsamkeiten in der Arbeit von
Künstlern und Wissenschaftlern", in: *empirie in literatur- und kunstwis-
senschaft*, hg. von Siegfried J. Schmidt. München: Fink, 182-189.

Wiener, Oswald 1985 [1969]: *Die Verbesserung von Mitteleuropa*. Roman,
Reinbek bei Hamburg: Rowohlt.

Wiener, Oswald 1996: *Schriften zur Erkenntnistheorie*, Wien/New York:
Springer.

Wiener, Oswald 1996a: „Notizen zum Konzept des Bio-Adapters", in: Wiener
1996: 1-56.

Wiener, Oswald 1996b: [0], in: Wiener 1996: 57-68.

Wiener, Oswald 1996c: „Turings Test", in: Wiener 1996: 69-95.

Wiener, Oswald 1996d: „Notizen zum Konzept des Bio-Adapters" (1988), in:
Wiener 1996: 108-111.

Wiener, Oswald 1996e: „Form und Inhalt in Organismen aus Turing-Maschinen", in: Wiener 1996: 112-144.

Wiener, Oswald 1996f: „Kambrium der Künstlichen Intelligenz", in: Wiener
1996: 145-197.

Wiener, Oswald 1996g: „Probleme der Künstlichen Intelligenz", in: Wiener
1996: 198-277.

Wiener, Oswald 1996h: „‚Information' und Selbstbeobachtung", in: Wiener
1996: 278-321.

Wiener, Oswald 1998: *Literarische Aufsätze*, Wien: Löcker.

Wiener, Oswald 1998a: „Einiges über Konrad Bayer", in: Wiener 1998: 7-20.

Wiener, Oswald 1998b: „Wer spricht?", in: Wiener 1998: 87-96.

Wiener, Oswald 1998c: „‚Klischee' als Bedingung intellektueller und ästhetischer Kreativität", in: Wiener 1998: 113-138.

Wiener, Oswald, Manuel Bonik & Robert Hödicke 1998: *Eine elementare Einführung in die Theorie der Turing-Maschinen*, Wien/New York: Springer.

Zanetti, Bernd 1991: „Wesen der künstlichen Intelligenz. Die literarischen
Kniffe des Oswald Wieners", in: WELTSPIEGEL, 6. Januar.1991.

Peter Rusterholz

Darstellung der Krise – Krise der Darstellung

Friedrich Dürrenmatts Darstellung der Maschinenwelt in seiner Novelle *Der Auftrag*

Friedrich Dürrenmatt ist einem weiteren Publikum und auch der Mehrheit der Fachgelehrten durch die Dramen seines Frühwerks ein Begriff. Den Älteren ist er noch als undogmatischer, vom Existentialismus Kierkegaards und der dialektischen Theologie Karl Barths geprägter Protestant in Erinnerung, den Jüngeren immerhin noch als Autor seiner international meist gespielten Stücke, *Der Besuch der alten Dame* und *Die Physiker*, bekannt.[1] Vor allem das Porträt Güllens als tragikomisches Bild einer Schweizer Gemeinde während der Hochkonjunktur überzeugte durch die Komik einer Gesellschaft, die sich durch den leeren Schein ihres Idealismus' selbst entlarvt und den Einzigen und Einzelnen, der durch die Erkenntnis seiner Schuld der Idee der Gerechtigkeit folgt, in den tragischen Untergang treibt. Wie noch in vielen anderen, auch späten Stoffen findet man hier noch das analytische Modell des Königs Ödipus von Sophokles, das in der fortschreitenden Analyse der Vorgeschichte die tragische Schuld enthüllt.

Dürrenmatts späte Prosa aber wird unterschiedlich beurteilt. Manche sprechen verächtlich von der „Wiederkehr der alten Dramen". Der Verfasser einer weit verbreiteten Gesamtdarstellung kommt zum betrüblichen Schluss: „Sein [Friedrich Dürrenmatts] bleibendes Verdienst jedoch besteht vor allem in seinen (früheren) dramatischen Arbeiten, die sein späteres dramaturgisches Denken lediglich erweitert, aber zu keiner neuen Qualität geführt hat" (Knopf 1988: 193). Dies allerdings widerspricht präziser Lektüre und widerspricht den Befunden der Rekonstruktionen der Werkgenesen.[2] Ganz eindeutig verraten sie grundsätzlich neue und andere Qualitäten. Eine tiefgreifende Krise des frühen dramatischen Denkens und Schaffens ist nicht zu verkennen. Sie kulminiert im Durchfallen seines Stücks *Der Mitmacher* in der Premiere am 8. März 1973. Es ist dies der gravierendste Misserfolg des Dramatikers, von vielen nicht nur als Ende des Dramatikers, sondern als Anfang des Endes eines einst berühmten Schriftstellers betrachtet. Die durch den Misserfolg des *Mitmachers* ausgelöste

---

1   Zum Verhältnis Dürrenmatt-Kierkegaard siehe: Rusterholz 1995 und Weber 1996.
2   Siehe dazu: Weber 1999 und Weber 2000 [im Druck].

Krise und ihre intellektuelle und literarische Verarbeitung in *Der Mitmacher.*
Ein Komplex[3] führten zu einem völlig veränderten Selbstverständnis, zu einer
Problematisierung des Identitätsbegriffs, zu einem grundsätzlich neuen und
anderen Schriftprinzip, das den Autor nicht mehr als vollständig autonomes
Subjekt des Schreibens, sondern geradezu als Objekt seiner Stoffe sieht. Dies
befördert seine Wendung zur Prosa und bestimmt sein Spätwerk, die späten
Stoffe. Der *Mitmacher-Komplex* und die zu ihm gehörenden Manuskripte von
über fünftausend Seiten, die im Schweizerischen Literaturarchiv in Bern ein-
zusehen sind, zeigen eine Entwicklung vom Dramenkommentar über autobio-
graphische Texte mit Einschüben neuer Prosa zu autoreflexiven, poetologi-
schen Texten. Diese Phase des Schreibens ist durch die von Kierkegaard in der
Unwissenschaftlichen Nachschrift dargestellte, die Schreib- und Denkart be-
stimmende Haltung des „subjektiv existierenden Denkers" geprägt.[4] Dabei
geht es aber im Gegensatz zu Kierkegaard und dem frühen Dürrenmatt nicht
mehr um die Frage des Glaubens an Gott, sondern um die Frage, wie nach dem
Verlust des Glaubens an naives Darstellen und Erzählen, nach dem Verlust des
Glaubens an die überzeitliche Einheit eines Ichs überhaupt noch zu erzählen
sei. Die Darstellung der *Mitmacher*-Krise erweist sich als Krise vorerst der
dramatischen Darstellung, schließlich der Darstellung überhaupt. Grundprin-
zip theatralischer Darstellung ist die Sichtbarkeit, das Zeigen, das Vor-Augen-
Stellen, das In-Handlung-Umsetzen des exemplarisch Erfundenen. Der *Mitmacher* versucht eine radikal nihilistische, radikal korrupte Großstadt- und Gang-
sterwelt darzustellen, in der es nur einen kümmerlichen Restbestand eines
nicht mehr tragischen, sondern nur noch im Sinne Kierkegaards „ironischen
Helden", Cop, den Polizeichef, gibt. Im Zentrum der Handlung steht zwar
Boss, Chef einer Leichen beseitigenden Firma der Unterwelt. Da hier Unter-
welt und gewöhnliche Welt ununterscheidbar sind, da in dieser Welt nicht der
Verbrecher, sondern der, der das Verbrechen aufdeckt, verfolgt wird, wirkt aber
Cop, der Polizeichef, objektiv als Mitmacher mit. Er übernimmt die Führung
des Unternehmens. Er tut dies aber nur – und dies macht seinen subjektiven
Widerstand aus –, um die größten Geschäfte platzen zu lassen, das Treiben der
Mitmacher-Welt für eine kurze Weltsekunde lang zu stoppen. Das objektive
Mitmachen dieses ironischen Helden kann gezeigt werden. Die subjektive Ver-
weigerung ist nicht zeigbar, nur deklamierbar. Die Demontage der Tragödien-
tradition wird gerade durch die von Dürrenmatt auch in diesem Stoff verwen-

---

3   Dürrenmatt 1986a (Neufassung). Zum Mitmacher-Komplex siehe: Dokumentation und
     Abschlussbericht des von mir und Irmgard Wirtz geleiteten und von Ulrich Weber und
     Rudolf Probst bearbeiteten Nationalfonds-Projekts zur Textgenese von Dürrenmatts Mit-
     macher im Schweiz. Literaturarchiv und Probst 1996.
4   Sören Kierkegaard: Unwissenschaftliche Nachschrift. Siehe dazu: Weber 1996: 69.

deten Stilisierungsprinzipien ihrer Form unglaubwürdig. Der ironische Held ist eine imaginäre Größe, erzählbar, aber nicht zeigbar. Das Zeigen des Wirklichen wird für Dürrenmatt an sich problematisch. Diese Problematik ist ebenfalls nicht zeigbar, aber reflektierbar und erzählbar. Das Porträt des Planeten zu zeigen wird zum Problem, wie Dürrenmatt ebenfalls im Nachwort zum *Mitmacher* ausdrücklich sagt:

> Daß wir über unseren Planeten auf dem laufenden seien, ist noch jetzt ein Wunschtraum, nicht trotz, sondern wegen der modernen Kommunikationsmittel. Die Fakten, die uns erreichen, sind schon entstellt, formuliert und damit stilisiert, bald auf diese, bald auf jene Weltanschauung hin, fotografiert, gefilmt, ausgelesen und zusammengeschnitten. Wer dem Bildmaterial glaubt, das uns täglich überschwemmt, gleicht einem Zuschauer, der ein Theaterstück oder einen Spielfilm für Wirklichkeit hält statt bestenfalls für einen Hinweis auf die Wirklichkeit, auch dieser gemildert durch die Distanz zur Wirklichkeit. (Dürrenmatt 1986a: 166)

Welche Veränderungen im Zeichenbegriff, im Sprachbegriff, im Kunstbegriff sich daraus ergeben, merken wir, wenn wir diese Reflexionen mit dem seinerzeit unpublizierten Vorspruch seiner ersten *Komödie* von 1943 vergleichen. Er spricht dort von der Pflicht des Dichters: „Aber Pflicht ist, Raum zu schaffen durch den Geist: Daß im Wort alles wieder eins sei, daß Wort Fleisch werde."[5] Die theologisierende Sprache verrät deutlich den Glauben an eine Dichtung, in der sich Religion, Staat und Kunst zu einer Einheit verbinden, wie sie Schiller in seinen ästhetischen Briefen in der Antike realisiert sah und in seinem Begriff „höherer Kunst" wieder herzustellen wünschte. Nun aber sieht Dürrenmatt im *Mitmacher* das Sprachzeichen auch der Kunst als Phantasiebild, als Trugbild, als montierte Scheinwirklichkeit, bestenfalls als indexikalisches Zeichen einer Annäherung als Möglichkeit. Die Darstellung dieser Problematik bestimmt sein gesamtes Spätwerk, das nicht nur die Wahrnehmung der äußeren, sondern auch die Erinnerung der inneren Wirklichkeit kritisch reflektiert.

In besonders prägnanter Weise gilt dies für seine Novelle *Der Auftrag oder vom Beobachten des Beobachters der Beobachter.* Der erste Einfall Dürrenmatts zu dieser Novelle war eigentlich die Beschreibung eines Filmbildes. Seine zweite Frau, Charlotte Kerr, saß verzweifelt am Exposé zu einem Filmdrehbuch über Ingeborg Bachmanns *Fall Franza.* Sie schreibt zwei Entwürfe zur Geschichte einer Regisseurin, die sich von Depression und Selbstzweifel geplagt selbst sucht. Dürrenmatt schreibt ihr den ersten Satz und beginnt mit den Worten: „Ein offenes Grab, eine Beerdigungsgesellschaft, es regnet … Helikoptergeräusch, der Helikopter nähert sich, an einem Seil unter dem Heliko-

---

5 Dieser Vorspruch befindet sich im Besitz von Heinz Ludwig Arnold. Er hat ihn vollständig abgedruckt in: Arnold 1980: 32f. Die Erstfassung der Komödie von 1943 befindet sich im Schweiz. Literaturarchiv, dem ich Kopien des Vorspruchs und der Komödie verdanke.

pter schwebt ein Sarg [...]" (Kerr 1992: 169-170). Eine damals Pat, später F. genannte Fernsehjournalistin filmt, ein Mann tritt zu ihr und bekennt sich als Mörder seiner Frau. Charlotte Kerr sieht nur Bilder, keine Geschichte für sich. Sie hören gemeinsam die ersten 24 Sätze des ersten Teils von Bachs wohltemperiertem Klavier. Dürrenmatt schreibt die Novelle in 24 Sätzen. Was ist das Thema? Wie gestaltet er die Variationen? Welches sind die Hauptpersonen? Im Entwurf beginnt der erste Satz mit den Worten: „Als Otto von Lambert von der Polizei benachrichtigt worden war, am Fuße der Al-Hakim-Pyramide sei seine Frau Tina vergewaltigt und tot aufgefunden worden, ohne daß es gelungen sei, das Verbrechen aufzuklären [...]."[6] Das ist nicht nur ein Bild, sondern macht schon den Eindruck eines Kriminalromans mit der Hauptperson Tina von Lambert. Nach der Reinschrift schreibt Dürrenmatt einen in späteren Ausgaben nicht übernommenen Klappentext:

> Getrieben von Satz zu Satz in 24 Sätzen gerät eine Filmjournalistin, indem sie den Auftrag annimmt, das Schicksal einer jungen Frau zu rekonstruieren, in Gefahr, das gleiche Schicksal zu erleiden, indem sie, bedroht vom Beobachter, der sie beobachtet, in einer Welt, wo alle sich beobachten, in die Falle geht, die sie sich selber gestellt hat.[7]

Hier wird ebenfalls deutlich, dass es nicht nur um das Schicksal Tina von Lamberts geht, sondern ebenso um dasjenige F.s, der Filmjournalistin, sowie um das Leitmotiv des Beobachtens. Das Schicksal der F. und dasjenige Tinas sind dann allerdings nicht gleich. Dies scheint nur zeitweilig so zu sein. Deshalb entfällt später auch dieser Klappentext. Dies aber, die nur scheinbare Identität, hängt mit den Problemen des Beobachtens und der Rekonstruktion zusammen. Zwar wird die F. im 2. Satz aufgrund ihres Filmporträts von Lambert gebeten, da sie der noch „vagen Idee nachhing", wie es heißt, „ein Gesamtporträt herzustellen, jenes unseres Planeten nämlich, indem sie dies durch ein Zusammenfügen zufälliger Szenen zu einem Ganzen zu erzielen hoffte" (Dürrenmatt 1986b: 10). Diese mit Recht vage genannte Idee erweist sich als problematisch. F.s Gesprächspartner, der Philosoph und Logiker D., meint im 6. Satz, ihre alte Rolle sei die einer Beobachterin von Rollen gewesen,

> nun beabsichtige sie, das Gegenteil zu versuchen, nicht zu porträtieren, was ja einen Gegenstand voraussetze, sondern zu rekonstruieren, den Gegenstand ihres Porträts herzustellen, damit aus einzelnen Blättern einen Laubhaufen anzusammeln, wobei sie nicht wissen könne, ob die Blätter, die sie da zusammenschichte, auch zusammen gehörten. (Dürrenmatt 1986b: 30)

---

6   Schweizerisches Literaturarchiv SLA, Signatur Lar 72: März 1985-9.5.1985.
7   Schweizerisches Literaturarchiv SLA, Signatur Lar 73: Ivb.

Die alte Teil-Ganzes-Relation mit Wirklichkeitsanspruch wird durch eine neue Teil-Teil-Rekonstruktion mit beschränktem Möglichkeitsanspruch ersetzt. Dies hat Konsequenzen für die Darstellung, für die Identität der Personen und für die Bedeutung der Zeichen. ‚Beobachten', der zentrale Begriff, ist zugleich der vieldeutigste, gleichermaßen positiv wie negativ gesetzt. Von Lambert begründet das Verschwinden seiner Frau mit seiner psychiatrischen Methode der „kühlen Beobachtung" (Dürrenmatt 1986b: 11-12) und glaubt sich an ihrem Tod schuldig. Die F. meint bei der Lektüre von Tinas Tagebuch, „es sei, [...] als ob sich eine Wolke aus lauter Beobachtungen zu einem Klumpen von Haß und Abscheu verdichte" (Dürrenmatt 1986b: 15). Der Logiker D. fasst zusammen, was sich zwischen Lambert und seiner Frau abgespielt habe, sei ein Beobachten als Objektivieren, „er habe sie zu einem psychiatrischen Objekt, sie ihn zu einem Haßobjekt gemacht" (Dürrenmatt 1986b: 22). Was sie hier vorerst für das Paar entwickelt, hält er für zeitsymptomatisch, nicht nur für das Zusammenleben der Menschen, sondern auch für das Zusammenleben der Staaten, für das Verhältnis des Menschen zur mit Teleskopen, Synchrotronen, Raumsonden und Computern beobachteten Natur, die gegen ihre naturwissenschaftliche Vergewaltigung sich wehrend ihrerseits aggressiv werde. Dieser negativ besetzten Variante von Beobachten setzt der Logiker D. aber, wie er selbst sagt, „das pure Gegenteil" (Dürrenmatt 1986b: 22) entgegen. Nicht beobachtet zu werden, setzt er mit nicht beachtenswert, nicht geachtet werden, mit bedeutungslos, sinnlos gleich. Dem negativ besetzten Beobachten als Objektivieren wird das positiv besetzte Beobachten, als Subjekt beachten, gegenübergestellt. Schließlich bekommt Beobachten die Bedeutung und Funktion der Sinnstiftung, ja, es besetzt genau die Stelle und ist von genau der Dialektik geprägt, die Nikolaus von Cues in seinem Traktat von 1453 *De visione Dei* Gott zuerkannt hatte. In dieser Überschrift ist Gott genetivus objectivus und subjectivus zugleich. ‚Über das Leben Gottes' heißt: Wie sieht Gott und wie sieht man Gott? Allerdings nur, wenn man Gott ansieht, sieht man sich als von Gott gesehen. Wendet der Blick des menschlichen Beobachters sich weg, so ist der Wechselbezug des Sehens aufgehoben. Dieser Wechselbezug aber ist zum mindesten gefährdet, im traditionellen Sinn, im Hinblick auf Gott, nach dem Logiker D. ausgeschlossen. D. verweist auf moderne Konzepte des Weltalls und kommt zum Schluss: „[...] wer anders sollte den Menschen da noch beobachten um ihm einen Sinn zu verleihen als dieser sich selber, sei doch gegenüber einem solchen Monstrum von Weltall ein persönlicher Gott nicht mehr möglich" (Dürrenmatt 1986b: 23). Die Angst vor Sinnlosigkeit führt nun zu weiteren Varianten der Bedeutung von Beobachten. Die verzweifelte Hoffnung, beachtet zu werden, sagt D. z.B., sei der Grund des Wettrüstens. Die ver-

zweifelte Sucht der Fundamentalisten, Moralisten und Politchristen, den Rest
der Menschheit auf ihre Normen zu verpflichten, sei ihr Versuch, einer unbeob-
achteten Menschheit wieder eine Beobachtung und damit einen Sinn aufzuhal-
sen. Die grundsätzliche Ambivalenz von Beobachten führt nun auch zu unterschiedlichen Möglichkeiten, die dargestellten Handlungen zu interpretieren.
So deutet von Lambert das Verschwinden seiner Frau als Flucht vor dem Beob-
achtetwerden, der Logiker D. hingegen betont, ihre Flucht sei zu verstehen als
ein Versuch, beobachtet zu werden. Tatsächlich aber hat sich Tina von Lambert, während die F. ihren Tod im Orient aufzuklären versucht, im Atelier eines
Künstlers versteckt. Da Tina mit einem roten Pelzmantel verschwindet, fungiert er als Indiz ihrer Präsenz und Zeichen ihrer Person. Im Atelier des Künstlers entdeckt die F. das Bild einer Frau im roten Pelzmantel, hält es für das Bild
von Tina, meint dann, es sei Tina nur ähnlich, „doch zuckte sie plötzlich zusammen, es schien ihr, diese Frau [...] sei sie selber" (Dürrenmatt 1986b: 33-
34). In einem orientalischen Basar findet sie den roten Pelzmantel und betrachtet ihn als Indiz für die frühere Präsenz und den späteren Tod Tinas. Sie findet
dabei sowohl eindeutig scheinende Gründe, die dafür, wie eben solche, die dagegen sprechen, bis sie schließlich im 15. Satz erkennt, dass ihre Kombination
von Dokumentation und Deutung nicht zur Rekonstruktion des Wirklichen,
sondern nur zu einem Phantasiegebilde geführt hat. Tina hat ihren Mantel und
Pass einer dänischen Journalistin, Jytte Sörensen, ausgeliehen, die bei ihren
Erkundungen in der Wüste umgekommen ist. Die F. findet im Hotelzimmer,
das die Sörensen zuletzt bewohnt hat, einen Zettel mit einem Kierkegaard-Zi-
tat. Sie trägt Tinas und Jyttes roten Pelzmantel und fühlt sich wie seinerzeit in
Tina „in diese dänische Journalistin verwandelt" (Dürrenmatt 1986b: 81). Die
F. folgt den Spuren Jytte Sörensens in die Wüste, an den Ort eines Schein-
kriegs mit wirklichen Toten. Die Nationen testen dort ihre Waffen und beobachten sich gegenseitig, mitunter mit überirdischen und kosmischen Beobach-
tungssystemen. Der einäugige Super-Beobachter Polyphem, in früheren Fas-
sungen noch Galileo genannt, führt die F. in eine unterirdische Beobachtungs-
station. Sie enthält und produziert laufend Einzelbilder. Sie ergeben zusammen
weder ein Weltbild noch ein Porträt des Planeten, nur ein gigantisches Chaos.
Der Kameramann Polyphem markiert kritische Grenzpunkte der Entwicklung.
„[...] er sei kein Mensch mehr", klagt er, „da zum Mensch-Sein der Schein ge-
höre, die Einbildung eben, etwas direkt erleben zu können –, er sei vielmehr
wie der Zyklop Polyphem, der die Welt durch ein einziges rundes Auge mitten
auf der Stirn wie durch eine Kamera erlebt habe" (Dürrenmatt 1986b: 111).
Doch auch dies ist ihm nun genommen, „seine Stelle hätte nun ein Computer
eingenommen" (Dürrenmatt 1986b: 113). Er treibt die F. Achill zu, dem frühe-

ren Bomberpiloten ohne Gesicht, der die Dänin vergewaltigt und getötet hatte. Achill zerbricht an der Abstraktion des modernen Krieges, der sein Flugzeug zum Computer und ihn entweder zum seelenlosen Computer oder zum Tier mache. Die F. entgeht Achill schließlich, wird aber doch durch ihn „vom ungeheuren Anprall der Gegenwart erfaßt, von einer noch nie gekannten Lust zu leben, ewig zu leben" (Dürrenmatt 1986b: 129-130). Die Konfrontation mit dem Tod hat ihr ein Selbst- und Lebensgefühl vermittelt, das sie zuvor nicht mehr kannte, das Bewusstsein, Mensch zu sein, etwas in wie verfremdeter Form auch immer direkt zu erleben. Folgte man Polyphem, der meint, die Welt drehe sich ihrem Ursprung entgegen, würde man das Ganze als moderne Vision des Weltuntergangs betrachten. Folgte man den drei Frauen, ergäben sich positivere Möglichkeiten. Selbst Jytte, die stirbt, erlebt ihren Tod als gewünschten Höhepunkt ihres Lebens, Tina bekommt ein Kind, und die F. findet zum unmittelbaren Leben. In der nichtgedruckten Fassung des Filmdrehbuches finden wir eine weitere Möglichkeit unbestimmten Ausgangs. Dieser Text endet mit einer Explosion, die die Wüste wie ein Erdbeben erschüttert, „ein Feuerball steigt hoch, steigt und steigt, wird eins mit dem Morgen, in dessen Licht die F. im roten Mantel in die Wüste geht und in ihr verschwindet".[8] Ob diese drei Frauen drei Frauen oder drei Möglichkeiten einer Frau im roten Mantel sind, Projektionen also, bleibt der Meditation des Lesers überlassen. D. hatte im ersten Dialog mit F. die Problematik der Identitätsbildung mit Bildern beschrieben, die die Bildlichkeit von F.s Rekonstruktionen des Gegenstands vorwegnehmen. D. spricht vom Ich als von einem Sammelnamen, einer Ansammlung von Erlebnis- und Erinnerungsfetzen, vergleichbar mit einem Laubhaufen, bei dem die untersten Blätter längst zu Humus geworden seien, ein Vorgang, der zur Fiktion eines Ichs führe. Es ist dies ein Bild eines multiplen Ichs. Entsprechend sind auch die 24 Sätze gestaltet. Aus verschiedenen Perspektiven werden in indirekter Rede Gedanken und Wahrnehmungen, Gespräche verschiedener Personen berichtet, dabei aber Winkel und Distanz verändert. Interne Fokalisierung prägt den Text. Das Erzählsubjekt weiß nicht mehr als die Figuren, die unter sich verschiedene Perspektiven vertreten oder sogar wie der Logiker D. verschiedene Möglichkeiten zur Diskussion stellen. Als Hinweis des Erzählers könnte man nur das dem Text vorangestellte Motto von Kierkegaard, das in den ersten Entwürfen noch fehlt, nennen:

---

8   Friedrich Dürrenmatt: Der Auftrag. Filmfassung. Für Charlotte. Fotokopie 21.2.87. Im Schweiz. Literaturarchiv SLA, 45.

„Was wird kommen? Was wird die Zukunft bringen? Ich weiß es nicht, ich ahne nichts. Wenn eine Spinne von einem festen Punkt sich in ihre Konsequenzen hinabstürzt, so sieht sie einen leeren Raum vor sich, in dem sie nirgends Fuß fassen kann, wie sehr sie auch zappelt. So geht es mir; vor mir stets ein leerer Raum, was mich vorwärts treibt, ist eine Konsequenz, die hinter mir liegt. Dieses Leben ist verkehrt und grauenhaft, nicht auszuhalten." (Dürrenmatt 1986b: 7)

Im Bericht der F. über das Notizbuch von Lamberts tönt ein Satz wie ein Nachklang Kierkegaards, wenn es heißt, „der Sinn des Seins sei das Sein selber und damit sei das Sein selbst prinzipiell nicht auszuhalten" (Dürrenmatt 1986b: 16). Oder wären die eben erwähnten Momente unmittelbarer Erfahrung Gegenbeispiele der Einsicht in den Sinn des Seins an sich? Die Frage muss genau so offen bleiben wie die Frage, ob der Text des Mottos auch auf eine Variante, auf einen intertextuellen Bezug verweise. In einem Brief Kierkegaards an Holberg nämlich variiert dieser sein Gleichnis:

> [...] so wie die Spinne, wenn sie von einem bestimmten Punkt aus in ihre Produktionskonsequenzen niederstürzt, einen leeren Raum vor sich sieht, in dem es keinen Halt gibt, und wenn sie auch noch so zappelte, niemals das vor ihr Liegende disponieren dürfte, es sei denn, sie vertiefe sich mehr und mehr in sich selbst und eroberte es allmählich durch die Konsequenz, die hinter ihr liegt. (Kierkegaard 1955: 22)

Gewiss aber ist, dass Friedrich Dürrenmatt aufgrund einer Krise der theatralischen Darstellung, bedingt durch die Entwicklungen der Zivilisation und der Technik, sich in sich selbst vertieft, die Krisis produktiv verarbeitet und daraus neue Konzepte des Schreibens entwickelt hat, nicht mehr Porträts, sondern Rekonstruktionen, nicht mehr Parodie und Erneuerung klassischer Traditionen, sondern polyperspektivisch komponierte Möglichkeiten mit nicht linearer Entwicklung und multipler Kombinierbarkeit durch die Lesenden. Unser Beispieltext zeigt implizit die Problematisierung der Konstitutionsbedingungen des Ichs und des Werks aufgrund eines Bewusstseins, das den Glauben an die Wirklichkeit der Fiktion wie den Glauben an die wissenschaftlich objektive Erfahrung des Wirklichen verloren hat, aber gerade daraus eine schöpferische Freiheit der poetischen Konzeption als Gleichnis verschiedener Möglichkeiten gewinnt. Es versteht sich von selbst, dass dieser Textsorte weder eine Bedeutungstheorie entspricht, die den Text im Gleiten der Signifikanten auflöst noch eine traditionelle Hermeneutik, welche Signifikate als stabile Bewusstseinsinhalte verdinglicht. Dies stellte den Textprozess still, der der eigentliche Gegenstand dieser Texte ist. Die in diesen Texten dokumentierte Fähigkeit des schreibenden Bewusstseins verbietet es, die Prozesse der Bewusstseinsbildung durch einfache Subjekt-Objekt-Relationen zu bestimmen. Textadäquat ist vielmehr ein der relationalen, der dreistelligen Semiotik von Peirce entsprechendes Vorgehen, das die verschiedenen Möglichkeiten der Textkonkretisation begründet.

Dürrenmatts Werk zeigt markante Veränderungen der formalen Entwicklung, des Kunstbegriffs, der Bedeutungs- und Sinnbildung. In seinem frühen Stück *Der Blinde* wird der Sinn des dramatischen Geschehens explizit formuliert: „So liegen wir zerschmettert im Angesicht Gottes, und so leben wir in seiner Wahrheit" (Dürrenmatt 1985: 242). Auch und gerade als scheiternd Verzweifelnder soll sich der Mensch als von Gott Gesehener sehen. In weiteren Jugenddramen fehlt zwar der explizite Sinn, aber die parodierte Welt ist sub contraria specie letztlich doch noch unter theologischer Perspektive zu sehen. Die satirisch verfremdete Parodie erweist sich als umgekehrte Utopie.[9] Im *Besuch der alten Dame* zerbricht die christlich-humanistische Gesellschaft an ihrem Widerspruch. Ihre Werte überleben nur im tragisch scheiternden Einzelnen. Die Krisis der Darstellung des *Mitmachers* wird im *Mitmacher-Komplex* zur Darstellung der Krise. Die Novelle *Der Auftrag* zeigt inhaltlich und formal die Konsequenz, den Verlust des transzendentalen Signifikats. Entsprechend verändern sich die Strukturen der Darstellung und die Ebenen der Reflexion der Form: Auf naive Frühformen expliziter Artikulation des Sinns folgen Parodien der Form. Auf Parodien der Form folgt die Selbstreflexion der Form, auf die Selbstreflexion der Form die Beobachtung der Selbstreflexion im gesamten Komplex der späten Stoffe.[10] Während die Bedeutung des Frühwerks von philosophischen und theologischen Denkformen bestimmt war, ist das Spätwerk zunehmend von naturwissenschaftlichem Denken und von der Reflexion technischer Innovation geprägt.

Literatur

Primärliteratur

Dürrenmatt, Friedrich 1986a: *Der Mitmacher. Ein Komplex. Text der Komödie, Dramaturgie, Erfahrungen, Berichte, Erzählungen* (Neufassung von 1980), Zürich: Diogenes.

Dürrenmatt, Friedrich 1986b: *Der Auftrag oder vom Beobachten des Beobachters der Beobachter*, Zürich: Diogenes.

Dürrenmatt, Friedrich 1985: *Es steht geschrieben. Der Blinde. Frühe Stücke*, Zürich: Diogenes.

Kerr, Charlotte 1992: *Die Frau im roten Mantel*, München/Zürich: Piper.

---

9   Siehe dazu: Rusterholz 1995.
10   Diese zunehmende Komplexität der literarischen Formen wäre einerseits systematisch zu untersuchen und andersteits im Kontext der gesellschaftlichen und geistesgeschichtlichen Entwicklung zu betrachten. Zur systematischen literaturtheoretischen Analyse siehe: Roberts 1993 und Luhmann 1993.

Kierkegaard, Sören 1955: *Briefe*. Ausgewählt, übersetzt und mit einem Nachwort versehen von Walter Brehlich, Köln/Olten: Jakob Hegener.

Sekundärliteratur

Arnold, Heinz Ludwig 1980: „Theater als Abbild der labyrinthischen Welt", in: *Text und Kritik. Zeitschrift für Literatur*, Heft 50/51, 1980: 32-42.

Baecker, Dirk (ed.) 1993: *Probleme der Form*, Frankfurt: Suhrkamp.

Brinker, Claudia et al. (eds.) 1995: *Contemplata aliis tradere. Studien zum Verhältnis von Literatur und Spiritualität. Festschrift für Alois Haas zum 60. Geburtstag*, Bern: Peter Lang.

Herwig, Henriette, Irmgard Wirtz & Bodo Würffel (eds.) 1999: *Lese-Zeichen. Festschrift für Peter Rusterholz zum 65. Geburtstag*, Tübingen: Francke.

Knopf, Jan 1988: *Friedrich Dürrenmatt* (Autorenbücher 3), München: Beck.

Luhmann, Niklas 1993: „Zeichen als Form", in: Baecker (ed.) 1993: 45-69.

Probst, Rudolf: „Die Komödie *Der Mitmacher*. Abschied vom Drama?", in: *QUARTO. Zeitschrift des schweizerischen Literaturarchivs* Nr. 7, Oktober 1996: 39-58.

Roberts, David 1993: „Die Paradoxie in der Literatur", in: Baecker (ed.) 1993: 22-44.

Rusterholz, Peter & Irmgard Wirtz (eds.) 2000: *Die Verwandlung der ‚Stoffe' als Stoff der Verwandlung. Friedrich Dürrenmatts Spätwerk*, Berlin: Erich Schmidt.

Rusterholz, Peter 1995: „Theologische und philosophische Denkformen und ihre Funktion für die Interpretation und Wertung von Texten Friedrich Dürrenmatts", in: Brinker (ed.) 1995: 473-489.

Weber, Ulrich 2000: „Erinnerung und Variation. *Mondfinsternis* und *Der Besuch der alten Dame*", in: Rusterholz & Wirtz (eds.) 2000: 179-195.

Weber, Ulrich 1999: „Friedrich Dürrenmatts Rekonstruktionen. Zum Zusammenhang von Poetik und Erkenntnistheorie", in: Herwig, Wirtz & Würffel (eds.) 1999: 470-480.

Weber, Ulrich 1996: „Ob man sich selbst ein Stoff zu werden vermag? Kierkegaard und die Entwicklung des subjektiven Schreibens im Mitmacher-Komplex", in: *QUARTO. Zeitschrift des schweizerischen Literaturarchivs* Nr. 7, Oktober 1996: 65-78.

II.
Automaten:
Literatur, Computer, Hyperfiction

Christina Vogel

Internetliteratur: (k)eine Revolution?

Das Internet ist nicht einfach eine weitere Erfindung in der Reihe moderner technologischer Entwicklungen, ist nicht einfach eine bessere Schreibmaschine, ein perfektionierter Rechner oder eine jüngere Computergeneration. Das Internet ist vielmehr ein Medienereignis – ein Medienevent, um es gut deutsch zu sagen –, eine tiefgreifende Revolution. Es verändert die medialen Voraussetzungen von Kommunikation grundlegend. Das Netz erleichtert nicht nur – wie zum Beispiel der Computer – die Datenverarbeitung oder auch die Produktion und Rezeption von Texten, indem es das Speichern und Löschen, das Hinzufügen und Einschieben der Zeichen vereinfacht. Das Netz eröffnet ungenutzte Perspektiven von Kommunikation, ermöglicht bisher ungeahnte Austauschformen. Nicht mehr Ich allein und meine Maschine, sondern Ich und Du, Ich und die ganze virtuelle Internet-Gemeinschaft in ständiger Wechselbeziehung. So jedenfalls versprechen es jene, die nicht müde werden, am „Mythos Internet"[1] zu arbeiten.

Sollte nun das Internet wirklich die noch herrschenden Kommunikationsverhältnisse, die traditionellen Produktions- und Rezeptionsbedingungen revolutionieren, so müsste diese Umwälzung auch literarisches Schaffen und Kommunizieren wesentlich – d.h. strukturell – verändern. Folgerichtig wäre Internetliteratur nicht bloß Literatur im Internet, nicht bloß Literatur, für welche das Netz Transportmittel ist. Netzliteratur hätte ihre eigene Logik, hätte spezifische, formale und inhaltliche Eigenschaften.

Nach dieser spezifisch im und fürs Internet geschaffenen Literatur möchte ich im Folgenden fragen.[2] Die Hypothese einer „ganz anderen" Internetliteratur gilt es zu verifizieren. Ist Netzliteratur tatsächlich eine neue literarische Gattung, die erst aufgrund von noch zu entwickelnden Kategorien bestimmt werden kann? Stehen wir vor der Aufgabe, neue Vorstellungen von Literarizität zu entwerfen? Was ist, was könnte Literatur im Zeitalter des Internet sein? Wenn Internetliteratur nicht nur ein Phantasiegebilde ist, so müssten wir im Stande sein, ihre Wesensmerkmale näher zu beschreiben, müssten die ihr eige-

---

1   *Mythos Internet* ist der Titel eines Sammelbandes (Münker & Roesler 1997). Meine Überlegungen zur Struktur literarischer Texte im Medienwandel werden sich immer wieder auf einzelne in diesem Band vereinigte Beiträge beziehen.

ne semiotische Praxis und Wirkungsweise verstehen lernen. Das kann nicht anders geschehen, als durch die Begegnung mit ihr im, auf, durchs Internet. Zu vermeiden ist ein rein theoretischer Diskurs über Internetliteratur. Die laufende Debatte wird leider auf einer sehr abstrakten Ebene geführt. Bisher entworfene Modelle sind ideale Theoriegebäude, die in sich zusammenstürzen, sobald sie mit der aktuellen Ausübung von Netzliteratur konfrontiert werden. Die Gefahr, spekulativ zu bestimmen, was Netzliteratur sein könnte oder sollte, ist groß. Bedenklicher sind Versuche, festgefahrene Meinungen und etablierte Konzepte weiterzuverbreiten, ohne sie zuvor kritisch in Frage gestellt zu haben. Die theoretische und praktische Auseinandersetzung mit der Wirklichkeit der Netzliteratur ist noch zu leisten.

Am häufigsten begegnet man den Begriffen „Hypertext", „Intertextualität", „work in progress". Diese drei Konzepte, die den theoretischen Diskurs zur Zeit beherrschen, möchte ich diskutieren. Meine Absicht ist es, besser zu verstehen, weshalb gerade diese Begriffe ausgewählt wurden. Welche Vorstellungen verbreiten diese bildhaften Konzepte? Sind sie wirklich geeignet, die kennzeichnenden Merkmale von Netzliteratur zu erfassen? Während „Hypertext" die der Internetliteratur innewohnende Struktur zu charakterisieren sucht, soll „Intertextualität" die im Netz herrschenden Kommunikationsverhältnisse definieren. Der Ausdruck „work in progress" schließlich wird bemüht, um die typische Organisationsform von Internettexten – insbesondere literarischen – zu bestimmen; er rührt an ihren (Kunst-)Werkstatus. Die drei zentralen Begriffe beschreiben also verschiedene, jedoch nicht voneinander zu trennende Aspekte oder Ebenen: erstens ihre Form oder immanente Diskursstruktur, zweitens ihre spezifische Produktions- und Rezeptionsweise, drittens die ihnen zugrunde liegende Ästhetik.

Einer doppelten Herausforderung haben wir uns zu stellen: nicht allein eine neue literarisch-semiotische Praxis gilt es wahrzunehmen, zu verstehen und zu beurteilen. Auch das Instrumentarium unserer gewohnten Sichtweisen, Interpretationen und Wertungen will überprüft und auf seine Angemessenheit hin

---

2   Einschränkend ist zu erwähnen, dass meine Betrachtungen, angestellt anlässlich des 9. Internationalen Kongresses der Deutschen Gesellschaft für Semiotik in Dresden (3.-5. Oktober 1999), sich vorwiegend auf die in Deutschland und Frankreich geführte Internet-Diskussion beziehen. Gerne glaube ich, dass sowohl die Internettheorien wie auch die Internetpraxis in Amerika weiter fortgeschritten sind. Für wichtige Hinweise diesbezüglich danke ich insbesondere Karin Wenz. Rolf Kloepfer und Peter Rusterholz möchte ich ebenfalls danken für ihre aufmerksamen Reaktionen auf mein in der Sektion „Medien, Texte und Maschinen: Textstrukturen im Medienwandel" gehaltenes Referat und die Eröffnung von Perspektiven, die ich im Rahmen meines Vortrags nicht ausführen konnte. Ich bin mir auch bewusst, dass einige meiner Beobachtungen und Einschätzungen von der schnellen Entwicklung der neuen Medien vielleicht schon morgen überholt und dadurch obsolet wirken werden.

befragt werden. Wenn es denn zutrifft, dass das Internet – wie einige behaupten – ein neuartiges „outil de création" ist (cf.de Noiville 1999), so bleibt uns nicht erspart, auch ein neues „outil conceptuel" auszuarbeiten.

1 Hypertext

Wer sich heute mit Internetliteratur befasst, begegnet unweigerlich dem Begriff „Hypertext". Es scheint allgemein anerkannt, dass wir es mit einem „hypertextuell organisierten" Diskurstyp zu tun haben (cf. Wirth 1997: 319). Internettexte beruhen demnach auf einer Verweisstruktur. Bildhaft, mit einer postmodernen Modemetapher gesprochen: Sie zeichnen sich durch eine rhizomatische Organisationsform aus. Mutet es nicht seltsam tautologisch an, wenn für die Beschreibung von Netzliteratur auf die Vorstellung eines „komplexen Netzwerkes" zurückgegriffen wird (cf. Sandbothe 1997: 72)? Literatur im Netz ist Netzliteratur und ihr Strukturmerkmal ist Vernetzung. Dieser Befund überrascht nicht. Er sagt aber auch nicht viel aus. Und doch scheinen sich wenige daran zu stoßen, dass dem theoretischen Diskurs über Internetliteratur metaphorische Begriffe zugrunde liegen, die Teil dessen sind, was sie zu definieren vorgeben.

Hellhörig macht außerdem die Tatsache, dass die Vorstellung der Hypertextstruktur beinahe immer der Idee einer „fixe(n), lineare(n) Sequenz" gegenübergestellt wird (ibid.). Man sollte meinen, Linearität sei das wichtigste Strukturmerkmal herkömmlicher Texte. Als ob Texte, die nicht eigens im und fürs Internet geschrieben wurden, sich auf eindimensionale Zeichenfolgen reduzieren ließen. Keine Gelegenheit wird ungenutzt gelassen, das beliebte Bild des Internet als Geflecht oder Spinnengewebe von der Idee einer starren Reihe abzugrenzen. Aber sind denn solche Gegenüberstellungen, die metaphorisches und begriffliches Reden vermengen, berechtigt? Ist Linearität das Hauptstrukturmerkmal von Nicht-Internettexten – literarischen und anderen? Wenn wir Mike Sandbothe Glauben schenken, so war Lesen bisher „nur der Vorgang der Rezeption einer fixen, linear abzuarbeitenden Sequenz", bevor er nun, dank der semiotischen Revolution durchs Internet, „zu einem Prozess der mehrdimensionalen, kreativen Interaktion zwischen Leser, Autor und Text" wurde (ibid.). Solche Äußerungen unterstellen, wir hätten bis anhin nur Listen, Inventare, Telefonbücher geschrieben und gelesen, also Texte, die aus einer einfältigen Aneinanderreihung isolierbarer Elemente bestehen.[3]

---

3   Zur m.E. berechtigten Kritik an diesem reduktionistischen Modell cf. Hess-Lüttich 1999: 224.

Wer sich auf solche Modelle von Schreiben, Lesen, Text beruft, der scheint
sich noch nie mit den vielfältigen Organisationsformen und Strukturmöglich-
keiten unterschiedlichster Diskurstypen auseinandergesetzt zu haben. Nicht allein literarische Texte, auch juristische, politische, religiöse, wissenschaftliche,
weisen eine Artikulation der phonetischen, semantischen, syntaktischen Ebenen auf, die weit komplexer ist, als es die Vorstellung einer unbeweglichen Sequenz glauben macht. Neben dem syntagmatischen Aufbau finden sich notwendigerweise immer auch paradigmatische und hierarchische Beziehungen
zwischen den einzelnen Größen (Lauten, Zeichen, Worten, Figuren, Kategori-
en). Was sich ganz allgemein als viel zu simple Konzeption erweist, ist besonders ungeeignet, den Diskurstyp zu erfassen, der Texte von literarischer Qualität auszeichnet. Wer sich anschickt, eine Theorie der Internetliteratur zu konstruieren, tut deshalb gut daran, sich Rechenschaft darüber zu geben, welches
die Eigenschaften des literarischen Diskurses sind – noch unabhängig vom Internet. Sind diese Merkmale einmal bestimmt, so ist es einfacher zu beurteilen,
inwiefern die Internetliteratur eine Besonderheit darstellt, ob sie wirklich imstande ist, eine ästhetische Revolution auszulösen. Eines aber wird deutlich:
ein rein linguistischer Textbegriff greift hier zu kurz.[4]

Für die an einem semiotischen Text- und Diskurskonzept orientierte Literaturtheorie zeichnen sich literarische Texte dadurch aus, dass sie unterschiedliche Auffassungen von Sinnkonstitution sowie (in-)kompatible Wertsysteme
einander gegenüberzustellen und Selbstverständlichkeit gewordene Überzeugungen zu erschüttern, vielleicht gar zu verändern suchen.[5] Die Kohärenz ihrer
Struktur gehorcht einer Rationalität, welche dem Mythos näher steht als dem
Logos. Literarische Texte sind als Bedeutungsganzes zu begreifen, selbst wenn
dieses Ganze sich nur provisorisch begründen lässt und letztendlich einem offenen Sinnstiftungsprozess eingeschrieben ist. Ihre Organisationsform – sie
verbietet die Reduktion auf starre Zeichenketten – ist jedoch nicht vorgegeben.
Sie existiert nicht unabhängig vom Moment der Produktion und Rezeption. Jeder Text, insbesondere der literarische, muss vom jeweiligen Leser unter spezifischen Bedingungen neu aktualisiert und als bedeutungstragende Totalität artikuliert werden. Weit davon entfernt, vorhandene Verhältnisse einfach aufgrund
seines enzyklopädischen Wissens wiederzuerkennen, ist der Leser angehalten,
semantische, symbolische und auf Analogie beruhende Beziehungen selbst zu

---

4   Eine kritische Auseinandersetzung mit einem rein syntaktisch definierten Textmodell findet
     sich schon bei Hess-Lüttich 1981: 325.
5   Ich denke hier insbesondere an die Arbeiten von Jacques Geninasca. Meine Überlegungen
     zur spezifischen Struktur des literarischen Diskurses verdanken wesentliche Einsichten und
     Erkenntnisse der von ihm in den letzten Jahren entwickelten literarischen Semiotik. Zu
     Theorie und Praxis von Jacques Geninasca cf. Geninasca 1997.

schaffen und in einem neuen Zusammenhang zu sehen. Der Leser ist immer auch „Autor", Produzent, und keineswegs bloß passiver Konsument. Ob ein Text im Akt der Lektüre Sinn macht, hängt wesentlich, wenn auch nicht ausschließlich, vom Rezipienten ab.

Natürlich sind es gleichzeitig immanente Texteigenschaften, die es erlauben, eine einheitliche Form wahrzunehmen, Eigenschaften und Anweisungen, die den Leser (an-)leiten, führen, nicht selten auch manipulieren. Gerne suchen literarische Texte, die ihrem eigenen Verständnis hinderlichen, fremden oder mit diesem rivalisierende Sichtweisen auszuschalten. In dieser Absicht entwickeln sie diskursive Strategien, die es dem Leser ermöglichen sollen, die einzelnen Textbausteine zu einem Ganzen zu ordnen. „Kreative Interaktion" ist also nicht das Privileg von Netzliteratur. Kohärenzstrategien, Überzeugungsmanoeuvre, Ironie: unzählig sind die Praktiken – man trifft sie nicht nur in der Literatur an –, die deutlich machen, dass die in Kontrast zur Internetliteratur gestellten Modelle von Autor, Leser und Text völlig ungenügend, ja falsch und unhaltbar sind.[6] Auch in Nicht-Internetliteratur bewegt sich der Leser nicht nur von Wort zu Wort, springt vielmehr zwischen verschiedenen Segmenten und Abschnitten, antizipiert und revidiert mögliche Interpretationswege, baut – dank erkannten Wiederholungen, Leitmotiven, metaphorischen Verbindungen – eine Diskursarchitektur auf, die sich immer wieder löst von einer streng linearen Abfolge der Textelemente.[7]

Es ist ein großer Unterschied – der geflissentlich übergangen wird – zwischen der Oberflächenpräsentation eines Textes und der ihm zugrunde liegenden diskursiven Struktur. Linearität mag die materiale Manifestation eines konventionellen Textes bestimmen, aber nicht notwendig die ihm eingeschriebene Bedeutungsweise. Wäre demnach die Hypertext-Revolution nur ein Oberflächenphänomen und modifizierte die Diskursstruktur, insbesondere jene von Literatur, nicht grundlegend?

Zweifel an der Tiefe der durch das Internet provozierten Umwälzungen sind berechtigt. Man denke zum Beispiel an die immer wieder zitierte Definition des Hypertextes als Verweisstruktur. Hypertext: ein anderes Wort für Verknüpfung einer unbegrenzten Anzahl Schnittstellen, die Verheißung „vielfaeltige(r) Anschlussmoeglichkeiten" (Lovink & Schultz 1997: 339). Diese netz-spezifische Eigenschaft wird wohl kaum jemand bestreiten wollen. Zur Diskussion

---

6   Man denke an die vielen Kommunikationsformen zwischen Autor und Leser, die explizit in Texte projiziert werden. Unter einer Vielzahl von literarischen Beispielen, die diese Beziehung simulieren, möchte ich für einmal nicht auf den im Zusammenhang mit Internet und Hypertext oft und gerne zitierten Laurence Sterne verweisen, sondern auf seinen Zeitgenossen Denis Diderot und dessen Roman *Jacques le Fataliste*.
7   Zu diesen Einwänden cf. Hess-Lüttich 1999: 215.

stelle ich hingegen die explizit oder implizit gemachte Behauptung, traditionelle Literatur entbehre dieser Eigenschaft.

Welche Funktion erfüllen aber Fußnoten, Zitate, Leitsprüche, wenn nicht das Verweisen auf andere Texte, das Verknüpfen und Öffnen von mehreren Perspektiven? Selbstverständlich ist es einfacher und schneller, sich per Mausklick zwischen den Texten zu bewegen, hin und her zu springen, als die zitierten Passagen und Werke in einer Bibliothek nachzuschlagen. Wer unterbricht schon gerne seine Lektüre, sooft er in den Anmerkungen auf weitere Studien oder Artikel verwiesen wird? Und doch: Grundsätzlich hält uns nichts davon ab, in Büchern und Bibliotheken wie im Internet zu „navigieren". Selbst wenn die Voraussetzungen hierzu in klassischen Werken weniger ideal sind als in Texten, die fürs Netz konzipiert wurden, ist wohl jeder literarische Text auf andere Texte hin „geöffnet" und steht im Dialog mit anderen Werken, anderen Diskurstypen. Die Hin- und Verweise, welche bisher in Texte eingebaut wurden, führen den Leser und schränken somit seine Bewegungs- und Interpretationsfreiheit ein. Doch auch die in die Netzliteratur eingebauten Links engen die Zahl von Auswahlmöglichkeiten ein und zwingen den Leser zu gewissen Selektionen, während andere von vornherein ausgeschlossen bleiben.

Halten wir deshalb die Beobachtung fest, dass nicht nur Netzliteratur zum Dialog tendiert, sondern Literatur allgemein im Dialog steht mit verschiedenen Anschauungen, Sichtweisen, Rationalitätstypen und Wertvorstellungen. Der literarische Diskurs profiliert sich mit Vorliebe in Konkurrenz zu religiösen, philosophischen, wissenschaftlichen Diskursen. Literatur ist ihrem Wesen nach immer schon dialogisch – niemals monologisch.

2   Intertextualität

Der zweite Schlüsselbegriff, welcher im Zusammenhang mit Netzliteratur immer wieder gebraucht wird, ist Intertextualität. Da er eng verknüpft ist mit dem Hypertext-Konzept, habe ich soeben Aspekte behandelt, die eigentlich in seinen Bereich gehören. Ich will mich deshalb im Folgenden darauf beschränken, die Idee von einer dialogischen Kunst und „kreativen Interaktion" – wie Mike Sandbothe sie hervorhebt – kritisch zu befragen. Im Vordergrund steht jetzt also nicht der interne Vernetzungsprozess selbst, sondern die Kommunikationsverhältnisse und Beziehungen zwischen all jenen Instanzen, die an der Kreation von Texten im Internet, speziell von Literatur, beteiligt sind.

Interessanterweise wird die viel beschworene Interaktion, welche das Netz auszeichnen soll, ebenfalls immer in Opposition gesehen zu traditionellen Diskurs-Praktiken, die angeblich jegliche Form von Interaktivität ignorieren. In der Absicht, die innovativen Chancen des Internet hervorzuheben – vor allem die Perspektive, „neue Formen sozialer Interaktion" zu schaffen (Kac 1997: 310) –, wird unterstellt, Kommunikation oder Interaktion habe sich bisher nicht wirklich ereignet. Die Rezeption von Texten wird unter netzfremden Voraussetzungen als rein passiver Vorgang betrachtet. Man sollte glauben, das Literaturschaffen sei bisher völlig solipsistisch gewesen. Gerne wird die Tatsache übersehen, dass jeder Text, speziell wenn er dem literarischen Diskurstyp angehört, an intersubjektiven Beziehungen orientiert ist. Literarische Texte wollen nicht primär Informationen, Inhalte, Ideen übermitteln. Sie haben keine Botschaft. Literatur sucht vielmehr, das gegenseitige Verständnis zwischen den am Kommunikationsprozess Engagierten zu fördern. Es geht um das Verhältnis zwischen den Instanzen, die an der Sinnstiftung beteiligt sind. Meist um eine Veränderung dieses Verhältnisses. Lesen ist keineswegs nur passives Aufnehmen. Wer Literatur verstehen will, muss bereit und fähig sein, aktiv unterschiedliche Bedeutungsebenen und Bedeutungsmodi wahrzunehmen, zu interpretieren und zu evaluieren. Innerhalb oder außerhalb des Netzes: Literatur lässt Autor und Leser interagieren. Tut sie das nicht, bleibt sie ohne Wirkung, ohne Nachhall.

Gerade die seit den siebziger Jahren entwickelten semiotischen Modelle haben unsere Aufmerksamkeit von der Aussage (l'énoncé) weggelenkt und auf den Akt der Aussage (l'acte de l'énonciation) gerichtet.[8] Jeder Leser von Literatur ist dieser Konzeption zufolge, will er den Text als Bedeutungsganzes begreifen, auch Mitautor. Der Begriff der Ko-Autorschaft, den man für Netzliteratur immer wieder bemüht, benennt demnach eine nicht ausschließlich auf diese zutreffende Eigenschaft. Einzig die Art und Weise, wie sich die Ko-Autorschaft im Netz manifestiert, d.h. unter welchen besonderen medialen Bedingungen sie stattfindet, unterscheidet sich von der herkömmlichen Praxis. Denn die neuen, „revolutionär" anmutenden Voraussetzungen erlauben, die Kommunikation zwischen den beteiligten Instanzen in beinahe völliger Gleichzeitigkeit zu realisieren. Idealerweise gibt es kaum noch einen spürbaren Verzug der einzelnen Interventionen. Dank der neuen technischen Möglichkeiten reduziert sich die Distanz zwischen den Gesprächs- und Handlungspartnern. Der Austausch von Ideen und Emotionen, Empfindungen und Erfahrungen scheint, wenn wir von heute noch bestehenden technischen Problemen und Schranken absehen, befreit von zeitlichen Verschiebungen und räumlichen Begrenzungen.

---

8   Ich denke vor allem an die Tradition der französischen Semiotik und verweise auf die Arbeiten von Jean-Claude Coquet (1997) und Jacques Geninasca (1997).

Aber handelt es sich hier nicht ebenfalls um ein Oberflächenphänomen, welches die Bedingungen literarischer Kommunikation zwar beeinflusst und mitbestimmt, nicht aber grundlegend modifiziert? Ob die Kommunikation wirklich gelingt – nicht nur im technischen Sinne –, ob Verständigung und Veränderung möglich sind, das hängt von ganz anderen Faktoren ab, ist ein formales, ein strukturelles Problem, welches jedem einzelnen Text aufgegeben ist. Der Aufbau intersubjektiver Konstellationen hängt davon ab, ob Übereinstimmung der Sichtweisen, Sinnkonzeptionen, Rationalitätstypen, Wertsysteme erzielt werden kann, nicht aber von der Schnelligkeit und Unmittelbarkeit der Informationsübermittlung.

3 Work in progress

Der dritte die aktuelle Diskussion über Internetliteratur dominierende Begriff ist *work in progress*. Wie „Intertextualität" ist dieser Ausdruck keine originelle Erfindung. Trotzdem erfreut er sich einer neuen, ungebrochenen Beliebtheit. Unter Internetbedingungen werden Produktion, Kommunikation und Rezeption von (literarischen) Texten zu unabschließbaren Prozessen. Sie lassen sich als Teile oder Momente unbegrenzter Verweissysteme betrachten. Wenn das Wesen des Mediums darin besteht, „in ständiger Bewegung" zu sein, so kann Internetliteratur nicht anders denn als offener, unabschließbarer Vorgang praktiziert und konzipiert werden (cf. Sandbothe 1997). Internetliteratur wäre demzufolge einer Poetik des – um mit Umberto Eco zu sprechen – „offenen Kunstwerks" verpflichtet (Eco 1977). Wer sich auf Ecos Modell des „offenen Kunstwerks" bezieht, der betrachtet die Internetliteratur vornehmlich unter dem Aspekt der ästhetischen Rezeption. Im Mittelpunkt der Überlegungen steht dann die Struktur der Rezeptionsbeziehung und damit die Rolle des Lesers und Beobachters von Netzliteratur.

Da die Idee einer in Bewegung begriffenen semiotischen Praxis eine poetologische Dimension hat, stellt der Begriff *work in progress* die Frage nach dem Kunstwerkstatus von Netzliteratur. Gibt es eine Ästhetik, die besonders, vielleicht sogar exklusiv Netzliteratur charakterisiert, Eigenschaften, die sich nur beim Lesen und Schreiben von Netzliteratur zeigen? Dies müsste ja der Fall sein, wenn die Rede von der Netzrevolution berechtigt ist. Und handelt es sich dabei, so könnte man weiter fragen, vornehmlich um eine Rezeptionsästhetik oder doch auch um eine Produktions-, bzw. Werkästhetik? Vielleicht sind ja diese Begriffe und Unterscheidungen von Rezeption, Produktion und Werk überholt und erweisen sich als völlig ungeeignet, die Natur von Internetliteratur zu erfassen. Ich habe es schon betont. Wir müssen unser konzeptuelles Instrumentarium und Vokabular immer kritisch mitbedenken und weiterentwickeln.

Um erste, provisorische Antworten auf die Frage nach der ästhetischen Revolution von Internetliteratur geben zu können und zu beurteilen, inwiefern diese Literatur innovativ oder traditionsverpflichtet ist, werde ich jetzt einen Internetroman, eine speziell fürs Internet geschriebene Hypertextnovelle, näher analysieren. Es handelt sich dabei um den Roman *Non* der jungen Multimedia-Künstlerin Lucie de Boutiny.[9]

Wer sich Ende September 1999 auf den Weg macht, im multimedialen Roman *Non* zu „surfen", der begibt sich in einen Text, welcher mittlerweile aus drei Episoden besteht. Die erste Episode wurde im August 1997 im Internet aktualisiert, die zweite im Mai 1998 und die dritte im Juli 1999. Wir ahnen sogleich, dass *Non* keineswegs ein abgeschlossenes Unterfangen ist. *Non* wird fortlaufend weiterentwickelt – sowohl von Lucie de Boutiny als auch von all jenen, die das Netz nutzen und *Non* nicht einfach lesen, sondern an diesem Hypertext-Roman mitschreiben. *Non* ist der (Nicht-)Titel eines – noch? – nicht vollendeten Textes, eines Schreibprozesses, der – noch? – kein Ende hat. Konsequenterweise hat er auch keinen eigentlichen Anfang. Im Gegensatz zu konventioneller Literatur scheint es wenig sinnvoll, Ort und Datum der Erstpublikation eines multimedialen Hypertextromans anzugeben. 1997, 1998, 1999: Keine dieser zeitlichen Angaben fixiert so etwas wie einen Ursprung. Der Einstieg in *Non* ist nicht vorgegeben. Nichts hindert uns daran, mit der Lektüre der zweiten oder dritten Episode zu beginnen. Die Zahlenreihe täuscht: Die drei Phasen stehen in keiner chronologischen oder kausalen Ordnung, sie setzen sich gegenseitig nicht zwingend voraus.

Wenn nun *Non* weder Anfang noch Ende hat, wenn Anfangen und Enden vorläufig und beliebig sind (wir verlassen *Non*, weil wir müde, hungrig, gelangweilt, nicht aber weil wir zu einem intersubjektiv überprüf- und nachvollziehbaren, sinnvollen Abschluss gekommen sind), dann stellt sich die Frage, ob wir dem Hypertext-Roman *Non* überhaupt einen Werkcharakter anerkennen wollen. Es scheint problematisch, im Zusammenhang mit Netzliteratur, die Konzepte „Werk" und „Kunstwerk" zu gebrauchen. Folglich ist auch der häufig wiederholte Begriff *work in progress* in Frage zu stellen. Gewiss: Eine wesentliche Eigenschaft von Netztexten ist es, in ständiger Bewegung, in laufender Entwicklung, zu sein. Die Vorstellung *in progress* trifft auf sie zu. Der Roman *Non* zeigt exemplarisch, dass Literatur, die im und fürs Netz gemacht ist, ein in mehrere Richtungen – wenn auch nicht alle[10] – offener Vorgang ist, der

---

9   Lucie de Boutiny: www.metafort.com/synesthesie/syn6/boutiny/intro.htm.

seiner Bestimmung nach ins Unendliche fortgeführt werden kann. Kein
Schluss ist endgültig, jeder Anfang nur eine Zwischenstation. Wer *Non* liest,
partizipiert vorübergehend an einem immer schon laufenden Prozess, aus dem
er sich jederzeit wieder verabschieden kann, ohne diesen damit zum Stillstand
zu bringen. Dieser Internetroman – er hat Modellcharakter für die aktuelle
Netzliteratur – ist sehr wohl *in progress*. Aber er ist kein *work!* Der Begriff
„Werk" eignet sich nicht zur Bestimmung von Internetliteratur. Wir sind immer
nur mit Texten konfrontiert. Jeglicher Versuch, diese als Werk, als formale und
inhaltliche Ordnungen, als Bedeutungsganze, zu konstruieren, ist von vornherein zum Scheitern verurteilt. Die Netztexte sind ihrer Bestimmung nach im
Fluss, sie lassen sich nicht als abgeschlossene, kohärente Organisationsformen
verstehen. Im Unterschied zu tradierter, nicht speziell fürs Netz komponierter
Literatur (welche jedoch von diesem transportiert werden kann), offeriert Internetliteratur keine gültigen Kriterien für mehr oder weniger plausible Verste-
henszusammenhänge.

Diese Überlegungen führen uns zurück zum „Hypertext". Wir haben oben
bemerkt, dass dieser Begriff mit Vorliebe traditionellen Textsorten und Litera-
turgattungen gegenübergestellt wird, wobei   diese gleichzeitig als lineare
Fließtexte definiert, als starre Sequenzen von Zeichen und Wörtern abgewertet
werden. Die praktische Erfahrung lehrt nun aber ganz im Gegenteil, dass es
gerade Netzliteratur ist, die sich als Fließtext präsentiert. Die Erkenntnis er-
nüchtert: wer im Internet navigiert, sieht sich beinahe ausnahmslos mit sehr
viel Text konfrontiert. Über unseren Bildschirm laufen unendliche Textmen-
gen, die wesentlich unstrukturierter sind als literarische Objekte, die sich in
herkömmlicher Buchform darstellen und klar gegliedert sind nach Teilen, Ka-
piteln und Abschnitten. Selbst die eingebauten Schnittstellen („links") machen
nichts anderes, als eine Vielzahl von Textsträngen und Textebenen potentiell
miteinander zu verknüpfen. Die verpönte Linearität, die wir dank der Verweisstruktur von Internetliteratur überwunden glaubten, ist allgegenwärtig. Obschon viel gepriesen, finden sich die angeblich nur im Netz realisierbaren Vor-
züge von Hypertextstrukturen, wesentlich effizienter in überlieferter Literatur
verwirklicht.

Das bedeutet nun aber, dass Linearität, die ja nur ein Oberflächenphänomen
literarischer Diskurse ist[11], also einzig ihre materiale Präsentationsweise bestimmt, ein wesentliches Merkmal von Internettexten ist. Da diese Texte *per
definitionem* unbegrenzt, ja unbegrenzbar sind[12], da sie auf keiner hierarchi-
schen Ordnung beruhen und keinen zwingenden, immanenten Kohärenzprinzi-

---

10   Die Zahl eingebauter Links ist ja begrenzt.

pien gehorchen, sind bloße Reihung und lineare Aufeinanderfolge ihre Haupt-
eigenschaften. Weder Geschlossenheit noch Offenheit werden erfahrbar oder
erkennbar.[13] Paradoxerweise scheint Linearität gerade Internetliteratur zu definieren. Ihre angebliche Aufhebung wird entlarvt als das, was sie im Netz bisher immer schon war: ein Vorurteil, ein schöner Mythos.
     Zeichen mögen in Zeit und Raum aufeinanderfolgen. Bedeutung aber ist
nicht die Summe aneinandergereihter Zeichen. Für die literarische Semiotik,
die sich mit der Sinnkonstitution komplexer Diskurse befasst, ist das Modell
der Linearität und somit auch eine reine Zeichensemiotik völlig ungeeignet
und allein zur Beschreibung bestimmter Vertextungsmechanismen zu gebrauchen.
     Wenn sich die Konzepte „work in progress" – mit Betonung auf „work" –
und „Hypertext" in der Internetpraxis selbst „dekonstruieren", so ist zu fragen,
ob der dritte Modebegriff einer kritischen Betrachtung besser standhält. Wie
steht es mit der ebenfalls viel beschworenen Interaktivität von Netzliteratur?

4   Interaktivität

Lesen im Internet verspricht, ein aktiver Prozess zwischen Rezipient, Produzent und Text zu sein. Die möglichen Verbindungen erlauben jedem Leser, seinen eigenen Weg durch die vernetzten Texte zu finden. Jeder Parcours lässt einen individuellen Text entstehen, der dank der eingebauten Links vom Produzenten zwar bis zu einem gewissen Grad vorgezeichnet ist, aber letztlich – wegen des ins Unendliche wachsenden Verweissystems – weder eingeschränkt
noch effektiv kontrolliert werden kann. Theoretisch kommt man im Netz vom
Hundertsten ins Tausendste, auf unvorhergesehene (Ab-)Wege, die in keinem

---

11   Die Manifestation traditioneller literarischer Texte ist jedoch keineswegs ausschließlich
     durch das Prinzip der Linearität geprägt. Die typographischen Gestaltungsmöglichkeiten
     haben einen großen Freiheitsgrad, so dass die lineare Aneinanderreihung von Zeichen nur
     teilweise ihre Präsentationsform zu beschreiben vermag. Die räumliche Disposition ist ent-
     scheidend für den Sinnstiftungsprozess; cf. hierzu die Arbeiten, welche versammelt wurden
     in Fröhlicher et al. 1990.
12   Diese Bestimmung trifft auf jene Netztexte nicht zu, welche auf der Grundlage schon exi-
     stierender traditioneller Literatur konstruiert wurden. Hypertextversionen, die mediale
     Übersetzungen von „klassischen" literarischen Texten sind, gehorchen anderen Formprinzi-
     pien und Rezeptionsstrategien als Texte, die ohne Vorlage direkt im Internet entstehen. Der
     Hypertextroman *Non* von Lucie de Boutiny sucht jedenfalls, Begrenzungen zu unterlaufen.
     Wobei ich hier absehe von den physischen und psychischen Grenzen der Rechner und
     Benutzer.
13   Rolf Kloepfer hat sehr richtig – im Rahmen des DGS-Kongresses in Dresden – auf die Tat-
     sache hingewiesen, dass nur eine komponierte Offenheit als solche auch wahrnehmbar ist.
     Fehlen Organisations- und Gliederungsprinzipien, kann nicht zwischen einer offenen und
     einer geschlossenen Struktur unterschieden werden.

direkten Zusammenhang stehen müssen mit dem Ausgangstext. Der Leser genießt eine beinahe uneingeschränkte Freiheit – mit Ausnahme des Zwangs, aus der Menge eingebauter Schnittstellen zu wählen. Nicht jedes Zeichen ist auch ein Verkettungselement.

Im multimedialen Hypertextroman *Non* von Lucie de Boutiny entscheidet der Leser, mit welcher der schon bestehenden Episoden er beginnen will. Er ist relativ frei, seine „Reiseroute" durch den Text fortlaufend festzulegen, alternative Wege und Verzweigungen durchzuspielen. Außerdem ist es ihm jederzeit möglich, mit dem Produzenten oder Herausgeber des jeweiligen Textes direkt Kontakt aufzunehmen, indem er ihm elektronische Botschaften schickt und Vorschläge macht, wie der Text weiterzuführen ist. Der Leser ist permanent eingeladen, sich zum Autor zu machen, Sequenzen zu überspringen, zu ignorieren oder neu zu verbinden. Er ist zugleich Interpret, Kritiker, Erfinder. Im Dialog mit dem „eigentlichen" Autor integriert der Leser – obschon heute noch viele technische Einschränkungen und Hindernisse bestehen – neue Textsegmente, Assoziationen und Verbindungen in den sich fortentwickelnden Roman. In diesem Sinne ist er sehr wohl am Schaffensprozess beteiligt. Angesichts der möglichen Koproduktion scheint es deshalb fragwürdig, im Internetkontext an der Unterscheidung *Autor/Leser* festhalten zu wollen.

Doch auch traditionelle Literatur ist nicht nur dialogfähig, sondern dialogorientiert, setzt die Mitarbeit des Lesers voraus. Die Gestaltung literarischer Texte und, vor allem, der Weg zu ihrem Verständnis, die Sinnsuche, verlangen eine aktive Auseinandersetzung des Lesers mit dem Text. Lesen und Verstehen setzen die Bereitschaft voraus, die einzelnen aufeinanderfolgenden Textsegmente und diskursiven Einheiten zu einem formal und inhaltlich stimmigen Gebilde zu fügen. Verständnisvolles Lesen ist niemals ein passiver Vorgang. Wer wollte bestreiten, dass „individuelle Rezeptionsperspektiven" (Sandbothe 1997: 72) sowie persönliche Rezeptionsstrategien auch im Umgang mit Nicht-Netzliteratur entwickelt werden?

Ein wichtiger Unterschied ist trotzdem hervorzuheben. Selbst wenn es auch auf herkömmliche Literatur zutrifft, dass ein Text bei jeder Lektüre neu entsteht und jede Rezeption beeinflusst ist von verschiedenen, subjektiven und objektiven Faktoren, so ist der Freiheitsgrad des Lesers doch kleiner als bei Internetliteratur. „Traditionelle" Literatur zeichnet sich gerade dadurch aus, dass sie gewisse Rezeptionsversuche blockiert und den Leser zu manipulieren trachtet in der Hoffnung, dieser mache sich eine Sichtweise zu eigen, die es erlaubt, den Text in seiner ästhetischen Qualität und der ihm inhärenten Bedeutungsstruktur zu begreifen. Der Leser wird entmutigt, den Text auf eine beliebige Art wahrzunehmen und zu gebrauchen. Literaturfremde Aneignungsstrategien – wie zum Beispiel die Suche nach praktischen Informationen – werden verhindert. Im Gegensatz dazu ist das Navigieren in Netzliteratur ein nicht nur in viele mögliche Richtungen offener, sondern auch ein völlig beliebiger Prozess. Keine Selektion, kein Parcours erscheint sinnvoller als alle anderen, kein Weg kann Anspruch erheben, zu größerer Textkohärenz und Bedeutungsdichte zu führen. Die Wahl der Verzweigungen ist weder vorgegeben noch mehr oder weniger plausibel gemacht. Die ebenfalls viel gepriesene Anschließbarkeit von Internettexten ist nicht nur universell, sie ist auch nicht zwingend oder gerechtfertigt. Im Internet sind wir unfähig zu beurteilen, welcher der potentiell einzuschlagenden Wege „besser", d.h. für uns reicher an emotionaler Erfahrung und intellektueller Erkenntnis sein könnte.[14]

Wirkliche Interaktion verlangt nach Begegnung, nach Reibungsflächen. Interaktion bedeutet Aufeinandertreffen unterschiedlicher, vereinbar oder auch unvereinbar scheinender Meinungen, Wertvorstellungen, Rationalitätstypen. Doch im Internet trifft man sich nicht notwendigerweise. Jeder irrt für sich durchs Textlabyrinth und kann eigentlich alle anderen Benutzer ignorieren, kann jeder Schwierigkeit, jeder Konfrontation ausweichen, indem er sich in andere Texte einschreibt. Wo fast alle Wege offen stehen, verschiedenste Bewegungen möglich sind, ist die Wahrscheinlichkeit, sich zu treffen und aufeinanderzustoßen, klein.

Überschätzt wird also auch das Interaktionspotential von Netzliteratur. Da jeder Rezipient zum Produzenten seines eigenen Textes wird – die kategorielle Unterscheidung *Rezipient/Produzent* ist ja hinfällig geworden – gibt es keinen triftigen Grund, verschiedene Perspektiven miteinander zu vergleichen und in Konkurrenz zu sehen. Die Frage, ob ich den Hypertext-Roman *Non* von Lucie de Boutiny adäquat lese und verstehe, stellt sich in keinem Moment. Da der Text kontinuierlich weiterläuft, ist jeder vorläufige Halt und Versuch, den Text als abgeschlossenes Bedeutungsganzes zu begreifen, ein vergebliches Unterfangen. Jede Grenzziehung oder Bestimmung von Anfang und Ende dieses multimedialen Textes wirkt wenig plausibel und kann nicht befriedigen.

5 Schluss

So kommen wir zum Schluss, dass die der Internetliteratur euphorisch zugeschriebenen Eigenschaften ihr in Tat und Wahrheit fehlen und weit stärker die

---

14   Wobei ich hier gerade nicht an all jene Texte denke, die der Gattung Detektivgeschichte zuzuordnen sind und zu deren Verständnis eine Entdeckungslogik und die schlüssige Verkettung von Indizien genügen.

sogenannt konventionelle Literatur auszeichnen. Während die Möglichkeiten der Netzliteratur überschätzt, werden die spezifisch ästhetischen Qualitäten von Nicht-Internetliteratur unterschätzt. Man sollte glauben, Literatur vor der Erfindung des Internet beschränke sich auf die starre Reihung isolierbarer Zeichen. Vielleicht verdankt sich diese ungerechtfertigte Gleichsetzung von literarischen Texten und linearen Sequenzen einer Überzeugungsstrategie. Vielleicht aber sind die Vorstellungen von Literatur – was weit bedenklicher wäre – wirklich so simpel, die Modelle des literarischen Diskurses so unangemessen.

Die unadäquate Reduktion von Literatur und das Unterschlagen wesentlicher Eigenschaften betreffen auch den oft zitierten multimedialen Charakter der Netzliteratur. Natürlich zeichnet sich diese durch visuelle und akustische Merkmale aus, kombiniert Text, Bild und Ton, erregt gleichzeitig verschiedene Sinneseindrücke. Doch auch die Synästhesie ist ein alt bekanntes Verfahren, das nicht erst dank Internet erprobt wird. Deshalb gleich schon von einem Gesamtkunstwerk zu sprechen, ist ungerechtfertigt, insbesondere weil – muss ich es wiederholen? – im Zusammenhang mit Netzliteratur weder von (Kunst-)Werk noch von Totalität oder Ganzheit die Rede sein kann. Und wieder wird – absichtlich? – die Tatsache verschwiegen, dass die Verbindung von Bild und Text keineswegs revolutionär ist. Illuminierte Handschriften, bunt illustrierte Bücher, mehrere Sinne anregende Objekte: Sie alle haben – glücklicherweise – nicht auf die Rechner des zwanzigsten Jahrhunderts gewartet.

Mein Urteil über Netzliteratur mag sehr negativ ausgefallen sein. Und ich muss gestehen, dass ich – beeinflusst von der herrschenden Interneteuphorie – davon ausgegangen bin, das Netz sei schon heute, am Ende des zweiten Jahrtausends, ein Ort kreativer Schreibmodi. Die praktische Analyse einiger aktueller Hypertextromane war deshalb für mich eine sehr enttäuschende Erfahrung. Die veränderten medialen Bedingungen des Internet wurden bisher nicht wirklich genutzt zur Schaffung einer netz-spezifischen Literatur. Ich möchte aber die Hoffnung noch nicht aufgeben, dass das Netz in Zukunft zu einem „lieu et outil de création" wird. Die Aufgabe ist nicht leicht: Netzliteratur muss sich eigene theoretische Modelle schaffen, welche die neuen medialen Voraussetzungen produktiv ausschöpfen – wie die Überwindung der Opposition von Produzent und Rezipient. Sie muss sich ein ihr angemessenes Literaturkonzept geben, das wesentlich komplexer ist als die bisherigen Vorstellungen, und strengen ästhetischen Kriterien standhält. Die aktuelle Diskrepanz zwischen Theorie und Praxis ist zu überwinden. Dass die bisher im Netz aktualisierten Texte meist der Gattung Kriminalgeschichte zuzurechnen sind, ist kein gutes Zeichen. Wenn Internetliteratur nicht aufs Niveau von Kioskliteratur sinken will, hat sie sich eng definierten Spielregeln und unablässig diskutierten poetischen Normen zu unterwerfen. Zuviel Freiheit, das Prinzip des *anything goes*, ist ein Hindernis für hohe ästhetische Ansprüche. Internetliteratur muss zwingenden Kohärenz- und Kompositionsprinzipien gehorchen, eigene Bedeutungsstrukturen entdecken, Grenzen ziehen. Erst diese Formen erlauben das Interagieren mehrerer Internauten, deren Sichtweisen und Wertsysteme aufeinandertreffen, deren Sinnvorstellungen in Konkurrenz zueinander treten. Nur so wird eine wirklich dialogische Kunst entstehen.[15]

6 Literatur

Coquet, Jean-Claude 1997: *La Quête du sens. Le langage en question*, Paris: PUF.

Eco, Umberto 1977: *Das offene Kunstwerk*, 1. Aufl., Frankfurt/M.: Suhrkamp [Orig. 1962: *Opera aperta*, Mailand: Bompiani].

Fröhlicher, Peter; Georges Güntert & Felix Thürlemann (eds.) 1990: *Espaces du texte – Spazi testuali – Texträume. Recueil d'hommages pour Jacques Geninasca*, Neuchâtel: La Baconnière.

Geninasca, Jacques 1997: *La Parole littéraire*, Paris: PUF.

Hess-Lüttich, Ernest W.B. 1981: *Grundlagen der Dialoglinguistik*, Berlin: Schmidt.

Hess-Lüttich, Ernest W.B. 1999: „Im Irrgarten der Texte. Zur Narratologie holistischer Textualität", in: Grünzweig, Walter & Andreas Solbach (eds.): *Grenzüberschreitungen: Narratologie im Kontext / Transcending Boundaries: Narratology in Context*, Tübingen: Narr, 209-230.

Kac Eduardo 1997: „Das Internet und die Zukunft der Kunst", in: Münker & Roesler (eds.): 291-318.

Lovink, Geert & Pit Schultz 1997: „Anmerkungen zur Netzkritik", in: Münker & Roesler (eds.): 338-367.

Münker, Stefan & Alexander Roesler (eds.) 1997: *Mythos Internet*, Frankfurt/M.: Suhrkamp.

de Noiville, Florence 1999: „Internet, nouvelle adresse pour la littérature?", in: LE MONDE du 22/1/99, XI.

---

15 Diese Betrachtungen zur Internetliteratur sind ein erster Versuch, Möglichkeiten und Grenzen der Netzliteratur zu bestimmen. Viele wichtige Aspekte – wie zum Beispiel der Faktor Zeit (ebenfalls eine Anregung von Rolf Kloepfer) – konnten im Rahmen dieses Aufsatzes noch gar nicht untersucht werden.

Sandbothe, Mike 1997: „Interaktivität – Hypertextualität – Transversalität. Eine medienphilosophische Analyse des Internet", in: Münker & Roesler (eds.): 56-82.

Wirth, Uwe 1997: „Literatur im Internet. Oder: Wen kümmert's, wer liest?", in: Münker & Roesler (eds.): 319-337.

Jürgen Daiber

„Ut pictura poesis" – *Ars poetica* und Hyperfiction

Der Weg vom Saulus zum Paulus muß nicht zwangsläufig über Damaskus führen. Im 21. Jahrhundert führt er auch über New York City. 1992 verschaffte
sich der Literaturwissenschaftler Robert Coover (1993) mit einem vielbeachte-
ten Essay namens „The End of Books" Eingang auf die Seiten der renommierten *New York Times Book Review*. Coover beherzigte die traurige Tatsache, daß
jener am ehesten Gehör findet, der angesichts des überbordenden medialen
Stimmengewirrs die Form des Superlativs wählt. Und so wurde wieder einmal
der klassischen Literatur, welche dem Trägermedium Buch aus der guten, alten
Gutenberg-Galaxis verpflichtet war, das digitale Grab geschaufelt. Wirkliche
Literatur – so Coover – werde fortan aus der Steckdose kommen. Was bis
dahin der graniten Steintafel, der ungegerbten, gespannten Tierhaut, der Papy-
rusrolle, dem Pergament oder der schlichten Kladde aus Cellulose anvertraut
war, werde entmaterialisiert, in die schwerelosen Signale der Bits und Bytes
transformiert.

Derartige Prognosen sind für Kundige nicht gerade neu. Eine multimediale
„Elektro-Bibliothek" hatte Guillaume Appollinaire (l'esprit *nouveau et les
poètes*) bereits im Jahre 1918 als literarische Zukunft geweissagt. Interessant
am aktuellen Falle Coover ist jedoch, daß dieser – damit vollzieht sich die eingangs erwähnte Metamorphose zum postmodernen Paulus – in einer vor wenigen Monaten erschienenen Studie das Goldene Zeitalter digitaler Literatur
bereits wieder für beendet erklärt. Die multimedialen Hyperfictions der neuen
Generation – so Coovers gegenwärtige These – manifestieren nicht länger eine
innovative Kunstform, sondern vielmehr eine konservative Wende zur eindimensionalen, kommerziellen, planen und überholt linearen Erzählweise der
Hollywood-Filmmaschinerie. Die Computerliteratur der Gegenwart mutiert
dieser momentan populären Position nach vom progressiven Vorzeige- zum
regressiven Auslaufmodell und dies alles im – nach kulturellen Maßstäben
gemessen – schwindelerregend kurzen Zeitraum einer Dekade. Davon später
mehr.

Begonnen werden soll dort, wo die angeblich überholte Linearität des
Erzählens zumeist beginnt: am Anfang. Und am Anfang war das Wort. Nur:
Welches?

Computerliteratur, Hyperfiction, Netzliteratur, digitale Literatur: Was den Begriff angeht, so herrscht in der gegenwärtigen Forschung noch babylonische Sprachverwirrung. Ganze Diskussionsforen haben sich mittlerweile im Netz etabliert und ringen um terminologische Klärung. Ich folge Überlegungen Roberto Simanowskis[1] und spreche von digitaler Literatur. Mit digitaler Literatur ist eine Form der Literatur bezeichnet, deren ästhetische Existenzvoraussetzung unabdingbar an die Maschine Computer geknüpft ist. Digitale Literatur läßt sich mit anderen Worten nicht rematerialisieren, nicht zwischen die Deckel eines Buches pressen, ohne daß sie etwas verliert, was als ihr medialer Zuwachs bezeichnet werden kann. Dies ist im übrigen nicht allzu puristisch gemeint, sondern als bewußt weit gezogene Definition gefaßt, welche die Rezeption und Distribution von digitaler Literatur auf lokalen Datenträgern wie CD oder DVD miteinschließt. Digitale Literatur kann jedoch – trotz dieser Möglichkeit einer offline Speicherung – ihre ästhetischen Eigenschaften nicht ohne den Computer entfalten.

Diese vergleichsweise schlichte Definition verschafft erheblichen Überblick im Sinne des Prinzips der Ausschließung. Denn die meiste Literatur, die in den digitalen Räumen des Netzes rezipiert wird, ist keine digitale Literatur. Nehmen wir ein Textbeispiel aus dem momentan größten Digitalisierungsfundus deutschsprachiger Literatur, dem momentan etwa 150 000 Textseiten umfassenden Gutenberg-Projekt. Dort findet sich auch Goethes berühmtes Gedicht *Wandrers Nachtlied*. Die Tatsache, daß die Anfangszeile „Über allen Gipfeln ist Ruh'" nun als digitaler Vers im Netz bewundert werden kann, macht Goethe offenkundig nicht zu einem Autoren des Cyberspace und ebensowenig *Wandrers Nachtlied* zu einem Produkt digitaler Literatur. Das Gedicht ist ohne Informationsverlust auch auf Papier, als traditioneller, gedruckter Fließtext rezipierbar. So steht es momentan noch mit den meisten literarischen Texten im Netz.

Wie nun aber sieht sie aus, jene Literatur, die ihre ästhetische Bedingung und einzige Existenzmöglichkeit dem Computer und dem Netz verdankt? Worin besteht jene zuvor bemühte mediale Zuwachs von digitaler Literatur gegenüber traditioneller, klassischer Buchliteratur? Die Forschungsdikussion kreist in diesem Punkt beständig um einige Leitbegriffe, denen jene gestalterischen Möglichkeiten zugeordnet werden, mit denen Gutenbergs Galaxis nicht aufwarten kann. Im folgenden sollen drei dieser Leitbegriffe – die meiner Ansicht nach wichtigsten – und die mit ihnen verbundenen Erwartungen ein wenig genauer betrachtet werden. Die Leitbegriffe lauten: Interaktivität, Hypertextualität, Multimedialität. Für den überzeugten Verfechter digitaler

---

1   http://iasl.uni-muenchen.de/discuss/lisforen/siman.htm

Literatur sind es jene Zauberwörter, welche die Tür zu kühneren, lichteren Räumen des Geistes aufstoßen. Meine Absicht hingegen ist vergleichsweise bescheiden. Was anhand einer Analyse dieser drei Begriffe geleistet werden soll ist a) den medialen Zuwachs von digitaler Literatur gegenüber Buchliteratur deutlich zu machen, b) zu demonstrieren, daß trotz dieses medialen Zuwachses digitale Literatur, um zu einer eigenständigen Ästhetik zu finden, nicht umfassend mit der literarischen Tradition brechen muß, innerhalb derer sie steht, und c) am Ende ein wenig darüber zu spekulieren, wie die digitale Literatur der Zukunft, die sogenannte 2. Hyperfiction-Generation, aussehen könnte.

a) Interaktivität / Kooperativität

Gerade dies schien anfangs das „Sesam öffne Dich" digitaler Literatur zu sein. Ein Autor schreibt Text in seinen Computer, versieht diesen mit ein paar animierten Grafiken, gibt seine E-Mail-Adresse dazu und stellt das Ganze ins Netz. Von nun an in dieser Text sozusagen poetologisch geöffnet, d.h hunderte anderer Hyperfiction-Autoren überall auf dieser Welt verteilt, mit einem PC-ausgerüstet und einem Web-Zugang versehen, können diesen Text gleichzeitig lesen, ihn in Frage stellen, ausbauen, verändern, weiterspinnen. Der Rezipient soll auf diese Weise zum Textmitproduzenten, der Fluch des geschlossenen, vom Autor vorgegebenen Textes soll aufgehoben, der Autor selbst, der sich als eine Art Schöpfergott aufspielte, soll zu Grabe getragen werden. „Dezentrierung des Subjekts", „Tod des Autors", „Eliminierung der Linearität aller Diskurse" – die Schlagwörter kreisten, die poststrukturalistische Derrida/Lacan/Foucault-Soße war angerichtet, es wurde vor allem im angelsächsischen Raum kräftig gerührt und abgeschmeckt (Landow 1997) und mit dem üblichen zeitlichen Nachklapp von fünf Jahren sprangen deutsche Theoretiker wie Heiko Idensen[2] und Norbert Bolz (1993) als Vordenker auf den transatlantischen Trendzug auf.

Also: Ablösung des Autors als Einzelwesen zugunsten eines Autorenkollektivs, Auflösung geschlossener, einzelner Texte zugunsten eines intertextuellen Netzwerks, Aufhebung einer traditionellen linearen und kausalen Abfolgen verpflichteten Erzählweise zugunsten collagenhafter Strukturen, eine Art elektronische Cut up Technik à la William Burroughs.

---

2   http://www.uni-kassel.de/interfiction/projekte/pp/utopie.htm

Werfen wir zur Prüfung dieses Programms einen Blick auf das momentan erfolgreichste Netzprojekt in puncto Interaktivität: den sogenannten Assoziationsblaster.[3]

1999 von Alvar Freude und Dragan Espenschied kreiert und kurz darauf mit dem Ettlinger Internet-Literaturwettbewerbs-Preis ausgezeichnet, macht der Assoziations-Blaster radikal ernst mit der interaktiven Forderung: „Die Poesie soll von allen gemacht werden." Beim Assoziationsblaster handelt es sich um ein interaktives Textnetzwerk, in dem sich alle eingetragenen Texte miteinander verlinken, wie es in der Selbstbeschreibung der Autoren heißt. Dieses Textnetzwerk besteht im Kern aus einer riesigen Datenbank, die eine Liste von Stichworten verwaltet. Jedem dieser Stichworte sind Texte zugeordnet. Der Besucher der Seite wird nun aufgefordert, seinerseits ein Stichwort einzugeben oder eines der ihm angebotenen Stichwörter auszuwählen. Stichwort kann von „Schlammsportplatz" bis „Keuchhusten" alles sein. Das eingegebene Stichwort führt den Benutzer zu einer Seite, die ihn auffordert, einen Text zu seinem Stichwort zu produzieren. Weist dieser neu eingegebene Text wiederum Wörter auf, die bereits als Stichworte registriert sind, verwandeln sich diese Worte in Links, d.h in Verbindungen zu anderen Texten, welche diesen Stichwörtern ebenfalls zugeordnet sind. Zusätzlich bietet das System über einen Zufallsgenerator sogenannte Flucht-Links an, also Verbindungen zu anderen Texten, die den Stichworten der Flucht-Links zugeordnet sind, in die wiederum Texte eingeschrieben werden können.

Die Intention ist überdeutlich: Ein gigantisches Textnetzwerk wird erzeugt, in welchem die einzelnen Beitrage über von den Benutzern geschaffenen Verknüpfungen durch einen maschinell erzeugten Algorithmus miteinander verbunden werden.

Der Assoziationsblaster realisiert in extremer Form einige zentrale Forderungen der Internet-Theorie: Die Befreiung des Lesers vom Despotismus des Schreibers durch die Inthronisation des Rezipienten zum aktiven Mitschöpfer des Textes; die Befreiung von der Linearität des Textes durch die Möglichkeit unendlicher Navigationsalternativen beim Gang durch einen textuelles Netzwerk, das sich ständig ausweitet; schließlich die Ablösung des Einzelautors, mittels eines exponentiell wachsenden Autorenkollektivs, durch nichts miteinander verbunden als einen PC, den online-Status und ein Computergramm, das die produzierten Texte verwaltet und verknüpft.

Es ist in der Tat so, daß die Beschäftigung mit dem Assoziationsblaster eine Art Sogwirkung entfalten kann. Die Anzahl der User, welche die Seiten ankli–

---

3   http://www.assoziations-blaster.de/

cken und dort im Extremfalle wie eine Nutzerin mit dem Pseudonym Tanna bereits etwa 3000 Texte eingeschrieben haben, bestätigt das existierende Interesse.

Woher rührt dieses Interesse? Der Erfolg des Assoziations-Blasters speist sich m.e. aus einem grundlegenden Impuls des Menschen: seinen Hang zum Spiel. Das Spiel, so heißt es bei Kant in der *Kritik der Urteilskraft*, ist eine „Beschäftigung, die für sich selbst angenehm ist" (Kant 1913: 304). Eine Beschäftigung, die im Falle des Assoziationsblasters keinem vordefinierten, engen Regelwerk folgt, sondern der bloßen Lust an der Kombinatorik der Zeichen verpflichtet ist. Die Traditionslinie diese Lust reicht übrigens weit zurück in Manierismus und Barock und den dort gebräuchlichen kombinatorischen Poetikmaschinen. Erinnert sei etwa an Georg Philipp Harsdörffers *Poetischen Trichter* (1648-63) oder an Quirinius Kuhlmanns *Libes-Kuß*.[4]

Derartige Spiele in der Interaktivität des Netzes werden in ihren besten Momenten zur poetischen Realisation dessen, was der Philosoph Hans-Georg Gadamer einmal als den Kern des Spiels in der Kunst begreift, als eine „Selbstbewegung, die durch ihre Bewegung nicht Ziele und Zwecke anstrebt, sondern die Bewegung als Bewegung, die sozusagen ein Phänomen des Überschusses, der Selbstdarstellung des Lebendigseins meint" (Gadamer 1977: 30f.).

Den Gedanken auf die digitale Literatur gewendet: Interaktive Mitschreibprojekte aktivieren kreatives Potential, sie verbürgen des Menschen Freude am Spiel und bezeugen seine Sehnsucht, sich über Sprache zum Ausdruck zu bringen. Daran kann nichts Verwerfliches sein.

Leider hat – wie so oft – auch diese Medaille eine Schattenseite. Nach dem Ziel ihres Assoziations-Blasters befragt, geben Alvar Freude und Dragan Espenschied an, über die „entstehende endlose Assoziations-Kette [...] dem Zusammenhalt der Dinge schlechthin auf die Spur zu kommen".[5] Hier liegt m.E. das grundlegende Problem – nicht nur des Assoziationsblasters, sondern letztlich vieler interaktiver Projekte innerhalb der Netzliteratur. Anspruch und Ergebnis klaffen momentan noch weit auseinander.

Weshalb? Möglicherweise folgt Kunst einem grausamen Gesetz. Es lautet: Die Maximierung an Interaktion führt zu einer Minimierung an Qualität dieser Interaktion. Wo alle sich auf ein- und derselben Schreiboberfläche erproben, vertreiben sie aus dem entstehenden Textgebilde fast zwangsläufig jene Eigenschaften, die durch die gemeinsame Anstrengung eigentlich potenziert werden sollten: inhaltliche Tiefe, Evokationskraft, formale Stringenz, kurzum: literari-

---

4   http://userpage.fu-berlin.de/~cantsin/index.cgi
5   Vgl. Fußnote 3.

sche Qualität. Man muß nicht fanatisierter Anhänger eines hermetischen Lite-
raturbegriffs oder gar dem pseudo-elitären Geraune von der Leitkultur ver-
pflichteter Parteigänger sein, um zu erkennen, daß Basisdemokratie im Reich
der Ästhetik – und wohlgemerkt nur dort – keine erstrebenswerte Größe ist.
Über Literatur läßt sich diskutieren, Literatur erdiskutieren, herbeichatten läßt
sich nicht. Polemisch gesprochen: Wenn ein paar hundert adoleszente Jüng-
linge der Tastatur ihre schmachtenden literarischen Phantasien einbläuen, entstehen im Idealfall interessant bizarre Dada-Konstruktionen, sicher jedoch
kein zweiter *Don Carlos*. Nicht zufällig warten die Liebhaber digitaler Literatur bis heute vergeblich auf den sogenannten *Netz-Ulysses* (Hermann Rother-
mund). Joyce selbst war Einzelgänger und wäre wohl kaum auf die Idee
gekommen, sein Manuskript einem Passanten in Dublin zum Mitschreiben
anzuvertrauen.

b) Hypertextualität

Was bedeutet Hypertextualität? Von den mittlerweile unüberschaubar gewordenen Definitionsvorschlägen zum überstrapazierten Terminus „Hypertext"
scheint mir die Kennzeichnung Rainer Kuhlens (1991: 27) von Hypertext als
einem „Medium der nicht-linearen Organisation von Informationseinheiten"
die überzeugendste zu sein.

Nicht-Linearität meint hierbei schlicht, daß dem Leser mehrere Möglichkeiten der Lektüre beim Gang durch einen Text offenstehen, da dieser sich aus
unterschiedlichen Informationseinheiten zusammensetzt. Bei den Informationseinheiten kann es sich um Text in jeglicher Form handeln – Erläuterungen,
biographische Informationen, Kommentare, Quellenhinweise, Querverweise
usw. Dieser Text wiederum kann mit Informationseinheiten aus anderen
medialen Kanälen – Bilder, Töne, Videoanimationen – gekoppelt werden. Der
Rezipient ist nun in der Lage, mittels sogenannter „Links" zwischen diesen
unterschiedlichen Informationsebenen hin- und herzumanövrieren und sich auf
diese Weise seinen eigenen Weg, seine sogenannte „Leselinie" durch den
Hypertext zu bahnen.

Die Idee der Hypertextualität geht auf den Computeringenieur Vannevar
Bush zurück, im Zweiten Weltkrieg technischer Chefberater Präsident Roose-
velts. Bush entwarf 1945 in einem Gedankenexperiment eine Maschine, in die
jemand alle seine Bücher einspeichern könnte, nicht nur, um sie jederzeit
sofort an einem Sichtgerät zur Verfügung zu haben, sondern auch, um zu einzelnen Forschungsthemen Suchpfade quer durch die Literatur aufzuzeichnen,
Suchpfade, die dauerhafter sein sollten als jene des Gedächtnisses. Bush

nannte das Gerät Memex, *memory extender*, Gedächtniserweiterungsmaschine. Ihre Pointe war die Integration verschiedenster Text- und Bildquellen – und deren beliebige subjektive Verknüpfung.[6]

20 Jahre später ließ sich Bushs Idee mittels des Computers realisieren: Der Benutzer springt von verschiedenen Stellen des Bildschirms aus zu anderen Stellen seines Textes, er wechselt in Sekundensschnelle mittels der Links über das gerade geladene Dokument hinaus zu weiteren Datenobjekten, er findet Text, Bild und Ton beim Besuch eines Hypertextes gleichzeitig vor. Zentrales Argument der Hypertextualität bleibt bei alledem, daß die Präsentationsform des Dargestellten in vernetzt topologischen, nicht-linearen Strukturen dargeboten wird.[7] Entscheidend für literarische Hypertexte – und um die soll es ja gehen – ist nun das, was man in der Forschung als Link-Semantik bezeichnet. Gemeint ist damit die Art und Weise, wie die Verknüpfungen der in einen Hypertext integrierten Text- und Bildebenen organisiert sind, die Frage also nach der Struktur des Hypertextes, nach dem logischen Status seiner Verbindungen.

Elementar für gutgemachte digitale Literatur ist nun folgendes: Der Leser kann unterschiedliche Positionen des Textes zum Einstiegsort seiner Lektüre machen. Er bahnt sich seine eigene Leselinie durch den Hypertext und – wenn die Link-Semantik ausgefeilt ist – führen ihn mehrere Wege nach Rom, sprich: er vermag mehrere Geschichten aus dem Text-, Bild- und Tondschungel des digitalen Labyrinths herauszufiltern, oder aber er erkennt, daß es sich um eine einzige Geschichte handelt, die ihm aus vielfältigen Perspektiven dargeboten wird.

Derartige Hyperfictions – kanonischen Status haben die Stories *Afternoon* und *Twelve Blue* des Amerikaners Michael Joyce[8] erreicht – machen die Lektüre zu einem jig-saw Puzzle,[9] einer Art elektronischem Kreuzworträtsel, bei dem der Rezipient zum Detektiv wird, der sich die Teile der Geschichte zusammensuchen muß. Ob ein solches Kreuzworträtsel Interesse weckt, hängt von seiner Konstruktion, seinem Bau ab, und dieser Bau liegt in den Händen des Autors, der als Architekt und Bauherr fungiert. Der Rezipient durchschreitet

---

6   Vgl. zur Geschichte des Hypertextes Zimmer 2000: 52-61.
7   Der Begriff „Linearität" stammt ursprünglich aus der Mathematik. Hier bezeichnet er eine Beziehung, welche die durch sie verknüpften Größen in eine regelhafte Folge bringt. So ist etwa in der Geometrie mit dem linearen Verlauf einer Kurve ein geradliniger Verlauf bezeichnet, dessen Ausdehnung sich nach einer Richtung vollzieht und dessen Entwicklung dadurch voraussagbar wird.
8   http://www.eastgate.com/TwelveBlue/
9   Marie-Laure Ryan: Narrative as a Puzzle? In: http://www.dichtung.digital.de/Interviews/Ryan-29-Maerz-00/

anschließend das errichtete Gebäude. Er entscheidet, welche Zimmer er besichtigen will, welche nicht. In manchen wird er verharren, andere auf schnellstmöglichem Wege verlassen. Architekt des Hypertextes, Erbauer des digitalen Labyrinths ist er nicht.

Exakt mit diesem Bau des digitalen Hauses ist so mancher Architekt von Hypertext-Literatur momentan noch überfordert. Bei der Sichtung der Beiträge des renommiertesten deutschen Internet-Literaturpreises, dem Pegasus 98, zeigte ein überwiegender Anteil der eingereichten Geschichten meiner Einschätzung nach erhebliche Mängel, eben diese Link-Semantik betreffend. Ich nenne kursorisch die wichtigsten Problemfelder, in der Gewißheit, daß jeder, der schon einmal einen Hypertext durchschritten hat, auf das eine oder andere dieser Phänome gestoßen ist und sich selbst im Labyrinth des Hypertextes verirrte (vgl. Daiber 1999).

a) Der Leser ist sich unklar darüber, wie er den besten Einstieg in die Hypertextbasis findet.

b) Der Leser erkennt nach einigen Klicks nicht ohne weiteres mehr, an welcher Stelle des Hypertextes er sich gerade aufhält.

c) Der Leser hat Schwierigkeiten zu realisieren, welche Teile des Hypertextes von ihm bereits rezipiert wurden und welche nicht.

d) Der Leser stößt auf sogenannte „Lost-in-Hyperspace-Links", also auf Verbindungen, die ihn nicht weiterführen und von denen aus er auch nicht zurückgelangt. Zumeist bleibt ihm nichts anderes übrig als an den Anfang der Geschichte zurückzugehen, was mittels einer sogenannten Navigationsleiste auch möglich ist. Wer technisch unversiert ist und gleichzeitig einen Hang zur Ungeduld im Charakterbild aufweist, zieht an einer solchen Stelle auch gern einmal den Stecker aus dem Computer und holt sich eine Tasse Kaffee.

e) Der Leser vermag nicht abzuschätzen, wieviele Knoten im Netzwerk des Hypertextes noch durchzusehen sind.

f) Der Hypertext zeigt eine zu geringe Vernetzung seiner Teile, mit der Folge, daß der Leser sehr bald auf bereits Gelesenes oder Angeschautes stößt.

Hypertext ist ein mächtiges Instrument, aber es will wie jedes andere technisch komplexe Werkzeug gehandhabt werden. Dies vermögen in puncto digitaler Literatur momentan noch wenige. Dies spricht m.E. nicht gegen das Medium, sondern verweist weitaus eher auf die Kürze des Zeitraums, den es uns zur Verfügung steht.

Liegt es hier demnach, das El Dorado digitaler Literatur? Der Beweis ist noch zu erbringen, das technische Instrumentarium erscheint aber vielversprechend. Auch hier läuft die Problemstellung neben der Link-Semantik auf die Binsenweisheit hinaus, daß literarische Qualität unabdingbare Voraussetzung auch jeglicher Hypertextualität ist. Eben diese literarische Qualität wird in den digitalen Räumen des Netzes momentan noch schmerzlich vermißt. Ein Nichts an Sprache bleibt ein Nichts, selbst wenn es technisch noch so aufgeblasen ist. Mehr noch: Der technische Aufwand macht seine Nichtigkeit umso sichtbarer. Wir schaffen so elaborierte Informationskanäle, und wir vermögen uns so wenig zu sagen.

An dieser Stelle muß auf eine terminologische Verwirrung hingewiesen werden, die einen guten Teil der Forschungsliteratur durchzieht: Die Darstellung der Information in einem Hypertext ist nicht-linear, vernetzt, verschachtelt, multi-dimensional. Die Rezeption dieser nicht-linear dargestellten Informationseinheiten erfolgt jedoch linear. Linear in dem Sinne, daß einem Hypertextleser gar nichts anderes übrig bleibt, als sich in einer Hypertextsitzung Schritt für Schritt in linearer Abfolge seine Pfade durch den Hypertext zu schlagen. Dies ist insofern wichtig, als dieses Argument auch auf die Struktur des Hypertextes selbst anwendbar wird. Die Tatsache, daß ich Information formal nicht-linear darzubieten vermag, verlangt nicht zwangsläufig, auch den Inhalt des Dargestellten einer nicht-linearen Struktur zu unterwerfen.

Es erscheint mir offen gesagt fragwürdig – so wie in den meisten Debatten um digitale Literatur geschehen –, Linearität als einen Fluch darzustellen, von dem sich der technisch und kulturell emanzipierte Autor und seine Leser nicht schnell genug reinwaschen können. Die Tatsache, daß eine digitale Erzählung einen Anfang, eine Mitte und ein Ende haben könnte – bei allen Rückblenden, Vorausdeutungen, simultanen Erzählsträngen, wechselnden Figurenperspektiven, die ja auch gedruckte Literatur seit langem kennt – und daß dieser Anfang, diese Mitte, dieses Ende kausal miteinander verbunden sind, entspricht unserer im Schmelztiegel der Evolution geformten Wahrnehmungsmentalität. Die Linearität der Erzählung rührt mit anderen Worten an unsere conditio humana. Sie entspricht – oder entsprach sie? – auf das Humanste unserer Art und Weise die Welt zu erfahren. Weshalb Linearität um jeden Preis eliminieren?

Diese Überlegung auf die Struktur des Hypertextes gewendet: Nicht-Linearität auf der Seite der Form muß nicht zwangsläufig und durchgängig zu einer Nicht-Linearität auf der Inhaltsseite führen. Meine These ist folgende – und es ist momentan nicht mehr als eine These, da empirische Studien noch weitgehend fehlen: Ein vollkommener Verzicht auf lineare, chronologische Linien innerhalb der Erzählung – also Nicht-Linearität auf der Inhaltsseite – dekonstruiert die Nicht-Linearität der Form des Hypertextes zu einer amorphen Masse, die kaum einen Leser online halten wird. Die durchschnittliche Dauer einer Internet-Sitzung beträgt momentan eine halbe Stunde, die durchschnittliche Verweildauer bei einer Webseite 55 Sekunden. Am Bildschirm wird wenig gelesen und viel geblättert. Dies im Hinterkopf, scheint mir jeglicher Verzicht auf organisierte Abfolge innerhalb der Linie der Erzählung in puncto digitaler Literatur fatal. Ein solcher Verzicht wird bei den meisten Lesern nicht gesteigertes Dechiffrierinteresse, sondern schlicht und ergreifend Langeweile angesichts ausbleibenden Text- und Bildverständnisses hervorrufen und zwangsläufig den Akt des Wegklickens nach sich ziehen. Bereits Umberto Eco (1989) hat in seiner berühmten Definition des offenen Kunstwerks darauf aufmerksam gemacht, daß der Versuch, mehrere Bedeutungsebenen zu konstruieren und das Werk dadurch zu „öffnen", stets mit der Gefahr gekoppelt ist, auf Rezipientenseite Unverständnis und Ratlosigkeit zu gerieren und den Leser aus dem Tempel der Kunst zu verjagen.

Aus hermeneutischer Perspektive gilt der Grundsatz, daß Leseinteresse nur durch eine schrittweise Abnahme der Informationsdifferenz zwischen Text und Rezipienten erzeugt werden kann. Der Rezipient unterzieht sich mit anderen Worten nur dann der Mühe der Rekonstruktion einer ihm unbekannten Weltversion, wenn der Text ihn zuvor mit Bekanntem zur Lektüre eben dieser Weltversion reizt. Erst dieses Wechselspiel von Bekanntem und Unbekanntem, von kontingenten und kohärenten Bausteinen sichert Aufmerksamkeit. Diese für die Buchliteratur gültige Erkenntnis behält möglicherweise auch für digitale Literatur Relevanz und läßt sich nicht ohne weiteres aushebeln. Konkret und als Formel ausgedrückt: Je nicht-linearer Text- und Bildorganisation auf der Seite der Form präsentiert werden, desto notwendiger ist es, die Flut der Information inhaltlich auf einen rezipierbaren Algorithmus zurückzuführen. Vieles spricht dafür, daß die Linearität der Erzählung ein unverzichtbarer Bestandteil dieses Algorithmus' ist.

Es bleibt also abzuwarten, welche ästhetische Struktur die nächste Generation der Hypertexte aufweisen. Jene einer verstärkt nicht-linearen Informationsaufbereitung, die dann auf eine veränderte Wahrnehmungsmentalität beim Rezipienten stoßen müssen. Oder aber – wovon ich ausgehe – jene einer Mischform, sprich: eines ausbalancierten Wechselspiels zwischen nicht-linearer, kontingenter und linearer, kohärenter Informationsaufbereitung.

c) Multimedialität

Neben der Hypertextualität liegt hier das machtvollste Instrument digitaler Literatur, jener mediale Zuwachs im Hinblick auf Buchliteratur, der diesen Namen verdient. Multimedialität: Es scheint auf den ersten Blick jedem einzuleuchten, was gemeint ist und wie es funktioniert. In den Computer lassen sich mehrere Sinneskanäle integrieren. Riech-, Tast und Temperatursinn bleiben zwar momentan noch weitgehend ausgeschlossen, die Fusion von Text, Ton und Bild ist jedoch am Medium Computer vollzogen. Mittlerweile hat diese Fusion aufgrund verbesserter Software ihre anfänglich frustrierende Ungelenkigkeit verloren und wird sie weiter verlieren. Der Grund liegt in der professionalisierten Multimedialisierung des Netzes, der sich ihn den nächsten Jahren machtvoll entfalten wird. Dies hat zum einen mit einer extremen Beschleunigung des Datentransfers zu tun.[10] An US-Universitäten ist bereits für Teile des Wissenschaftsbetriebs ein Netz namens „Abilene" in Betrieb, das die momentane Übertragungsgeschwindigkeit per Modem und Telefonnetz 45 000facht. Extreme Fortschritte im Netz wird es zudem überall dort geben, wo es um Bildübertragung- und bearbeitung geht, gleichgültig, ob dieses Bild bewegt oder unbewegt ist. Optimierte Kompressionsverfahren werden indizierte Bilddateien immer kleiner halten und die Bilder ohne Verlust an Farbtiefe auf dem Schirm hochaufgelöst in Sekundenschnelle reproduzieren. Ein Werkzeug wie etwa die Animationssoftware *Flash* lehrt bereits jetzt die digitalen Picturae ohne allzu enervierende Wartezeiten laufen.

Diese Möglichkeit eines von technischer Seite her zunehmend ausgereiften Wechselspiels von Wort und Bild gewinnt – diese Prognose wage ich – für digitale Literatur immer stärker an Bedeutung. Die digitale Literatur des 21. Jahrhunderts wird – gleichgültig, ob einem dies gefällt oder nicht – in gleichem Maße vom Design der Bilder, Töne, Animationen wie von der Komponente des Textes abhängen.

Die möglichen Einwände gegen eine derartige Literatur liegen auf der Hand und sie werden erhoben. Der Internet-Theoretiker und Verleger digitaler Literatur Beat Suter etwa sieht für die Zukunft ein „Klickibunti" Spektakel[11] herannahen, in dem die aufs Äußerste forcierte Animation den Text zu erdrücken droht und Lesen im eigentlichen Sinne nicht mehr stattfindet. Digitale Literatur wäre dann eher Film als Literatur, eher Bildbetrachtung als Wortrezeption, eher Ästhetik des Events als Ästhetik des Worts.

---

10   Vgl. zu folgendem Johnson 1999.
11   http://www.iasl.uni-muenchen.de/

Ich sehe diese Gefahr und teile Suters Bedenken. Gleichzeitig neige ich dazu, die Chance zu betonen, welche für die Literatur aus der neuen Technologie erwächst. Betrachtet man das angesprochene Problem aus der Perspektive der Literaturwissenschaft, erkennt man, daß es uralt ist. Der Kampf Wort gegen Bild, Bild gegen Wort tobt bereits in der Antike. „Der Geist wird durch das Ohr langsamer erregt als durch das Auge" resümiert Horaz um 18.v.Chr. in seiner *Ars poetica*, wo er die Wirkung einer rein sprachlichen Erzählung mit der Wirkung des Theaters vergleicht. Prediger aller Weltanschauungen realisierten in der Folge lange vor jedem Marketing, daß ein Bild mehr sagen kann als tausend Worte. Der Grund: Es zielt unmittelbarer auf unsere Affekte als dies die Sprache tut, auf eine Größe, welche die Linguistik als Appellfunktion jedes kommunikativen Akts bezeichnet.[12] Aus neurophysiologischer Perspektive kommt hinzu, daß unser visuelles Gedächtnis weit dauerhafter als unsere Erinnerung an Texte ist. Aus diesem Grund vergessen wir eher einen Namen als das zu ihm gehörige Gesicht. Wir erinnern, daß ein Zitat in der oberen linken Ecke einer Seite positioniert war, selbst wenn wir den Wortlaut des Zitats nicht mehr kennen. Dies führte in der Geschichte der Mnemotechnik zum Bau sogenannter Erinnerungspaläste, mental konstruierte Räume, in deren visualisierten Zimmern abstraktes Wissen deponiert wurde.[13]

Nun funktioniert der simple Dualismus Bild = Emotion, Affekt, intakte Erinnerung / Wort = rationaler Diskurs, Abstraktion, schnelles Vergessen längst nicht in dieser schematischen Absolutheit. Gerade die Metaphorik der Poesie hat laut Aristoteles die Funktion, abstrakte Begriffe mittels Übertragung in sprachliche Bilder zu kleiden. Mit anderen Worten: Auch Sprache lebt von Bildern. Dies bestätigt uns wiederum die moderne Neurophysiologie, welche betont, daß unser Gehirn ein parallelverarbeitendes System bildet, in welchem Bild- und Textverarbeitung ineinander verflochten und zeitgleich, nicht getrennt voneinander und zeitversetzt vonstatten gehen. Wir denken, wenn wir fühlen und vice versa (vgl. Arnheim 1996).

Im Umkehrschluß – gerade Literaten und Literaturwissenschaftler sind für ihn anfällig – wurde immer wieder eine Nobilitierung des Wortes über eine Degradierung der Visualität vorgenommen. Auch dieser Diskurs in der Literaturwissenschaft ist uralt. Er findet einen Höhepunkt in Lessings berühmter *Laokoon*-Studie. Das Bild – so Lessing – könne nur einen einzigen festgefrorenen Augenblick bewahren. Bilder eignen sich für Lessing daher ausschließlich zur Wiedergabe dessen, was im Nebeneinander des Raumes gegeben und

---

12   Vgl. zu diesem Themenkomplex Gombrich 1984.
13   Zur Kunst der Mnemotechnik siehe Yates 1990.

räumlich erfahrbar ist. Da das Bild ausschließlich in der Sphäre des Raums operiere, sei diesem so Lessing weiter, die Möglichkeit jeglicher Darstellung des Sich-Veränderns der Dinge in der Zeit verschlossen. Da das Bild nur den einzigen Augenblick abzubilden vermag, verfällt Lessing übrigens in Anlehnung an Winckelmann auf die interessante Idee, daß dieser dargestellte Augenblick nicht häßlich sein dürfe.

Dies alles ist so wohl nicht haltbar. Logisch betrachtet führt die Idee, daß es einen Moment geben könnte, in dem keine Bewegung stattfindet, zu den Paradoxien Zenons, bei welchem Achill einen Wettlauf mit einer Schildkröte verliert oder ein Pfeil während des Fluges stillsteht (vgl. Sainsbury 1993: 11-35). Die Auflösung der Paradoxien besagt: Selbst die kürzeste Momentaufnahme hält Bewegungsspuren fest, es existiert kein Augenblick außerhalb der Zeit. Die von Lessing aufgestellte Dichotomie von Raum und Zeit erwies sich zudem als obsolet angesichts der Entdeckungen von Photographie, Film, Video und Computer.

Weshalb überhaupt Bild und Wort gegeneinander ausspielen?, ließe sich für digitale Literatur mit jedem Recht fragen. Weshalb Oppositionen betonen und nicht kreative Koexistenzen? Ut pictura poesis – wie ein Bild sei das Gedicht, dieses von der Renaissance mißdeutete Zitat aus Horaz *Ars poetica* führte zum Mimesis-Prinzip und der bis ins 18. Jahrhundert erhobenen programmtischen Forderung nach einer Dichtkunst, welche die Wirklichkeit naturgetreu, ähnlich einem Bilde darzustellen habe. Ut pictura poesis verweist jedoch auch auf einen anderen Zusammenhang, eine tieferliegende Korrespondenz zwischen Wort und Bild. Diese tiefere Korrespondenz – so meine These – bildet die Basis jeglicher Multimedialität. Und letztlich könnte eine Besinnung auf die Wurzeln dieses Zusammenhangs die Literatur der Zukunft prägen. Denn digitale Literatur ist von ihren technischen Voraussetzungen her – erstmals in der Geschichte der Literatur in der Lage, diese Korrespondenzen von Wort und Bild in weitem Umfange zu nutzen.

Von welchen Korrespondenzen spreche ich? Betrachten wir uns in diesem Zusammenhang die Emblematik des Barock. Ein Emblem ist bekanntlich dreiteilig aufgebaut. Es verfügt über ein Bild, die pictura (auch Icon, Imago oder Symbolon) genannt. Über diesem Bild erscheint in der Regel eine kurzgefaßte Überschrift, die sogenannte Inscriptio. Die Inscriptio gibt so etwas wie eine aus dem Bilde abgeleitete Devise an, eine knappe Sentenz, eine sprichworthafte Feststellung oder ein lakonisches Postulat als Reflex auf das Abgebildete. Unter dem Bild steht schließlich die subscriptio, die das im Bilde Dargestellte erklärt und auslegt und aus dieser Bilddeutung häufig eine allgemeine Lebensweisheit oder Verhaltensregel, zumeist in Form eines Epigramms zieht (vgl.

Schöne 1993). Entscheidend für meine Überlegungen ist nun Folgendes: Inscriptio und Subscriptio sollen so etwas wie eine Rätsellösung des im Bilde Dargestellten mittels des Mediums der Sprache leisten. Abbildung und Auslegung, Darstellung und Deutung des Dargestellten mittels Sprache – dies ist der Kern barocker Emblematik. Dem Bilde wohnte mit anderen Worten neben seiner reinen Darstellungsfunktion ein rätselhafter, enigmatischer Charakter inne, welche eine Deutung durch das Wort verlangte.

Die interessantesten Darstellungen emblematischer Picturae stellen rätselhafte, geheimnisvolle Zeichen dar, die der Deutung durch das Wort dringend bedürfen. Chimären, Zentauren, weibliche Gestalten ohne Kopf, enigmatische Darstellungen historischer, mythologischer oder biblischer Figuren, die in seltsame Bildumfelder hineinversetzt werden. Das Rätsel, das Enigma, speiste sich dabei aus den Reizen der raritas, novitas, obscuritas. Es waren genau diese Reize des rätselhaft Dunklen, geheimnisvoll Ungewöhnlichen und auch bizarr Absonderlichen, welche den Erfolg, die Aufnahme und Verwendung der Emblemata in weiten Kreisen der Rezipienten sicherten und welche gleichzeitig nach einer Auslegung des Dargestellten durch das Wort verlangten.[14] Diese Doppelfunktion des Deutens und Darstellens speist jede geglückte Wort-Bild-Beziehung.

Für die Literaturform des 21. Jahrhunderts, für digitale Literatur, meint dies nicht, die Picturae der Renaissance- und Barock-Hieroglyphik einzuscannen und animierten Epigrammen gegenüberzustellen. Was digitale Literatur aus literarischer Tradition vielmehr lernen kann, ist folgendes: Einerseits bedarf es einer Korrespondenz zwischen Wort und Bild, d. h. eines wie auch immer gearteten logischen Bezuges, einer Abfolge, eines Sinnzusammenhangs, einer – *horribile dictu* – linearen Struktur.

Andererseits – und das eine ist hier ohne das andere nicht zu haben – darf sich dieser Bezug in der Wort-Bild-Beziehung im Gesamtbau eines Hypertextes nicht in dieser bloßen Korrespondenzfunktion erschöpfen.

Das Wort muß mehr sagen, als im Bilde zu sehen ist. Das Bild muß mehr zeigen, als sich durch das Wort erklären läßt. Man hat diese Wort-Bild-Funktionen als Konnotationsfunktion bzw. Konfrontationsfunktion bezeichnet und beschreibt damit doch letztlich nur, was das Barock bereits mit den Kriterien der novitas, raritas, obscuritas umkreist hat. Beispiele derartiger Wort-Bild-Korrelationen existieren im Netz noch wenige, aber sie existieren und es sind die geglücktesten Beispiele digtialer Literatur, welche von ihnen Gebrauch machen.

---

14   Eine Fülle an Bildbeispielen liefern Henkel & Schöne (eds.) 1967.

Als Beispiel kann hier das Projekt *Digital Troja* [15] von Fevzi Konuk dienen, Preisträger des net award 1998. Konuk unternimmt, so unterricht die Startseite, mit seinem Digital Troja den Versuch, „eines ästhetischen Vergleichs zwischen dem Trojanischen Krieg mit seinen Helden und Göttern und den Auseinandersetzungen mit den Helden, Handys und Maschinen der Gegenwart". Den Kern von *Digital Troja* bilden jene Passagen, in denen Konuk mit Wort-Bild-Beziehungen auf eine Weise spielt, die in der Tradition barocker Emblematik stehen. Die Eröffnungsseite listet einige Hauptfiguren der Illias auf: Aphrodite, Helena, Paris, Achilles, Hera, Athene, Kassandra. Über jede dieser Figuren führt ein Link zu einer Seite, die eine Grafikdatei enthält. Die Grafiken ähneln im Grunde Plastiken, die zur Bewegung fähig sind. Als Beispiel diene hier die Grafik von Paris. Die Choreographie des Bildes ist durchkomponiert. Der metallne Hintergrund korrespondiert farblich mit dem künstlichen Glanz der Haut, die Diagonale verbindet die Schiffe in der linken unteren Bildhälfte mit dem brennenden Troja. Dazwischen, eingekeilt und wie auf der Flucht, Paris.[16] Er scheint der Szene entfliehen zu wollen, auf den Betrachter zu, so als würde ihm dort Hilfe zuteil. Die Auswegsloskeit der Szenerie wird technisch dadurch gestützt, daß die im Gif-Format angelegte Bilddatei und die mit ihr gekoppelte Tondatei in einer Endlosschleife, einem sogenannten Loop, programmiert ist. Die Technik stellt gleichsam den Käfig bereit, in dem sich Paris wie Rilkes berühmter Panther ohnmächtig um seine eigene Mitte dreht, ganz so, als gäbe es aus einem Jahrtausende alten Schicksal kein Entrinnen. Zugleich vollzieht das digitale Emblem in diesem Loop einen Schritt über die Jahrtausendwende, indem die Inscriptio einen etwas banalen Vergleich zum Lewinsky-Skandal Bill Clintons zieht, oder aber: etwas subtiler, die Choregraphie des Bildes einer berühmten Sequenz aus Hitchcocks *Der unsichtbare Dritte* nachvollzieht. Es ist jene Szene, in der Cary Grant als ahnungsloser Werbefachmann Roger Thornhill von einem Flugzeug auf einer einsamen Landstraße attackiert wird. Rechts von der Grafik führen – der Inscriptio barocker Emblematik ähnlich – Verbindungen über die Namen der Figuren zu der Ebene des Wortes. Klickt man sie an, können Tondateien aufgerufen werden, auf denen die Geschichte der Illias in einzelne Kapitel gegliedert zu sehen und zu hören ist. Andere Links laden Videoanimationen, die das antike Geschehen in Korrespondenz zum Golfkrieg bringen, Bill Clinton oder jemand, der wie Bill Clinton klingt, ist zu hören, ein Angebot zur Analogiebildung Konuks, welches, obschon technisch furios gemacht, fragwürdig erscheint.

---

15   http://www.hyper-eden.com/digitaltroja/anim4.html.
16   Vgl. die Rezension von Roberto Simanowski: „Fevzi Konuks ‚Digital Troja'. Ernst und Komik bewegter Bilder", in: http://www.dichtung-digital.de/Simanowski/10-Nov-99.

Dies ist jedoch für die hier zu belegende These irrelevant. Was gezeigt werden sollte, ist eine Ästhetik digitaler Literatur, die auf einem Zusammenspiel von Wort und Bild fußt und eine Möglichkeit für deren multimediale Zukunft enthalten könnte. Die Wurzeln dieser Konnations- Korrespondenz- und Konfrontationsfunktionen von Wort und Bild gründen in der Emblematik des Barock.

Mit einem zentralen Unterschied: Bei aller Rätselhaftigkeit und allem Schleier an Bedeutung, der über der barocken Pictura des Emblems liegen sollte, ließ sich die Idee, die Bedeutung, der Sinn des Bildes letztlich über den Text aufschließen. Dieser Sinn war fixierbar, die Welt als Schöpfung Gottes auf ein eindeutiges Muster hin interpretierbar. Auf ein solch verbürgtes Wissen können und wollen das 21. Jahrhundert und die in ihm dominierenden ästhetischen Formen nicht mehr blicken.

In Konuks Konzept heißt es am Ende, wohl an den Rezipienten gerichtet: „Wie fängt man Wilde? Mit Tand und Glasperlen." Damit enthüllt das technologische Feuerwerk seinen ontologischen Status. Nachdem der Mensch einstmals, kopernikanisch belehrt, seinen kosmologischen Mittelpunkt verlor, muß er heute, gleichermaßen postmodern zu Ende aufgeklärt, auch den perzeptiven Mittelpunkt in sich selbst in Frage stellen lassen. Darum weiß, und dies enthüllt die Multimedialität digitaler Literatur, ihr „Klicki-Bunti" Spektakel, ihr Lob der Oberfläche, ihre Ästhetik des Events.

An die Stelle der Linie, welche als Metapher für die entscheidende Rezeptionsfigur des Buches fungieren kann, tritt bei digitaler Literatur die Metapher des Netzes, des Rhizoms. Das Rhizom[17] bietet eine anti-hierarchische Struktur, ein System von Verweisen und Deutungen, dessen Verzweigungen keinen Mittelpunkt besitzen, kein Logos-Zentrum, in dem ein letzte Bedeutung fokussiert wäre. Gleichrangige Welt- und Erklärungsmodelle treten einander gegenüber. Bedeutungen changieren, Bedeutungszusammenhänge werden komplexer. Deutlich wird: Nichts ist länger eindeutig. Das Welträtsel läßt sich im Sinne digitaler Literatur nicht lösen, selbst die Frage danach erscheint einigermaßen sinnlos. Wir finden Bruchstücke des Puzzles, das gesamte Bild setzen wir niemals zusammen. Versuchen wir es dennoch, geraten wir ein wenig in die Situation Melbas, der opportunisitschen Geliebten Steve McQueens in Norman Jewisons Pokerfilm „Cincinnati-Kid". Melba sitzt frustriert vor einem vielteiligen Puzzle-Spiel, dessen Stücke auf dem Esszimmertisch ausgestreut liegen. Die junge Frau verharrt aber nicht in Trübsal, sie weiß sich zu helfen. Eine

---

17   Vgl. dazu: Beat Suter: „Hyperfiktion und interaktive Narration", in: http://www.dichtung-digital.de/Rahmen.htm

Schere liegt neben Melba. Ab und an, wenn die Suche nach dem richtigen Teilchen zu lange währt, nimmt sich Melba irgendein Puzzle-Stückchen von der Oberfläche des Esszimmertisches, schneidet es passend und hämmert es anschließend mit der Faust ins entstehende Bild. Irgendwann sind alle Teile untergebracht. Das Puzzle ist zu Ende gespielt. Die Kamera aber – und mit ihr das Auge des Betrachters – schwenkt von dem entstandenen Gebilde zur Zimmerdecke hin ab.

Literatur

Arnheim, Rudolf [7]1996: *Anschauliches Denken: Zur Einheit von Bild und Begriff*, Köln: DuMont.

Bolz, Norbert 1993: *Am Ende der Gutenberg-Galaxis. Die neuen Kommunikationsverhältnisse*, München: Fink.

Coover, Robert 1993: „Hyperfiction: Novels for the Computer", in: *New York Times Book Review* vom 29. August 1993: 1, 2, 5.

Daiber, Jürgen 1999: „Literatur und Nicht-Linearität: Ein Widerspruch in sich?", in: *Jahrbuch für Computerphilologie* 1 (1999): 21-38.

Eco, Umberto 1989: „Die Poetik des offenen Kunstwerks", in: ders.: *Im Labyrinth der Vernunft*, Leipzig: Reclam, 113-141.

Gadamer, Hans-Georg 1977: *Die Aktualität des Schönen. Kunst als Spiel, Symbol und Fest*, Stuttgart: Reclam.

Gombrich, Ernst H. 1984: „Das Bild und seine Rolle in der Kommunikation", in: ders.: *Bild und Auge. Neue Studien zur Psychologie der bildlichen Darstellung*, Stuttgart: Klett-Cotta, 135-159.

Henkel, Arthur & Albrecht Schöne (eds.) 1967: *Emblemata. Handbuch zur Sinnbildkunst des XVI. und XVII. Jahrhunderts*, Stuttgart: Metzler.

Johnson, Steven 1999: *Interface Culture. Wie neue Technologien Kreativität und Kommunikation verändern*, Stuttgart: Klett-Cotta.

Kant, Immanuel 1913: „Kritik der Urteilskraft", in: *Kant's gesammelte Schriften*, Akademie-Ausgabe Bd. 5, Berlin: de Gruyter.

Kuhlen, Rainer 1991: *Hypertext. Ein nicht-lineares Medium zwischen Buch und Wissensbank*, Berlin/Heidelberg: Springer.

Landow, George P. 1997: *Hypertext 2.0. The Convergence of Contemporary Critical Theory and Technology*, Baltimore: Johns Hopkins University Press.

Sainsbury, R.M. 1993: *Paradoxien*, Stuttgart: Reclam.

Schöne, Albrecht ³1993: *Emblematik und Drama im Zeitalter des Barock*, München: Beck.

Yates, Frances A. 1990: *Gedächtnis und Erinnern*, Weinheim: VCH.

Zimmer, Dieter E. 2000: *Die Bibliothek der Zukunft. Text und Schrift in den Zeiten des Internet*, Hamburg: Hoffmann und Campe.

Bernhard J. Dotzler

Virtual Textuality

oder: Vom parodistischen Ende der Fußnote im Hypertext

> „*On reste ici*", hatte er schließlich be-
> fohlen, so, als beziehe er eine letzte
> Verteidigungsstellung.
>
> John le Carré, *Agent in eigener Sache*

Etwas Neues über die *tools, features* und *performance characteristics* von *Hyperfiction* und *Netzliteratur* zu sagen, sei angesichts eines Mediums, zu dem gerade das Neueste immer schon alle Spatzen von den Dächern pfeifen, gar nicht erst versucht. Statt dessen werden im folgenden nur einige vereinzelte Beobachtungen vor- oder zusammengetragen – auch das im Wissen, eher Bekanntes vorzubringen (selbst wenn die Jahreszahl 2000 im Impressum des einen oder anderen Beispiels steht). Aber vielleicht ist ein Rückgriff auf Elementarkenntnisse ja durchaus angebracht, wenn man bedenkt, daß ausgerechnet eine Autorin mit dem computergerechten Namen Katharina Hacker (Jahrgang 1967: „Der Generationenwechsel ist vollzogen" – siehe unten) ihren Netzauftritt unlängst mit folgendem Kommentar versah: „Da ich Word nicht benutze, versuche ich eine andere Version. Haben Sie mir etwas in der binären Datei geschickt? Die zu öffnen, bin ich nämlich auch nicht in der Lage. Sorry. Ich fürchte, ich weiß nicht so sehr viel mehr, als wo oben und wo unten ist beim Computer" (Hettche & Hensel 2000: 8).

1 Fußnoten zur Fußnote

Die Kernoperation, um die es „beim Computer", also bei Hypertexten geht – Hypertexte definiert als „nichtlineare digitale Dokumente" (Bollmann & Heimbach eds. 1996: 459) –, ist zweifellos der Link oder Hyperlink. Man kann ihn einerseits als eine Art „vervollkommneter Fußnote" ansehen (vgl. Kittler 1998: 195). Andererseits bewirkt die Vervollkommnung einen entscheidenden Unterschied. Fußnoten konstituieren ein Verweissystem, sowohl was den Bezug zwischen Textstelle und Anmerkung angeht, als auch mit Blick auf die Anmerkungen selbst, deren statistisch überwiegender Teil wohl ihrerseits aus Verweisen auf andere Literatur besteht. Hyperlinks dagegen verweisen nicht, sondern verbinden. „Der Link in einem Hypertext steht also nicht als Signifikant für etwas anderes, der Link *ist* die Verbindung zu dem Bezeichneten" (Ritz ed. 1998: 5). Er überbietet die Macht der Zeichen dadurch, daß er Schaltung ist. Der Urtyp aller nichtlinearen, digitalen Dokumente implementiert nichts anderes als solche Schaltungen. Die historisch und systematisch ersten elektronischen Texte waren und sind nämlich Computerprogramme. Ohne sie gäbe es keine Hypertexte, wenn anders jeder Hypertext „aus zwei verschiedenen Texten [besteht]: dem, der auf dem Bildschirm zu sehen ist, und dem Programmtext" (Ortmann 1998: 141, Anm. 64).[1] Die Kunst des Programmierens, die mit dem Sprungbefehl beginnt: ob offen und etwas verpönt als GO TO-Anweisung, oder ob elegant und versteckt als bedingter Befehl IF... THEN..., WHILE... DO... etc. (vgl. Knuth 1992a) – diese Kunst gibt daher die eine Vergleichsrichtung vor.

Die andere ist aber eben die Fußnote. Einerseits koextensiv mit der Technik des Buchdrucks,[2] steht sie andererseits in einem genuinen Spannungsverhältnis zur Linearität der Schrift im allgemeinen wie der, sagen wir, Erzählliteratur im besonderen. Um dafür (im Sinne der angekündigten Einzelbeobachtungen) ein prominentes Beispiel zu geben: „Longtemps, je me suis couché de bonne heure", so beginnt, wie man weiß, Prousts *Recherche du temps perdu*. Die Korrekturfahnen dieser *Recherche* gehören zu den berühmtesten im (frei nach Malraux 1987) imaginären Literaturarchiv der Moderne. Sie sehen aus wie ein großer Verzweiflungsakt, wie ein Ausbruch aus der Linearität der Schrift, bezeugen aber im Gegenteil ein einziges großes Bemühen der Einpassung in ebendiese Linearität.

Daß Proust mit ihr seine Mühe haben mußte, hängt nicht zuletzt mit der Instantaneität zusammen, die er als Zeit-Erfahrung beschwört – und in deren Namen er nicht umsonst andere Medien, vor allem die Photographie, zum Vergleich heranzieht. Das „wahre Leben" – „jenes Leben, das [...] in jedem Augenblick wohnt" – „ist die *Literatur*", soll einerseits gelten, um andererseits dagegenzuhalten, daß aber die meisten Menschen dieses wahre Leben nicht sähen, weil zwar auch „ihre Vergangenheit von unzähligen *Photonegativen* angefüllt" sei, diese jedoch „ganz ungenutzt" blieben, „da ihr Verstand sie

---

1   Für ein kalkuliertes Spiel mit dieser Doppelung von Sub- und Hypertext vgl. Berlich 1999.
2   Was sich gerade an ihrem verzögerten Auftreten zeigt, das zusammenfällt mit der Emanzipation des Buchdrucks vom Vorbild mittelalterlicher Handschriften. Zum Unterschied zwischen der im Mittelalter gepflegten Annotierung in Form von Glossen und dem modernen Anmerkungsapparat vgl. Genette 1989: 305 sowie Grafton 1995: 43. Zur Fußnote als einer „typische[n] Errungenschaft des Buchdrucks" s. ferner (mit zahlreichen weiterführenden Literaturangaben) Cahn 1997.

nicht ,entwickelt'" habe (Proust 1979: 3975; meine Herv.). Was Wunder, daß Prousts Unterfangen nicht nur schwierig war, sondern ihm auch einen bemerkenswerten Schluß eintrug. Man kann bewundern, wie vollkommen sich Anfang und Ende des Romans zusammenbiegen („Longtemps,..." – „...dans le Temps"). Aber die letzten Zeilen der letzten Seite (zumindest der benutzten Ausgabe) bilden dann eben doch einen Nachtrag: eine Fußnote, die den manu-typo-skriptoralen Zwischenzustand der Korrekturfahnen noch im Druckbild der Endfassung bewahrt.

Ausgerechnet der Roman, der die Linearität des Erzählflusses wie kein anderer ausschöpft, erinnert damit an die Unmöglichkeit strikter Linearität. Jeder Text (das Wort memoriert es ja) ist per se: Gewebe. Ein Postavantgardist wie Josef Hiršal hat daraus die Konsequenz gezogen und seine Geschichte – in Kombination der Hingabe an die Erinnerung à la Proust und einer Textbeflissenheit à la Heißenbüttel – gleich überwiegend auf Fußnoten verteilt. Einem „kurzen Grundtext" folgen umfangreiche „Anmerkungen" und noch umfangreichere „Anmerkungen zu den Anmerkungen" und schließlich sogar eine „Anmerkung zur letzten Anmerkung in den Anmerkungen zu den Anmerkungen" (Hiršal 1994: 5, 91).[3]

Spätestens Weiterentwicklungen wie diese lassen die oft gestellte Frage nach literarischen Hypertextvorwegnahmen berechtigt erscheinen. Weil die Anfänge dieser Debatte mit der weltweiten Euphorie für lateinamerikanische Erzähler(innen) zusammenfiel, dürfte Julio Cortázar – dank *Rayuela,* 1966 – der meistgenannte Miterfinder sein, gefolgt von den Oulipo-Protagonisten Queneau und Calvino. Unbeachtet (was den Hyperfiction-Kontext angeht) blieb dagegen der bereits 1951 erschienene Roman eines Ernst von Salomon mit dem Titel: *Der Fragebogen.* Schon dieser Titel signalisiert seine ungewöhnliche formale Struktur. Das Sujet fungiert als Textgenerator, indem seine Rubriken die Geschichte des Ich-Erzähler-Subjekts organisieren. Notwendig kommt es so zu fortwährenden Lesesprungbefehlen wie unter Frage 127 und 128: „siehe Antwort auf Frage 125" (von Salomon 1988: 517).[4] Weil der Roman damit aber nur die Technologie umsetzt, aus der sich – abstammend von den Lochkartenmaschinen Herman Holleriths[5] – das Hypertext-Medium Computer entwickelt hat, gebührt ihm vielleicht mehr als jedem anderen die Anerkennung als Vorschein der aktuellen Literatur-Experimente, und zwar um

---

3   Mit Dank an Carena Schlewitt und Dirk Baecker. Der explizite Bezug auf Heißenbüttel wird hergestellt durch die Motti aus Heißenbüttel 1961.
4   Für die vermutlich erste literarische Erwähnung vgl. Dos Passos 1997: 22: „Der Fragebogen ist das Genialste, was in Deutschland gibt."
5   Zur mediengeschichtlichen Situierung der Hollerith-Maschine vgl. demnächst Dotzler 2001.

so mehr, als er damit implizit darauf hinweist, daß Literaturtheorie und Technologie *nicht* erst durch PC und Internet konvergieren (vgl. Landow 1992; demnächst Schumacher 2001).

2   Alles ist Text?

Wie in der Wissenschaftsgeschichte ist aber auch in der Mediengeschichte das „Virus der Vorläufers" (J.T. Clark, zit.n. Canguilhem 1979: 33) so ansteckend wie darum eher einzudämmen, als daß seiner Epidemie noch Vorschub geleistet werden müßte. Das „Spiel der Wiedererkennungen" (Foucault 1982: 97) liefert keine Antworten, sondern stellt vor die Frage nach der Bedingung seiner Möglichkeit. Es verlangt nach einer Allgemeinen und Vergleichenden Literatur-, mehr noch: Allgemeinen und Vergleichenden Medienwissenschaft, die im Vergleichbaren die Differenzen profiliert (*wirkliche Medienwissenschaft* also, frei nach Foucaults *wirklicher Historie*). Wieviel Text ist am Hypertext? Der symbolische Link zwischen Text und Anmerkung *repräsentiert*, der Hyperlink dagegen *ist* die *Operation* der Verbindung. Das Beispiel der Fußnote in ihrer Nähe und ihrer Differenz zum Hyperlink zieht so zunächst eine irreführende Unterscheidung in Zweifel: Es mag für ästhetische Zwecke heuristisch nützlich sein, „Literatur im Netz" vs. „Netzliteratur" (Ortmann 1998), „digitalisierte" vs. „digitale Literatur" (Schröder 1999: 46) auseinanderzuhalten, bleibt aber techno-logisch falsch, indem alle Literatur Netzliteratur, die sog. Netzliteratur dagegen keine Literatur mehr genannt zu werden verdient. Dies nämlich, Literatur oder Nicht-Literatur – das ist dann von hier aus die Frage.

„ALLES IST TEXT", verspricht der ‚Waschzettel' zur *Buch*ausgabe von Rainald Goetz' *Abfall für alle*, und hat für den Buchinhalt ebenso recht wie der Nachsatz für diesen Inhalt *und* seine vorhergehende Work-in-Internet-Präsentation: „und über und unter und in allem: Melancholie" (Goetz 1999: Klappentext).

Alles ist Text – so könnte man auch die erweiterte und ihrerseits epidemische Texttheorie zusammenfassen, wie sie in Roland Barthes' *Plaisir*-Essay gipfelte. Prompt hat man ihn als „Programm des Schreibens und Lesens von Hypertexten" (Wirth 1999: 29) hingestellt. Von seiten der Lektüre mag das auch hingehen. Man kann, was man am Bildschirm sieht, rezipieren wie andere Textangebote auch, und zumal die allmähliche (und je verschiedene) Verfertigung des Texts im Akt des (jeweils und jedesmal verschiedenen[6]) Lesens: zumal dieses Dogma aller Rezeptionsästhetik wird in der Tat im Medium des Hypertexts vollendet umgesetzt. „In Wirklichkeit ist jeder Leser, wenn er liest, ein Leser nur seiner selbst", heißt es bei Proust (1979: 3996). Der

Leser beerbt nach Barthes den Autor (Barthes 2000). Und rezeptionsästhetisch argumentiert, wo man auch hinsieht, das Gros der Bemühungen um eine Theorie digitaler Literatur (vgl. Wirth 1997; 1999).

Nur definiert sich die Literatur nicht bloß dadurch, daß man sie lesen kann, sondern vor allem durch den Verweis auf ihr Gesagt- oder Geschriebensein, der immer zugleich Verweis auf ihre eigene mediale Verfaßtheit ist. Noch einmal Goetz, zum Beispiel: „ich schreibe dieses Buch, das hier entsteht" (Goetz 1999: 620). Und an diesem Punkt trügt das Medium Computer.

Schon seine jüngste Zurichtung zum E-Book, das sein printmediales Vorbild äußerlich imitieren soll (obgleich man genauso gut den Gameboy als Vorbild vor Augen haben kann), gibt zu denken, indem sie von vorneherein zum tragbaren Fernseher tendiert. Denn das E-Book hat sich noch gar nicht durchgesetzt, da wird schon an „elektronischem Papier" gearbeitet, dessen „Beschriftung" 60 mal pro Sekunde wechseln kann – schnell genug, um auch bewegte Bilder darauf zu zeigen: das „Buch" als Multimedia-Empfangsgerät. Nicht anders hat das Genre der „Webfiction" längst den Schwerpunkt auf seine Anreicherung „mit Grafiken, Klängen und sogar Videos" gelegt und *so* den Verdacht genährt, es habe seitdem kaum noch etwas „mit Literatur zu tun" (Schröder 1999: 44f.).

Aber im Zeichen des erweiterten Textbegriffs wäre dies allein noch nicht das Problem. Entscheidend ist, daß selbst im einfachsten Fall der sog. Literatur im Netz, in dem der Computer, das Internet lediglich als Transportmittel eine Rolle zu spielen scheint, das Medium – wie stets – *nicht* neutral seinem Inhalt gegenüber heißen kann. Im Computer *verschwindet* aller Text. Selbst bloße Buchstaben – und so auch Töne, Bilder, Filme – werden in Bitmaps, d.h. physikalische Zustände von Halbleiterbauelementen transformiert. Die Buchstaben auf dem Bildschirm werden nur vorgetäuscht. Text im Computer ist *simulierter Text*.

Darum trifft die Erfindung des Hypertexts Autor *und* Leser. Beide verschwinden. Der Autor, weil das Medium Computer umstellt von Eigentumsfragen, wie die Fußnote sie ausweist, zu Techniken des Zugangs, wie der Hyperlink sie operationalisiert (vgl. hierzu Rifkin 2000). Aber genauso der Leser, denn ebendiese Technik des Hyperlinks spannt ihn an die Marionettenfäden der Mausbedienung, während im Hintergrund der Link selber agiert. So unterstützt der virtuelle Text die rezeptionsästhetische Zurechnungsstrategie und straft sie doch gänzlich Lügen.

---

6   „[...] ob dieser Text nun Proust oder die Tageszeitung oder der Fernsehschirm ist", schrieb
     Roland Barthes (1982: 53f.), um am selben Beispiel auszuführen: „Das Glück bei Proust
     ist: bei jeder Lektüre überspringt man andere Passagen, niemals dieselben" (ibid. 19).

Zwischensumme

Es gibt, könnte man also sagen, keine Literatur im Netz und daher erst recht nicht die sog. Netzliteratur. Die Fußnote als das *feature* der alten Literatur, die immer schon Netzliteratur ist, stellt weniger eine Vorwegnahme des Hyperlinks dar, sondern der Hyperlink parodiert nur die Fußnote. Hypertext liefert die Parodie, Komödie, Farce der Literatur – so wie es bei Marx nicht zufällig in zweifacher Wendung heißt, an einer Stelle: „Hegel bemerkt irgendwo, daß alle großen weltgeschichtlichen Tatsachen und Personen sich sozusagen zweimal ereignen. Er hat vergessen hinzuzufügen: das eine Mal als Tragödie, das andere Mal als Farce."[7] Und so eben an anderer Stelle erneut: „Die Geschichte ist gründlich und macht viele Phasen durch, wenn sie eine alte Gestalt zu Grabe trägt. Die letzte Phase einer weltgeschichtlichen Gestalt ist ihre Komödie."[8]

Was aber dann tun – mit dieser Komödie? Es sind zwei Ansätze oder Fragen, die sich von hier aus stellen:

1. Zum einen die Frage nach der Kunst des Programmierens oder *Code-Kompetenz*, die gleichwohl von der Literatur her zu begründen bleibt – Stichwort: „Computeralphabetismus" (Kittler 1996: 241).

2. Zum anderen, ob nicht – so modisch oder schon wieder altmodisch das klingt – der *Tod der Literatur* (vgl. Kernan 1990; Birkerts 1997: 246ff.) die Perspektive ist, unter der eine Ästhetik „digitaler Literatur" zu denken wäre...

3   Literate Programming

Es gibt keine Literatur im Netz und daher erst recht nicht die sog. Netzliteratur. Ausgehend von einem ästhetisch weiten, medial jedoch engen Literaturbegriff, besteht die *differentia specifica* von Literatur in ihrer Buchstäblichkeit. Diese Buchstäblichkeit aber wird im Computer aufgelöst in Bits. Das definiert eine Grenze, an der alle Kunst des Lesens und Schreibens zergeht.

Allerdings gibt dieselbe Grenze Kriterien an die Hand, um Bild, Schrift und Ton trennschärfer als je zuvor auseinanderzuhalten – und insofern die Literatur als Literatur und *nicht* etwa Film, *nicht* Computergame zu identifizieren. Auch Ton und Bild verwandeln sich im Zuge ihrer Digitalisierung in Bitmuster. Aber die entsprechenden Datensätze sind damit zwar von material homogener

---

7   Karl Marx: *Der achtzehnte Brumaire des Louis Bonaparte*, in: MEW VIII, 115.
8   Karl Marx: *Zur Kritik der Hegelschen Rechtsphilosophie*, in: MEW I, 381.

Natur, in ihren Formaten (ihrer Bitlänge) aber unverwechselbar verschieden. Die Homogenisierung im elektronisch-digitalen Medium mag deshalb zur Multi- oder richtiger Unimedialisierung der Webfiction führen, ähnlich wie es derzeit generell opportun geworden scheint, fließende Grenzen zwischen Bild, Schrift und Schriftbild zur Medienphilosophiegrundlage zu erheben.[9] Technologisch jedoch setzt gerade die Überführung in elektronische Datenflüsse klare Demarkationslinien.

Unklar, weil zweideutig könnte allenfalls der Aspekt erscheinen, daß ausgerechnet für die Steuerung dieser Datenflüsse alphanumerische Codierungen zur Verfügung stehen. Um zu laufen, müssen Programme natürlich ebenso in elektronische Schaltkreise eingespeist werden. Aber die Ein- und Ausgabe kann in alphanumerischem Code – also wie Literatur – erfolgen. Donald E. Knuth, Pionier aller Programmiersprachentheorie, hat deshalb tatsächlich einmal angeregt, Computerprogramme wie literarische Dokumente anzusehen. *Literate Programming* heißt dieser Vorschlag, und wenn es eine Literaturwissenschaft digitaler Prozesse geben soll, dann als Textanalyse solcher Art (vgl. Pflüger 1993; Hagen 1997).

Freilich hat man es dann aber auch noch einmal mit wirklichem Text zu tun, mit Literatur – vor, nicht jenseits der Grenze ihrer Elektrifizierung. „Der Stil ist der Mensch selber, hatte einst die Philosophie der Aufklärung triumphal verkündet; der Stil ist immer nur der Mensch, den man adressiert, stellte die moderne Psychoanalyse richtig; den Stil vom Computerprogrammen bestimmen folglich keine Menschen mehr, sondern die Computer selbst" (Kittler 1996: 241). So verhält es sich jenseits der Grenze. Dagegen argumentiert Knuths Plädoyer für *Literate Programming* mit dem ebenso ausdrücklichen wie unzweideutigen Hinweis auf den menschlichen Leser und nicht die Maschine als den Adressaten: „Instead of imagining that our main task is to instruct a *computer* what to do, let us concentrate on explaining to *human beings* what we want a computer to do" (Knuth 1992b: 99). Derart entsteht wohl weiterhin – Literatur.

---

9   Vgl. etwa Mitchell 1994 sowie demnächst die Beiträge von Mitchell und Brigitte Weingart in: Schumacher et al. (eds.) 2001. – Auch dazu gibt es im übrigen eine Variante des Komödien-Motivs bei Marx und Engels: „Die kritische Kritik (die Kritik der ‚Literatur-Zeitung') ist um so lehrreicher, je mehr sie die Verkehrung der Wirklichkeit durch die Philosophie bis zur anschaulichsten Komödie vollendet" (Marx/Engels: *Die heilige Familie oder Kritik der kritischen Kritik*, in: MEW II, 7).

4   *Null* oder Die Auslöschung: Literarische Absichten und der Tod der Literatur

Was aber hätte die Literaturwissenschaft mit der anderen Seite der Grenze zu schaffen? Wohl nicht mehr (wenn man gemäß dem medial engen Literaturbegriff einen ebenso engen Literaturtheoriebegriff vertritt: wohin die Disziplin sich faktisch bewegt, ist eine andere Frage) – wohl nicht mehr, als letztlich das Verschwinden der Literatur zu bedenken und davor vielleicht noch die *rites de passage* zu beobachten, die Arbeiten mit „literarischer Absicht" (Schröder 1999: 46) an dieser Grenze vollführen.

Kill the poem (Auer 1999) zum Beispiel ist selbst schon Computerspiel und nicht mehr literarischer Text. Mausklick für Mausklick wird das Bild eines Gedichts – Wort um Wort – ausgelöscht. Thema, wenn man so will, ist aber damit genau die Differenz zwischen Textualität und Elektrizität, wie sie selbst für die Hl. Schrift – *die* Schrift also – inzwischen ‚amtlich' geworden ist:

> Gott darf gelöscht werden, zumindest im Computer. Das hat jetzt einer der führenden Rabbiner Israels bekanntgegeben. Mosche Schaul Klein veröffentlichte seine Entscheidung in der Computerzeitschrift *Maheschva Tova*, die sich an orthodoxe Juden richtet. „Die Buchstaben auf dem Computerschirm bestehen aus Pixeln, das heißt aus Lichtpunkten", erläutert ein Assistent des Rabbiners. „Selbst auf der Festplatte ist es [das Wort] nichts als eine Ansammlung von Einsen und Nullen." Das gedruckte Wort Gott, auf hebräisch Elohim, muß dem jüdischen Glauben zufolge aufbewahrt oder rituell beerdigt werden. (AP-Meldung vom 6.1.1999, zit.n. Hörisch 1999: 241)

Womöglich wäre überhaupt, während alle Literatur sich über Hölderlins „festen Buchstab"[10] definiert, eine Ästhetik „digitaler Literatur" über die Löschfunktion als Basisoperation zu entwickeln – und das um so mehr, als gerade die Netzprojekte, die dezidiert „literarische Absichten" vor sich her tragen, dahin tendieren, doch wieder „das Transfugale [das Flüchtige] einer Internetliteratur ins Gefugte des Literaturbuchs zurückzubinden" (Suter & Böhler eds. 1999: 11). Es solle das Netz „langsam tatsächlich ein Ort für Literatur zu werden. Und ein Ort für tatsächliche Literatur", hat Thomas Hettche in diesem Sinne beansprucht (Hettche & Hensel 2000: 82). Sein *Null*-Projekt wollte es so, und sein Romanessay *Animationen* (zeitgleich zu *Null* ebenfalls in Teilen ins Netz gestellt) sah oder sieht das nicht anders, nur umgekehrt: „Gleichwohl wird die Literatur nicht verschwinden", macht er sich Mut, obwohl oder weil sein „Welcome to Compuserve" gleich zu Beginn vorwegnehmende Rückschau hält: „Die Gebäude der Sprachwelt, in der wir jetzt noch wohnen, wer-

---

10   Vgl. Hölderlin 1998: I, 453 (*Patmos*, erste Fassung): „[...] der Vater aber liebt,/ Der über allen waltet,/ Am meisten, daß gepfleget werde/ Der veste Buchstab, und bestehendes gut/ Gedeutet."

den bald schon weitgehend verlassen und unter dem Sand der Bilder begraben sein" (Hettche 1999: 122, 12).

Beide Seiten gehören zusammen. Auch in seinem Lagebeschreibungsversuch *Nowa Huta* redet Hettche der Unwiderruflichkeit der „veränderten medialen Topographie" das Wort, um von ihr her die „künftige Aufgabe der Literatur" zu bereden, also der Literatur eine Zukunft weiszusagen. Dieser eigne im Zeichen erneuter Belebung –: „Der Generationenwechsel ist vollzogen" – sogar „eine besondere Brisanz": „denn wie stets noch sind Bücher jene Glasscherben, die man in die Spalten der schon zermürbten Mauern gipst, um zu sehen, ob sie weiter reißen und wo" (Hettche 2000: 51, 55, 42, 40f.). Sei dahingestellt, ob ein solches adornitisches Zutrauen in die seismographische Funktion der Kunst glücklich mit der Ruinenästhetik in Einklang zu bringen ist, in die das gewählte Bild zugleich hinüberspielt. Signifikant jedenfalls ist die nochmalige Gleichsetzung von Literatur und Bücherwelt. Und so war auch *Null* bestimmt, zuerst „den besonderen Charakter des alten Speichermediums Buch" infrage zu stellen, um ihn dann zu „betonen"; von Anfang an hieß ihr Selbstbezug: „Und während ich schreibe, daß ich zu Beginn nicht habe glauben können, daß es einmal vorüber sein würde, vollendet sich tatsächlich eine Vergangenheit" (Hettche & Hensel 2000: 5, 13). Lange Zeit fungierte die Literatur als Medium wider den Tod: „Schreiben, um nicht zu sterben...". Nun ist es vor allem der Tod ihrer selbst, der und den sie noch bannt.

5 Literatur

Auer, Johannes 1999: „Kill the poem" (kill1), in/auf: Suter & Böhler (eds.).

Barthes, Roland 1982: *Die Lust am Text*, Frankfurt/M.: Suhrkamp.

Barthes, Roland 2000: „Der Tod des Autors" (1967/68), in: Jannidis, Fotis et al. (eds.): *Texte zur Theorie der Autorschaft*, Stuttgart: Reclam, 185-193.

Berlich, Peter 1999: „Core" (core1), in/auf: Suter & Böhler (eds.).

Birkerts, Sven 1997: *Die Gutenberg-Elegien*, Frankfurt/M.: Fischer.

Bollmann, Stefan & Christiane Heimbach (eds.) 1996: *Kursbuch Internet*, Reinbek: Rowohlt.

Cahn, Michael 1997: „Die Rhetorik der Wissenschaft im Medium der Typographie. Zum Beispiel die Fußnote", in: Rheinberger, Hans-Jörg et al. (eds.): *Räume des Wissens. Repräsentation, Codierung, Spur*, Berlin: Akademie, 91-109.

Canguilhem, Georges 1979: *Wissenschaftsgeschichte und Epistemologie. Gesammelte Aufsätze*, Frankfurt/M.: Suhrkamp.

Dos Passos, John 1997: *In the Year of Our Defeat* (1946), dt.: *Das Land des Fragebogens*, Frankfurt/M.

Dotzler, Bernhard J. 2001: „Die Schaltbarkeit der Welt", erscheint in: Andriopoulos, Stefan & B.J.D. (eds.): *1929. Schnittpunkte der Medialität*, Frankfurt/M.

Foucault, Michel 1982: „Nietzsche, die Genealogie, die Historie", in: ders.: *Von der Subversion des Wissens*, Frankfurt/M./Berlin/Wien: Ullstein.

Genette, Gérard 1989: *Paratexte. Das Buch vom Beiwerk des Buchs*, Frankfurt/M./New York: Campus.

Goetz, Rainald 1999: *Abfall für alle* (Heute morgen... 5.5), Frankfurt/M.: Suhrkamp.

Grafton, Anthony T. 1995: *Die tragischen Ursprünge der deutschen Fußnote*, Berlin: Berlin Verlag.

Hagen, Wolfgang 1997: „Der Stil der Sourcen", in: Warnke, Martin et al. (eds.): *HyperKult. Geschichte, Theorie und Kontext digitaler Medien*, Basel/Frankfurt/M.: Stroemfeld/Nexus, 33-68.

Heißenbüttel, Helmut 1961: „Roman", zuerst in: ders.: *Textbuch 2*, Olten 1961, s. jetzt: *Textbücher 1-6*, Stuttgart 1980: Klett-Cotta, 69-71, dann wieder in: ders.: *Das Textbuch*, Neuwied 1970: Luchterhand, 38-40.

Hettche, Thomas 1999: *Animationen*, Köln: DuMont.

Hettche, Thomas 2000: „Nowa Huta", in: Krupp, Ute-Christine & Ulrike Janssen (eds.): *Zuerst bin ich immer Leser. Prosa schreiben heute*, Frankfurt/M.: Suhrkamp, 40-55.

Hettche, Thomas & Jana Hensel 2000: *Null*, Köln: DuMont.

Hiršal, Josef 1994: *Böhmische Boheme. Dorfbubensong* (1980/1991), Salzburg/Wien: Residenz.

Hölderlin, Friedrich 1998: *Sämtliche Werke und Briefe*, hg. v. Michael Knaupp, Darmstadt.

Hörisch, Jochen 1999: *Ende der Vorstellung. Die Poesie der Medien*, Frankfurt/M.: Suhrkamp.

Kernan, Alvin 1990: *The Death of Literature*, New Haven/London: Yale University Press.

Kittler, Friedrich 1996: „Computeranalphabetismus", in: Matejovski, Dirk & F.K. (eds.): *Literatur im Informationszeitalter*, Frankfurt/M./New York: Campus, 237-251.

Kittler, Friedrich 1998: „Bewegliche Lettern. Ein Rückblick auf das Buch", in: *Kursbuch* 133/1998, 195-200.

Knuth, Donald E. 1992a: „Structured Programming with *go to* Statements" (1974), in: ders.: *Literate Programming* (CSLI lecture notes 27), Stanford, 17-89.

Knuth, Donald E. 1992b: „Literate Programming", in: ders.: *Literate Programming* (CSLI lecture notes 27), Stanford, 99-136.

Landow, George P. 1992: *Hypertext. The Convergence of Contemporary Critical Theory and Technology*, Baltimore/London: Johns Hopkins University Press.

Malraux, André 1987: *Das imaginäre Museum*, Frankfurt/M./New York.

Mitchell, W.J. Thomas 1994: *Picture Theory. Essays on Verbal and Visual Representation*, Chicago/London: University of Chicago Press.

Ortmann, Sabrina 1998: „Literatur im Netz und Netzliteratur", in: Ritz (ed.) 1998: 131-145.

Pflüger, Jörg 1993: „Über die Verschiedenheit des maschinellen Sprachbaues", in: Bolz, Norbert et al. (eds.): *Computer als Medium*, München: Fink, 161-181.

Proust, Marcel 1979: *Auf der Suche nach der verlorenen Zeit*, Frankfurt/M.: Suhrkamp.

Rifkin, Jeremy 2000: *Access. Das Verschwinden des Eigentums*, Frankfurt/M.: Campus.

Ritz, Frank-Simon (ed.) 1998: *Germanistik im Internet* (= Informationsmittel für Bibliotheken, Beiheft 8), Berlin: Deutsches Bibliotheksinstitut.

Salomon, Ernst von 1988: *Der Fragebogen* (1951), Reinbek: Rowohlt.

Schröder, Dirk 1999: „Der Link als Herme und Seitensprung", in: Suter & Böhler (eds.): 43-60.

Schumacher, Eckhard 2001: N.N., in: ders. et al. (eds.): *Die Adresse des Mediums*, Köln.

Suter, Beat & Michael Böhler (eds.) 1999: *Hyperfiction. Hyperliterarisches Lesebuch: Internet und Literatur* (Buch und CD-ROM), Basel/Frankfurt/ M.

Wirth, Uwe 1997: „Literatur im Internet. Oder: Wen kümmert's, wer liest?", in: Münker, Stefan & Alexander Roesler (eds.): *Mythos Internet*, Frankfurt/M.: Suhrkamp, 319-337.

Wirth, Uwe 1999: „Wen kümmert's, wer spinnt?", in: Suter & Böhler (eds.): 29-42.

III.
Audiovisionen:
Literatur und Film im Medienwandel

Andrzej Gwóźdź

Sehmaschine Audiovision: Filme im Medienwandel

Wenn ich den Leser zu einem gemeinsamen Gang durch das Grenzgebiet zwischen dem „alten" und dem „neuen" Kino einlade, gilt dies hauptsächlich dem Ziel, ihn zum Nachdenken über den Zustand, den der Filmwissenschaftler an der Schwelle zum nächsten Jahrhundert vorfindet, anzuregen. Vielleicht auch um das Kino als die „Mimesis-Form des elektrischen Zeitalters" (Freyermuth 1997: 7) etwas in Frage zu stellen.

Zahlreiche Voraussagen, insbesondere am Anfang der achtziger Jahre, über den raschen Tod (so manches Mal über den sofortigen Tod) des „alten" Films, haben sich allerdings nicht bewahrheitet. Francis Ford Coppola hat dem Zelluloidkino nach der Premiere des Films *One from the Heart* (1982) ein definitives Ende innerhalb der knappen Frist von nächsten fünf Jahren vorausgesagt (vgl. Hoffmann 1989: 126) und der amerikanische Theoretiker Gene Youngblood verkündete ein Jahr später: „Am Ende dieses Jahrzehnts wird Video den Film als Mittel der allgemeinen Kinopraxis ersetzen" (Youngblood 1984: 120). Weder die erste noch die zweite Prophezeiung hat sich erfüllt. Jedoch wenn Youngblood behauptet, daß die aktuelle Situation in der audiovisuellen Landschaft und insbesondere die Verschmelzung von Video mit Kino eine Neukonstruktion der Kino-Theorie erfordert, wird man sich mit ihm einverstanden erklären müssen. Und dies heißt, den Film und das Kino aus der Perspektive der Filmtheorie „nach dem Kino" zu betrachten, also aus der Sicht einer Theorie, die nicht auf die Grenzziehungen zwischen dem Film als Text des Kinos und Nichtkinos setzen möchte, sondern in ihm ein Produkt vielfältiger multi- und intermedialer Strategien der modernen Audiovisualität wahrnehmen würde (vgl. Gwóźdź 1997 und Gwóźdź 2000).

Die Elektronisierung und die kurz darauf folgende Computerisierung der Filmproduktion und des Films selbst als eines künstlerischen Textes machten in der letzten Zeit so schnelle Fortschritte, daß der Film schon lange aufgehört hat (nur) Film zu sein, d.h. eine fotochemische Aufzeichnung der Realität vor der Kamera und Video (ausschließlich) Video zu sein – also ein elektronisches Bild, das als solches aufgenommen wurde und in solcher Form empfangen wird (vgl. Telepolis 1997; vor allem Hoffmann 1997). Anders gesagt: filmische Bilder haben sich vom traditionellen Produkt in Gestalt eines materiellen Trä-

gers „losgelöst" und flossen, zuerst auf der (analogen) Welle der elektromagne-
tischen Videoaufzeichnung und dann im Rhythmus binärer Widerstände der
nichtmateriellen Codematrix im Raum der Daten der Digitalbilder, um letztendlich den Widerstand des physikalischen Seinsfundaments des Zelluloids
und des Magnetbandes überhaupt zu brechen.

Unter unseren Augen ist also das Axiom der technischen Reproduktion,
nach dem der Film fast hundert Jahre funktioniert hat und das den indexikali-
schen Charakter der Zusammenhänge zwischen der Welt vor der Kamera und
der im Film dargestellten Wirklichkeit sanktionierte, zerschlagen worden. Und
dies bedeutet, daß es eine profilmische Realität gab, die dank der Aufzeich-
nungstechnik der Film so übernahm, daß die „Realität des Objekts auf seine
Reproduktion" übertragen wurde (Bazin 1975: 24). Die Ontologie des Filmbildes ist also die Ontologie der Realität selbst, die, wie André Bazin zu sagen
pflegte, auf dem Band ihren Lichtabdruck hinterläßt: der Gegenstand, der sich
„dort", vor der Kamera befand, ist jetzt „hier", auf dem Film.

Infolge elektronischer Technologien, darunter vor allem infolge der digitalen Generierung der filmischen Welten besitzen viele Filmbilder überhaupt
keine Denotate in der filmexternen Wirklichkeit mehr, da sie ausschließlich ein
Effekt der Visualisierung von Algorithmen sind, also des logischen und mathematischen Universums, das den Referenzzusammenhang zwischen der Realität
und ihrem Abbild aufhebt.

Übrigens ist das, was ich hier als Bild bezeichne, nur ein Scheinbild, eine
entfernte Absplitterung dessen, was wir in der ikonografischen Tradition des
Kinos als Bild zu bezeichnen pflegten. Denn das Bild (den malerischen absolu-
ten Film ausgenommen) war immer etwas, was seinen Zusammenhang mit
dem nachgebildeten Universum bezeugte und dies wiederum war die Folge der
Übereinstimmung zwischen dem Ikon und seinem Denotat, was schließlich be-
wies, daß etwas außerhalb der Leinwand existierte und dieses Etwas legiti-
mierte erst die Bedeutungskonstitution des Bildes. Hingegen sind digitale Bilder ein „reines Kalkül", das sämtliche Bildkoordinaten auf mathematische
Weise bestimmt. Es ist – hier möchte ich Paul Virilio zitieren – der Triumph
der „'paradoxen Logik' des Bildes", in deren Rahmen das „Bild" nur noch auf
sich selbst verweist, indem es die Grenze der optischen Repräsentation ab-
zeichnet, was wiederum „das Ende einer Logik der öffentlichen Repräsentation" bedeutet (Virilio 1989: 144).

Vielleicht kehren wir auf diese Weise zu der Idee der Perspektive als eines
primär szientistischen, mathematischen Phänomens aus der Zeit der Renaissance als nur einer Technologie des Sehens zurück (worauf Peter Greenaway
in seinem Film *Der Kontrakt des Zeichners*, Großbritannien 1982, aufmerksam

machte). Tatsache bleibt, daß die klassische, auf der Ontologie der Fotografie basierende Definition des Films und damit die auf der Logik der referentiellen Extension des Ikons bauende Prämisse der Kinoideologie vollends verfällt. Über das filmische Bild bemerkt zutreffend Pascal Bonitzer – „Die Realität kann *a posteriori* verfälscht werden – sie ist dort jedoch *a priori* vorhanden – und sie ist es, die sich abdrückt und beeindruckt" (Bonitzer 1982: 39).

Wenn also das Kino und das Fernsehen zu einem Sehnittpunkt unterschiedlicher Bildgenerationen geworden sind, indem sie im Interface zwischen der Zivilisation der Reproduktion und der Zivilisation der Simulation funktionierende Bilder aus dem Grenzgebiet des Kinos und des Nichtkinos hervorbringen, müßte die gesamte bisherige Theorie der filmischen Bildlichkeit neu überdacht und umformuliert werden. Die Reflexion über die Ausdehnung der durch Formationen des „neuen" Films geprägten Ordnungen der Sichtbarkeit kann sich hierbei vielleicht als behilflich erweisen.

Was verstehe ich unter dem Begriff „neuer Film"? Es handelt sich um sämtliche Manifestationen des sog. elektronischen Kinos, also allgemein aufgefaßt, um jenes Kino, das die Mechanik des fotomechanischen Prozesses mit elektronischen Technologien ersetzt (im Rahmen des gesamten Produktionsprozesses des Films, im Rahmen mancher seiner Etappen oder bezüglich bestimmter Aspekte der Sein- und Funktionsweise des Films). Im Folgenden werde ich versuchen, eine vorläufige Topographie des Phänomens des „neuen Films" vorzustellen, die seine Weitflächigkeit und seine funktionelle Differenziertheit vor Augen führen dürfte. Zu diesem Zwecke unterscheide ich drei Bildformationen des elektronischen Kinos, hinsichtlich jener Funktion, die sie in der audiovisuellen Landschaft des modernen Kinos und des Fernsehfilms ausüben.

Elektronik bei der Filmproduktion

Es handelt sich hierbei im Großen und Ganzen um die Teilnahme der neuen Medien an den einzelnen Produktionsetappen eines Films und im Rahmen seiner unterschiedlichen Bereiche, den gesamten Produktionsprozeß miteingeschlossen. Die Anwendung der Elektronik während des Drehs kann zum Beispiel bedeuten, daß die Videotechnik als Ergänzung der traditionellen Kameratechnik mitbenutzt wird oder aber auch die gesamte Kontrolle des Aufnahmeprozesses umfassen kann.

Der Wegbereiter der ersten Lösung, die den Namen „videoassisted filmcamera" trägt (mit ihrer heutigen Mutation – einer in die Filmkamera eingebauten Videokamera) ist Stanley Kubrick. Zu den Aufnahmen in der zentrifugalen Trommel zu *2001: Odyssee im Weltraum* (USA 1968) bediente sich der Regisseur neben der mechanischen auch der Videokamera, die, identisch wie die erste plaziert, die sofortige Kontrolle des aufgezeichneten Materials erlaubte. Ähnliche Lösungen nahm Kubrick in seinem nächsten Filmen in Anspruch: *Barry Lyndon* (Großbritannien 1975) und *Shining* (USA 1980), und zum Rang einer spezifischen Doktrin wurde dieses Prinzip von Francis Ford Coppola in dem Film *One from the Heart* (1982 USA) erhoben.

Der gesamte Film, obwohl auf Zelluloidband aufgenommen, unterlag ständiger Monitorkontrolle; mehr noch, nicht nur die Koordination des Drehs, sondern auch die Komposition des Films vollzog sich mittels des elektronischen Dispositivs. Daher stammt sein „Fernsehlook", eine Morphologie des Bildes, die an die Bilder des Fernsehens erinnert. Dank des Computerprogramms wurde es möglich, die Handlungen der Schauspieler während des Drehs und die bereitgehaltenen, fertigen Bilder mit den unterschiedlichsten Varianten des bühnenbildnerischen Hintergrundes einer Synthese zu unterziehen.

Für Paul Virilio stellt diese Technologie ein weiteres Beispiel für eine Begegnung zwischen dem Kino und der militärischen Logistik und der Film *One from the Heart* einen Beweis für einen wahren „Kriegsfilm" dar. „[...] Diese neue kinematische Kunst, Schauspieler und Dekors nach Belieben verschwinden zu lassen, ist unverkennbar eine Kunst der Vernichtung" – schreibt Virilio. Beim Vergleich der Macht des vor den Videomonitoren agierenden Regisseurs mit der Macht des Militärs, schlußfolgert der Autor hingegen, daß die Rolle beider „weniger im Imaginieren als Voraussehen, im Simulieren und im Memorieren von Simulation" bestünde (Virilio 1994: 144).

Coppola ging es selbstverständlich um Sparmaßnahmen hinsichtlich der Finanzen, des Materials und der Schauspieler. Dieses System hat sich jedoch nur teilweise bewährt. Von Anfang an hat dieser Regisseur jedoch weiter nach vorn geblickt – zur komplexen Integration verschiedener Produktionsphasen mittels eines Computers, so daß eine fließende Überwindung der aufeinander folgenden Etappen möglich wird.

Das Video und der Computer gehörten zu unentbehrlichen Accessoires während der Dreharbeiten zu seinem Film *Outsiders* (USA 1982). Das elektronische Drehdispositiv Coppolas erlaubte dank des Informationsystems Star der Firma Xerox (entwickelt für die der USA-Marine) und dank des sensorisch gesteuerten Montagesystems eine vollkommene Prävisualisierung, d.h. eine konzeptionelle Vorbereitung des Films: mit den Probeaufnahmen angefangen, über Notizen zu den einzelnen Szenen, das Buch, und die Videodokumentation bis zum bildlichen Statement hin (vgl. Virilio 1989: 144). Hier bedient sich der Regisseur der Videokamera als eines hypermedialen Environments, das die Vernetzung sämtlicher Informationen so auf die Spitze treibt, daß sie interaktiv genutzt werden können – d.h. eine sanfte Navigation im Datenraum ermöglichen.

Gegenwärtig existieren ganze Computerprogramme, solche wie z.B. Virtus Walk Through, die Brian de Palma eine komplexe visuelle Ausarbeitung ganzer Filmszenen zum Film *Carlitos Leben* (USA 1993) ermöglichten und dem Filmemacher die Entscheidungen hinsichtlich des Standpunktes und der Perspektive der Kamera, ihrer Optik usw. abgenommen haben. Eine weitere Konsequenz der Computerisierung des Drehs ist ein vollkommen virtueller, selbstverständlich jeglicher realen Szenerie entbehrende Drehort – ähnlich wie ein virtuelles Studio im Falle des Fernsehens.

Unter den Technologien des Postproduktion, deren Einfluß auf die multimediale Werkstatt des Filmemachers zweifellos riesig ist, muß auf die elektronische Montage hingewiesen werden. Die grundlegende Neuheit der elektronischen Verbindung von Bildern beruht jedoch nicht nur auf dem Eingriff des Computers ins auf dem lichtempfindlichen Band registrierte Material, um etwa (selbstverständlich nicht immer) nach seiner elektronischen Bearbeitung wieder einen „Film" zu bekommen. Das Novum des elektronischen Schnitts besteht vielmehr darin, daß hier eigentlich nichts mehr geschnitten wird, d.h. die einzelnen Aufnahmen, also etwas was substanziell existiert, werden nicht mehr getrennt und zusammengeklebt, sondern „extrahiert" – die Informationsflüsse werden ausgesondert, ohne das Ausgangsmaterial zu verletzen. Im Wesentlichen handelt es sich also um das Prozessieren nichtmaterieller Daten, in Opposition zum mechanischen, manuellen und handwerklichen Schneiden und Kleben von Bildern aus dem Zelluloidstreifen, unabhängig davon, ob wir es „am Anfang" mit einem Film- oder mit einem Videoband zu tun haben.

Hybride Filme

Unter dieser Bezeichnung fasse ich Filme zusammen, die im Schnittpunkt des Kinos und der nichtkinematografischen Darstellungstechniken entstanden sind (selbstverständlich den rein mechanischen Transfer – das Überspielen eines Filmes vom Zelluloid- auf ein Videoband, ausnehmend). Das Wesen dieser Gruppe „neuer" Filme besteht darin, daß sie infolge des medialen Transfers (oder mehrstufiger Transferverfahren) auf dem Level der Produktion oder Postproduktion „etwas" vom Kino und etwas vom Fernsehen (Video) darstellen, mit einem Wort: sie verraten hinsichtlich des Trägers mediale Dualität, d.h. sind hybrid. Diese Schnittpunkte werden übrigens in ihnen häufig intensiv thematisiert und avancieren zum Erzählgegenstand. So ist es zum Beispiel im Film von Wim Wenders *Nick's Film – Lightning over Water* (BRD 1979/1980), der die Videotechnik als eine „Krebsgeschwür im Film" benutzt (Wenders 1992: 70, 90). Wenders hat mehrmals ostentativ behauptet, daß die elektronischen Bilder eine Art Vergewaltigung der Ontologie der fotochemischen Bilder darstellen und obwohl er letztens solche Behauptungen zu vermeiden scheint, glaube ich nicht daran, daß derartige Videoästhetik der „kranken" Bilder rückgängig zu machen wäre.

Am Anfang der Hybridisierung des Kinos und des Fernsehens (Video) steht, das übrigens vollkommen in Vergessenheit geratene „Experiment" von Jacques Tati. 1974 realisierte der Autor des Monsieur Hulot für das schwedische Fernsehen einen Videofilm unter dem Titel *Parade*, der, elektronisch geschnitten, zwecks Fernsehsendung auf ein Filmband überspielt wurde. Das ist auch das Paradoxe der Vermischung des Kinos mit den elektronischen Techniken. Nach den Statistiken der USA stellen die „filmisch" realisierten Materialien die absolute Mehrheit der Fernsehquote von ABC, CBS und NBC dar. Seit 1987 wird übrigens eine sichtbare Abwendung von der Videoaufzeichnung zugunsten des „Films" beobachtet, so daß Ende der achtziger Jahre weniger als 1% der Werbung auf Videoband entstanden; fast identisch war es mit den Videoclips (vgl. Hoffmann 1989: 133). Hätte also George Lucas doch Unrecht gehabt – zumindest teilweise – als er das Zelluloid als „idiotisches Material, Erfindung des 19. Jahrhunderts" beschimpfte ([Tuchman, Thompson] 1981: 51)...

Das wahrscheinlich bekannteste Beispiel für das Interface Video/Kino ist der Film *Oberwald* von Michelangelo Antonioni (Italien 1980), ein Film, der als das schwächste Werk dieses Meisters gilt. Antonioni zögerte als einer der weniger Filmemacher vor der Apotheose des elektronischen Films nicht. „Das Magnetband beinhaltet alles, um das traditionelle Filmmaterial zu ersetzen. [...] In keinem anderen Gebiet gehen Poesie und Technik so zusammen wie in der Elektronik" (zit. nach: Aristarco 1992: 69). Das Ergebnis auf der Leinwand (denn der auf Video aufgezeichnete Film wurde auf ein Zelluloidband überspielt) erwies sich jedoch als mäßig, da Antonioni mittels der Elektronik stilistische Tricks, wie elektronische Kolorierung der einzelnen Szenen, koloristische Variationen im Rahmen des Bildes, Doppelbelichtung oder die Deformation der Perspektive, belebte.

Unabhängig jedoch von den diese Art der medialen Hybriden begleitenden Effekten, ist es zweckmäßig sie zu beobachten, auf diese Weise schließt sich das Video – das Video eben und nicht die Videokunst – der Evolution des Kinos an und führt dort die Poetik des „Zwischenbildes" (vgl. Bellour 1990) – den Ort des Übergangs zwischen der Fotografie, dem Kino und dem Video, ein.

Eine solche „Realität des ‚Zwischenbildes'" – im Interface des fotografischen Kinos und der Elektronik – demonstrieren Filme, die mittels eines Computers koloriert werden. Das, was nämlich der Kolorierung unterzogen wird, ist weder ein filmisches Bild auf lichtempfindlichem Band noch ein Licht-Schatten-Gebilde kinematografischer Projektion, sondern ein elektronisches Zitat des Films auf einem Magnetband, der also die Materialität des filmischen Stoffes aufhebt. Im Endeffekt entsteht eine spezifische fernseh-elektronische Form des Kinofilms, man möchte sagen: ein Fernsehfilm im wahren Sinne des Wortes. Sie ist jedoch kein Resultat des mimetischen Transfers der Grauwerte des Schwarzweißfilms in die Farbskala seiner elektronischen Version, sie resultiert aus Zuordnungen, welche bestimmte Merkmale eines symbolischen Codes aufweisen. Ein kolorierter Film ist daher nicht einfach eine farbige Rekonstruktion der dargestellten Welt jenes Films, der der Kamera zur Verfügung stand, sondern das Resultat der Auferlegung eines bestimmten „medialen" Farbcodes auf das Bild. Auf diese Art und Weise greift die Elektronik präzedenzlos in die Geschichte des Kinos ein und bildet im Schnittpunkt des Videos mit dem Kino eine spezifische mediale Collage, die sich ihrer eigenen geschichtlichen Ordnung öffnet.

Im Rahmen der hybriden Filme beruht die Neuheit (aus heutiger Sicht selbstverständlich relative) auf einer besonderen Aufwertung der Bildoberfläche (das Korn der Fotografie / die Pixel der Elektronik). Auf der Basis dieser Differenz werden häufig ästhetische Oppositionen aufgebaut. Es geht darum, daß die Wahl des Trägers in Hinblick auf die erwarteten Effekte nicht gleichgültig ist, mehr noch – diese Effekte sind mit der Entscheidung hinsichtlich des Bildmaterials unzertrennlich verbunden. Es verhält sich vielleicht so, wie Patrick J. Brunet meint, daß „jede Generation am spezifischen Bildträger hängt" (Brunet 1992: 131), was zugleich heißt, daß es von jeder Generation anders Kodiert wird, wobei andersartige Rezeptionsstile sanktioniert werden.

Aber erst zwei weitere Filmgruppen veranschaulichen das tatsächliche Manöver des intermedialen Films, das mit seiner intermedialen Aktivität z.B. in der Übergangszeit vom Stumm- zum Tonfilm vergleichbar ist.

Filme der digitalen Fiktion

Ich plaziere hier generell jenen Typ der Bildlichkeit, der unter die infografischen Techniken, die eine Synthese der informatischen (meistens digitaler) Technologien und der umfassend verstandenen Grafik fällt, also die Computergrafik, die Computeranimation und weite Bereiche der Computersimulation. Wenn man sich mit der Meinung Peter Weibels einverstanden erklärt, daß die

Digitalisierung des Bildes „wahrscheinlich das wichtigste Ereignis seit der Erfindung des Bildes selbst" darstellt (Weibel 1984: 3), oder weiter noch, die Stellungnahme von Jay David Bolter vertritt, die „Computergrafik bedeutet für den Film den wichtigsten technologischen Fortschritt seit des Tons" (Bolter 1997: 86), dann wird dieses Kino zu einem wahrhaftigen Umbruch in der Kultur des Bildes. Dies betrifft insbesondere die virtuelle Realität als höchst entwickelte Form der Computersimulation.

Häufig wird jedoch vergessen, daß die computersimulierten Bilder in der Regel gleichzeitig auch die Fortsetzung oder die Wiederholung der fotografischen Leinwandfiktionen darstellen, nur daß dies lediglich mittels anderer als die traditionellen (d.h. eben mittels der „neuen") Techniken der Darstellung geschieht. Und dies bedeutet, daß sie ein Resultat der Fusion des traditionellen Fiktionsfilms und der Fiktion, die aus den Computertechnologien resultiert sind. Man kann sagen, daß die computersimulieren Bilder in der Regel eine Art von Bildlichkeit darstellen, die den Film im Rahmen der mimetischen Fiktion befestigt, die in den Film zwar neue Wahrnehmungsfigurationen einführt, jedoch die dem Kino entsprechende „fotorealistische Ideologie des Sichtbaren" respektiert. Das Wesen der (filmischen) simulierten Welten ist, daß sie entweder: 1. organisch mit der nichtsimulierten (d.h. fotografischen) Materie des Films zusammenfließen (wie im *Jurassic Park* von Steven Spielberg, USA 1993); 2. von Anfang an, wie jede andere Animationstechnik, diese Materie bestimmen (*Toy Story* von John Lasseter, USA 1995); oder 3. eine Multiplikation der traditionellen Fiktion, jedoch auf der Grundlage eines anderen Prinzips als das mimetische Realitätsprinzip, darstellen (*TRON* von Steven Lisberger, USA 1982). Schließlich funktionieren sie auch als strikte virtuelle Realität in der „Rolle" neuer Fiktion, indem sie sich nur auf das Zitieren des kybernetischen Raums (*Disclosure* von Barry Levinson, USA 1994) beschränken oder virtuelle Welten zum Hauptdisponenten der Leinwandfiktion erheben (*Matrix* von Andy und Larry Wachowsky, USA 1999).

Auf diese Art und Weise saugt das Kino (Fernsehen) das neue Medium Computer ein. Der Übergang zwischen beiden wird jedoch als ein Interface der Wahrnehmung aufgehoben und in der Regel (den filmischen Cyberspace ausgenommen) als Schnittpunkt unterschiedlicher Bildgenerationen nicht thematisiert. Computerfiktionen stellen in dieser Hinsicht eine technologisch weiterentwickelte Form der traditionellen filmischen Fiktion, gewisse Art Metafiktionen der fotografisch dargestellten Welten dar (unabhängig davon, ob den Gegenstand der Fotografie die ontische Realität oder unterschiedliche Weisen ihrer künstlichen Gestaltung, z.B. die Animation, darstellen).

Als Determinante der Neuheit des Films gilt hierbei selbstverständlich die Mitwirkung von Digitaltechnologien, die die Analogie als Repräsentationsprinzip der dargestellten Realität erfolgreich verdrängen. Wir haben es also hier mit einer grundsätzlich neuen, das Prinzip der Analogie zwischen dem Bild und dem Dargestellten, zwischen dem Zeichen und der Realität aufhebenden Art und Weise der Fabrikation von (Leinwand)fiktionen zugunsten eines Modells dieser Realität, das nicht zwecks ihrer Wiedergabe sondern zwecks ihrer Simulation konstruiert wird, zu tun: das filmische Zeichen verweist nicht mehr auf sein tatsächliches *signifié* (im ontologischen Sinne), sondern es kennzeichnet sich selbst – in Opposition zu anderen Zeichen im Filmrepertoire (vgl. Wimmer 1991).

Das eigentliche Paradox dieser Relation beruht aber darauf, daß diese Selbstreferentialität der Simulakren sich sehr häufig eben in der Ordnung der mimetischen Illusion vollzieht, d.h. das Modellieren der Realität mittels deren formellen Beschreibung (das die direkte Intervention der Kamera in die Realität ersetzt) hat die Ähnlichkeit eines Nahahmungsprinzips zur Grundlage. Und zwar nach dem Prinzip Jean-Louis Commolis: „[...] Alles was filmbar ist, [...] sind Dispositionen der Repräsentation" (Commoli, im Druck). Darauf beruht tatsächlich das Revolutionäre der Simulation: wir erhalten Bilder, die keine Aufzeichnungen, keine Reproduktionen der Realität mehr sind (weil sie das Produkt der Visualisierung mathematischer Operationen darstellen) und die trotzdem zugleich mit dieser Realität um den Wahrscheinlichkeitsgrad in Wettkampf treten: sie bieten „mehr" Realität, jedoch in deren „Look" mehr „Realitätseindruck", jedoch im Rahmen des „Kinoeffekts"[1] der Repräsentation, bis zu den virtuellen Realitäten, welche die ontische Welt durch eigene, künstliche Welten ersetzen.

Und dies ist eben das neue „System der Bilder" (vgl. Renaud 1989), das die traditionellen, auf der Vermittlung zwischen dem Zeichen und der Realität bauendern Ikonisierungsstrategien (jedoch nicht unbedingt der filmischen Fiktionen) auf den Kopf gestellt hat und den Medientheoretikern über die „Agonie des Realen" entscheiden ließ (vgl. Baudrillard 1978). Niemand hat die Philosophie dieser hyperrealen Welten treffender formuliert als Jean Baudrillard, der in ihnen eine mimetische „Überfettung" die geradewegs zur „Obszönität" führt, wahrgenommen hat. Simulakren sind obszön, denn „alles wird durch-

---

1   Den Begriff „der Eindruck der Realität" gebrauche ich im Sinne des Kinodispositivs und als Technologie der Einbildung situiere im Rahmen der Relation Film – Zuschauer. Im Gegenteil zum Begriff „Illusion der Realität", der die Art und Weise der Fiktionalisierung der Welt auf der Achse Film – Realität bestimmt. Der „Kinoeffekt" bezieht sich hingegen auf die Position des Subjektes – des Zuschauers gegenüber kinematografischen Darstellungen, funktioniert also im Bereich des Phänomens des „Eindrucks der Realität".

schaubar und unmittelbar sichtbar, (denn) alles steht im scharfen und unerbittlichen Licht der Information und der Kommunikation" (Baudrillard 1983: 130).

Der Status dieser Bilder wird durch zwei grundsätzliche Merkmale gekennzeichnet. Erstens – darüber haben wir bereit gesprochen – sind sie das Resultat mathematischer Berechnungen und nicht der Optik der Sehmaschine, die die Kamera darstellt. Zweitens sind es nichtmaterielle „Bilder", die aus den Zwängen der Mechanik befreit und jederzeit auf ihre grundlegenden Qualitäten, die Pixel, zurükführbar und willkürlich manipulierbar sind. Wie es eben treffend Gundolf S. Freyermuth formuliert hat: „Was digitalisiert wird, verliert die Inelastizität der Materie" (Freyermuth 1997: 7). Deswegen sind jene im Recht, die, wie Bonitzer, behaupten, daß im Falle von Digitalbildern das „von der Perspektive, vom Körper – von jeglichen Emotionen und sämtlichen Hemmungen" befreite Bild selbst der Schauspieler ist (Bonitzer 1982: 41).

Bemerkenswert ist die Tatsache, daß diese Filmformation über die traditionellen Kommunikationspraxen (Kino, Fernsehen, Video) zu neuen Phänomenen der audiovisuellen Kultur hinausgeht, seien es z.B. Computerspiele. 26 Minuten der Computeranimation zum Richard Lesters Film *Superman III* (USA 1983) wurden von der Computerfirma Atari fertiggestellt (die dem Konzern Warner Communication Industries, dem Produzenten des Films, angeschlossen ist). Auf diese Weise ist ein neues Spiel angepriesen worden. Andererseits sind Filme, wie *Mortal Kombat* (Paul Anderson, USA 1995), ein Beispiel für die direkte Adaption von Computerspielen in den Kinobereich, das umso interessanter ist, da es sich hier um einen intermedialen Transfer von einem Bildmedium ins andere und nicht um eine intersemiotische Übersetzung hinsichtlich des Stoffes unterschiedlicher semiotischer Systeme handelt.

Wir haben es also mit einer überaus faszinierenden Erscheinung der multimedialen Disposition von Texten zu tun, die zur Entstehung von Netzen führt, die wiederum bestimmte Medienverbunde bilden. Eines ist zweifellos: Die im Schnittpunkt des Kinos und der neuen Medien entstandenen Filme werden, sowohl in dramaturgischer als auch in visueller Hinsicht, den Computerspielen immer ähnlicher. Sie werden zu spezifischen Revuen von „Nummern", die sich unendlichen Kombinationen und Rekombinationen unterziehen lassen. Heute zwingt nicht mehr das Fernsehen, sondern eben die Computerspiele großen Bereichen der Filmkultur ihre Erzählmuster und ikonografische Strukturen auf. Vielleicht stehen wir auf der Schwelle (oder haben sie bereits überschritten) eines Übergangs des Films zu seinem Monitorstadium?!

Hier entlang führt auch einer der Wege zur Interaktivität des Kinos, obwohl die Klassifizierung dieser Prozederes manchmal überaus kompliziert ist. Einerseits haben wir es nämlich mit der Vortäuschung der Aktivität im Rahmen der sogenannten Wahldramaturgie zu tun (*multiple-choice-dramaturgy*), die die Steuerung der Erzählung der Übermittlung im Sinne des Autors erlaubt (was selbstverständlich nur soviel bedeutet, daß der Benutzer nur in dem Maße entscheiden kann, in welchem bereits für ihn schon entschieden worden ist). Man weiß nur nicht, ob es hierbei um eine Interaktion mit der dargestellten Welt oder mit den Autoren des Programms geht.

Wir müssen jedoch daran denken, daß auf diese Weise sämtliche Determinanten zerstört werden, die den „Kinoeffekt" konstituiert haben und die „Arbeit der Semiose" vorantrieben. Die Distanz gegenüber dem Bild, das identifizierende Zuschauen mit dem Helden, die Dunkelheit des Kinosaales, die relative Bewegungslosigkeit, die Einschränkung von Sinneswahrnehmungen auf die audiovisuellen Reize waren die Pfeiler, auf denen das mächtige Gebäude der kinematographischen Illusion entstand und fortdauerte. Selbstverständlich neutralisierte das Fernsehen bereits früher im hohen Maße den Status des mit der Nase an der Kinoleinwand klebenden Zuschauers (vgl. Barthes 1976: 292), denn gerade ihm haben wir den sanften Übergang in die Epoche das „Looks" der Vergänglichkeit, des Clips zu verdanken... Jedoch hob erst die Digitalisierung des Films, die Möglichkeit der Dematerialisierung des Bildes bis auf die Informationsmatrix, den Status des Films als der Kunst der beweglichen Fotografie und damit auch die Unantastbarkeit der Position des Zuschauers-Beobachters zugunsten des Zuschauers-Nutzers der Filmprogramme, wirklich auf.

Ob es noch Filmprogramme sind? Vielleicht hat die Filmkultur unbemerkt ein kinoähnliches Paradigma der Audiovisualität hervorgebracht und vielleicht werden in der Zukunft zwei Kinoformationen nebeneinander existieren: des darstellenden und des interaktiven Kinos?

Lassen wir uns also zu einer vorläufigen Schlußfolgerung verführen. Im Modell des „erweiterten" Kinos – des Kinos der digitalen Phantasie – scheinen die Effekte bedeutender als Bedeutungen zu sein oder, anders gesagt, beugen sich hier die (ideologischen, ästhetischen) Tiefendiskurse dem Druck des flachen Diskurses – dem Design. Den Neuheitswert der formellen Lösungen mancher dieser Filme nicht herabwürdigend, bin ich jedoch geneigt, in ihnen vor allem die Erscheinung des Kinos „des neuen Tricks" zu sehen, das den „neuen Kult der Oberfläche" erscheinen läßt (Bolz 1994: 86 ff). Kurzum: es ist ein Kino, dessen Botschaft die Verpackung ist. Daß diese häufig sehr effektvoll sein kann, ist wiederum eine ganz andere Sache.

Filme neuer Sichtbarkeit(en)

Diese Kategorie von Filmen unterscheidet sich vom „erweiterten" Kino vor allem dadurch, daß es hier nicht mehr um die Effekte bzw. Tricks geht, sondern um weitaus mehr: um den neuen Status der Bildlichkeit als solcher, der den neuen Typus der Sichtbarkeit einführt.

Die Filme dieser Gruppe stellen gewisserweise ein Labor im Schnittpunkt von „filmischen" Bildern (da sie doch weiterhin Filme bleiben) und unterschiedlicher neuer Visualisierungen dar, darunter insbesondere von virtuellen Welten. Wesentlich ist jedoch dabei, daß sie diese Labor- und Testfunktion überhaupt nicht verhüllen. Im Gegenteil, sämtliche Berührungspunkte des filmischen Präsentationssystems und der nichfilmischen Bilder werden hier ununterbrochen thematisiert und als Interfaces der Wahrnehmung dargestellt, als Oberfläche der Kommunikation operationalisiert, wie z. B. in *Der Rasenmäher-Mann* von Brett Leonard (USA – Großbritannien 1992). Es geht um eine gewisse Spannung, die in Form der Bilder des Übergangs, des Dazwischen, manifestiert wird und die semiotisch stark aufgeladen ist, so, daß eine ganze Reihe inter-diskursiver, -textueller, -medialer Konsequenzen entsteht. Es würde sich also um Filme handeln, für die die neuen Medien vielmehr für die Erkenntnisse als für die Fabel stehen, vielmehr ein epistemologisches als ästhetisches Untersuchungsfeld darstellen, die auf Sehakten beruhen, unabhängig von der Art der Fiktion, die sie repräsentieren. Das Bild verliert hier seine Selbstverständlichkeit, es wird zum Problem und zur Herausforderung des Sehens hervorgehoben.

Der Meister diesartiger neuer Bilder bleibt Peter Greenaway, insbesondere als Autor des zweiten und Mitautor (neben Tom Phillips) des ersten der Filme: *A TV Dante* (Großbritannien 1988) und *Prospero's Bücher* (Holland–Frankreich–Italien 1991). Im ersten (übrigens „Fernsehfilm") Film kommt es ständig zur Überschreitung der Grenzen zwischen der Audiovision als dem Paradigma der Kunst und der Audiovision als dem Paradigma der Wissenschaft. Infolgedessen erhalten wir Kollagen zahlreicher Ikonosphären, die einem illuminerten Manuskript ähneln: mit der klassischen Filmfotografie (die übrigens einer digitalen „Bearbeitung" unterzogen wird) angefangen, über verschiedene Video-Generationen bis zu Ultraschallbildern. Die „elektronischen" (und in solch „materieller" Bedeutung) „Fernsehfilme" des englischen Filmemachers sind im Grunde hypermediale Räume der Navigation in der Kartei der europäischen Zivilisation, „interaktive" Filme, interaktiv jedoch in intellektueller, wenn man es so sagen darf, und nicht technologischer Schattierung dieses Wortes. Diese Filme – Filme im Punkt Video – kann man nicht mehr nur anschauen, man muß sie im ganzen Reichtum der der Leinwandmosaik lesen, zwischen den verschiedennen Schichten des Bildes zappen und in den unendlichen Reihen der Assoziationen nach dem Prinzip des Funktionierens eines mentalen Videorecorders suchen: nach Vorn, nach Hinten, Stop, Pause, schneller, langsamer usw.

Ein überaus originelles Beispiel für einen Film der neuen Sichtbarkeiten ist der Film *Bis ans Ende der Welt* von Wim Wenders (BRD–Frankreich–Australien 1991), von dem der Autor selbst sagt, daß er ein „Science-Fiction-Film über den künftigen Umgang mit den Bildern" ist (Wenders 1992: 30). Das uns interessierende Motiv betrifft die Vision der Wahrnehmung unter dem Ausschluß des Sehorgans – des Auges. Dem Helden des Films, Doktor Farber, gelingt es zur Transmission „mentaler" Bilder aus dem Gehirn seines Sohnes Sam zum Gehirn seiner blinden Frau Edith kommen zu lassen, die am Ende ihres Lebens auf diese Art und Weise ihre Nächsten „sehen" kann.

Einige Jahre vor Wenders und in Bezug auf den damaligen Stand der Wahrnehmungstechnologie gebrauchte Paul Virilio den Begriff „Visionik" für die Bezeichnung jener Geräte, die die Automatisierung der Wahrnehmung ermöglichten, d.h. den menschlichen Blick durch den Blick der „Sehmaschine" ersetzten (vgl. Virilio 1989: 133-172). Damals, Ende der 90er Jahre, ging es um die vom Computer gesteuerten Kameras, die im Laufe der Zeit die Teilnahme des biologischen Sehens ersetzen und zumindest den Sinn des Sehens von der Funktion des öffentlichen Blicks befreien sollten, zugunsten der Anpassung an die „paradoxe Logik" des Bildes (Videographie, Holographie, Infographie). An dieser Stelle ist das Vertov'sche „Filmauge" – das „Maschinenauge der Kamera" (vgl. Vertov 1995) am Ende, und jedes sehende Auge, das durch das innere „Auge des Bewußtseins" verdrängt wird und das die Distanz zwischen dem Gegenstand und dem Akt des Sehens in anliegenden „Gehirnleinwänden" und Computerchips aufhebt.

Die Neurophysiologen bezeichnen diese fortgeschrittene Ausblüte der Synergie: Mensch – Maschine (hier: Kamera – Monitor) als *Brainscanning*, angesichts des neuronalen Bypasses, der die Sehmaschine unmittelbar mit dem Gehirn verbindet, ohne Zwischenschaltung des Gesichtssinnes. Und wenn auch die anthropologische Dimension der „Visionik" die schlimmsten Assoziationen mit der „Maschinisierung" der Menschheit mit sich bringt, ist es unschwer zu beobachten, daß das vom Doktor Farber konstruierte Dispositiv des „Sehens ohne Schauen" den Triumph der „neuen Einbildungskraft" darstellt (vgl. Flusser 1990), welche die ehemalige Geste der Verbildlichung der Sachzustände (auch wenn diese Dinge „Abstraktionen" waren) durch die Geste der Kalkulation der reinsten Ideen ersetzt, die die unmittelbar vom Gehirn zu Gehirn übermittelten Bilder darstellen. Und analog dazu, wie nichts davon, was wir auf

den Bildschirmen der Monitore sehen, nicht anders als in Gestalt der Pixelmo-
saik (also Lichtpunkte, aus denen wir Gestaltqualitäten imaginieren) existiert,
so stellen die von Edith „gedachten" Bilder den endgültigen Sieg der Ontologie der „Immaterialität"[2] – die reine Visualisierung der biochemischen Prozesse dar.

Der Film von Wenders warnt zugleich vor neuen Bildern. Obwohl man
nämlich mit solchen Bildern leben kann – scheint der Autor zu sagen – und obwohl solche Bilder bei der Überwindung einer unheilbaren Krankheit behilflich sein können, muß man jedoch für Träume in der Wirklichkeit mit einem
neuen Krankheitssyndrom bezahlen: mit der Bildersucht, mit Paranoia, mit
Autismus. Die Heldin des Films *Bis ans Ende der Welt* stirbt an Bilderüberflu-
tung, am Übermaß sensorischer Kontakte, die die Kommunikation ersetzt haben. Der Preis jedoch, den der Autor für den Eintritt in die Bereiche der neuen
Sichtbarkeit zahlt, ist ebenfalls hoch. Der Bruch mit einer Jahrtausende wäh-
renden Tradition der Bilder-Widerspiegelungen, Bilder-Abbildungen – ist das
Ende der Ästhetik der Reproduktion und der Philosophie der Reproduktion.
Das ist das Ende der auf der Wahrheit der Leinwand beruhenden Ethik des Bildes und der Abschied von der Kamera als Medium, das zwischen der Welt und
ihren Bildern vermittelt hat. Es ist schließlich das Ende – wenn man so will –
des „humanistischen" Bildes des Menschen, das angesichts der ontologischen
Nähe der Realität und ihres Modells kultiviert wurde und zugleich der Beginn
der grenzenlosen Transformierung des Bildes und jedes seiner Teile.

„Es gibt kein Kino-Auge mehr, sondern jetzt gibt es einen Kino-Pinsel" –
meint Manovich (1997: 57). Nicht mit Unrecht. Für Wenders zumindest, der
seine virtuellen Bilder auf 35. Biennale in Venedig zeigen und sie zum Gegenstand eines Bilderalbums machen wird.

---

2   Den Begriff der „Immaterialität" (*immatériaux*) wendet Lyotard als eine Metapher für die
      epistemologische Gegenwart an. Es geht im erweiterten Sinne um die Kondition der Post-
      moderne, die ununterbrochen den Kontakt mit der Materie mediatisiert und verzögert; im
      engeren Sinne hingegen um Übermittlungen, die sich Materialien bedienen, die keine
      Materie mehr sind, keine Merkmale der Materialität aufweisen (z.B. digitale Übermittlun-
      gen). Detailliert zu diesem Thema siehe Auswahl von Texten, die im Zusammenhang mit
      der von Lyotard 1985 im Centre Georges Pompidou veranstalteten Ausstellung unter dem
      Titel „Immatériaux" entstanden sind (Lyotard mit anderen 1995).

Literatur

Aristarco, Guido 1992: „Das Kino – Von der Chemie zu den elektronischen Prozessen", in: Zielinski, Siegfried (ed.): *Video – Apparat/Medium, Kunst, Kultur. Ein internationaler Reader*, Frankfurt/M./Berlin/New York/Paris: Peter Lang, 67-72.

Barthes, Roland 1976: „Beim Verlassen des Kinos", in: *Filmkritik* 235: 290-293.

Baudrillard, Jean 1978: *Agonie des Realen*, Berlin: Merve.

Baudrillard, Jean 1983: „The Ecstasy of Communication", in: Foster, Hal (ed.): *The Anti-Aesthetic. Ecstasy on Postmodern Culture*, Port Townsend, Washington: Bay Press, 126-134.

Bazin, André 1975: „Ontologie des fotografischen Bildes", in: Bazin, André: *Was ist Kino? Bausteine zur Theorie des Films*, Köln: M. DuMont Schauberg, 21-27.

Bellour, Raymond 1990: „L'Entre-Images", in: Bellour, Raymond: *L'Entre-Images. Photo. Cinéma. Vidéo*, Paris: La Différence, 9-15.

Bolter, Jay David 1997: „Die neue visuelle Kultur. Vom Hypertext zum Hyperfilm", in: *Telepolis* 2: 84-91.

Bolz, Norbert 1994: *Das kontrollierte Chaos. Vom Humanismus zur Medienwirklichkeit*, Düsseldorf/Wien/New York/Moskau: Econ.

Bonitzer, Pascal 1982: „La surface vidéo", in: Bonitzer, Pascal: *Le champ aveugle. Essais sur le cinéma*, Paris: Cahiers du Cinéma: Gallimard, 39-44.

Brunet, Patrick J. 1992: *Les outils de l'image du cinématographe au caméscope*, Montréal: Les Presses de l'Université du Montréal.

Comolli, Jean-Louis (im Druck): „Maschinen des Sichtbaren", in: Riesinger, Robert (ed.): *Der kinematographische Apparat*, Münster: Nodus.

Flusser, Vilém 1990: „Eine neue Einbildungskraft", in: Bohn, Volker (ed): *Bildlichkeit. Internationale Beiträge zur Poetik*, Frankfurt/M.: Suhrkamp, 115-126.

Freyermuth, Gundolf S. 1997: „Der Tod des Tonfilms", in: *Telepolis* 2: 5-19.

Gwóźdź, Andrzej 1997: *Obrazy i rzeczy. Film między mediami [Bilder und Dinge. Film zwischen den Medien]*, Kraków: Universitas.

Gwóźdź, Andrzej 2000: „(Inter)Medialität als Gegenstand der Filmwissenschaft", in: Heller, Heinz-B., Karl Prümm & Hartmut Winkler (eds.): *Über Bilder sprechen. Positionen und Perspektiven der Medienwissenschaft*, Marburg: Schüren, 69-78.

Hoffmann, Kay 1989: *Am Ende Video – Video am Ende? Aspekte der Elektronisierung der Spielfilmproduktion*, Berlin: Sigma.

Hoffman, Kay 1997: „Vom spektakulären Computereffekt zur unscheinbaren, alltäglichen Manipulation. Eine kurze Geschichte des *electronic cinema*", in: *Telepolis* 2: 20-30.

Manovich, Lev 1997: „Was ist ein digitaler Film?", in: *Telepolis* 2: 42-57.

Renaud, Alain 1989: „L'image numérique ou la catastrophe technologique des images", in: Iten, André (éd.) 1989: *3e Semaine Internationale de Vidéo Saint-Gervais Genève*, Genève, 23-27.

Telepolis 1997, Nr. 2 (*Hollywood Goes Digital – Neue Medien und Neues Kino*).

[Tuchman, Mitch & Anne Thompson] (1981): „,I'm the Boss'. George Lucas interviewed by...", in: *Film Comment* 4: 49-57.

Virilio, Paul 1989: *Die Sehmaschine*, Berlin: Merve.

Virilio, Paul 1994: *Krieg und Kino. Logistik der Wahrnehmung*, Frankfurt/M.: Fischer.

Weibel, Peter 1984: *Zur Geschichte und Ästhetik der digitalen Kunst. Supplement zum Katalog ARS ELECTRONICA '84*, Linz: ARS ELECTRONICA.

Wenders, Wim 1992: *The Act of Seeing. Texte und Gespräche*, Frankfurt/M.: Verlag der Autoren.

Wimmer, Thomas 1991: „Fabrikation der Fiktion? Versuch über den Film und die digitalen Bilder", in: Rötzer, Florian (ed.): *Digitaler Schein. Ästhetik der elektronischen Medien*, Frankfurt/M.: Suhrkamp, 519-533.

Yongblood Gene (1984), „Ein Medium reift heran: Video und das Unternehmen Kinematographie", in: *Ausstellungskatalog ARS ELECTRONICA '84*, Linz: Brucknerhaus, 119-126.

Inga Lemke

‚Verschwinden' des Körpers – ‚Wiederkehr' des Körpers

Theatralisierung und Anthropologisierung in den audiovisuellen Medien

I.

Die postmoderne ‚Krise' des Körpers

Phasen medialer und kultureller Umbrüche, Neubestimmung und ‚Krisen', die mit der Einführung und Etablierung neuer Medientechnologien verbunden sind, scheinen prädestiniert dafür zu sein, bereits überwunden geglaubte Vorstellungen und Antinomien zum Vorschein zu bringen, die seit der Entwicklung der bürgerlichen Gesellschaft thematisch und die mit der massenhaften Verbreitung von Kommunikationsmedien und vor allem mit der Einführung der technischen Aufzeichnungs- und Speichermedien in besonderer Weise virulent werden. Die ‚Krisen'-Symptomatik der Postmoderne im Kontext der Digitalisierung medialer Kommunikation und der Entwicklung neuer Biotechnologien ist gekennzeichnet durch die Postulierung des ‚Endes' und der ‚Wiederkehr' von zentralen Entitäten des Subjekts, der Kunst, des Bildes und *des Körpers*. Der Körper ist in den aktuellen Diskussionen zum zentralen Austragungsort medientheoretischer, kulturphilosophischer und feministischer Diskussionen geworden. Die Polarisierung der Positionen zeigt sich in der Beschwörung des Körpers als „Garant des Wirklichen" (Quéau 1995: 61f.) und „Existenzweise des Geschlechts" (Angerer 1995: 17) ebenso wie (ex negativo) in kulturpessimistischen Thesen vom „Psychodrama" seines Verschwindens, von der „vollkommene Entkörperlichung unserer Welt" (Baudrillard 1995: 93) oder vom „Tod der Klinik" (Haraway 1990: 194) einerseits und in der ‚Apriori'-Setzung der Technologie, in einer evolutionären, linearen Logik des Apparativen (vgl. Reck 1996: 236f., 243) andererseits, die in Postulaten zur Abschaffung des physischen Körpers, seiner Neugestaltung durch den vernetzten, implantierten Cyborg-Körper oder Robotik (Rötzer 1996: 50) und seiner Neuerfindung als Metapher (Bolter 1996: 86) mündet. Trotz oder gerade wegen ihrer binären Gegensätzlichkeit gründen diese Positionen auf derselben Hypothese: einer fundamentalen Ausschließung und Entgegensetzung von Körper und Medium, Mensch und Maschine, Natur und Kultur. Selbst dort, wo man in

,posthumanen' Strategien der „intelligente[n] Lebensform autonomer Bilder"
(Stelarc 1996: 73)[1] – oder in (post-)post-strukturalistisch-feministischen Cy-
borg-Strategien der imaginären, „organlose[n] Körper[]" (Angerer 1995: 31f.)
– „überholte metaphysische Unterscheidungen" (Stelarc 1996: 73) zwischen
Körper und Seele, Gehirn und Geist, Mensch und Maschine, Frau und Mann
endgültig abzuschaffen glaubt, schleicht sich diese zentrale Dichotomie des
modernen Individualismus gerade über die Absolutsetzung des autonomen Apparativen wieder ein.[2]

Die Thematisierung des Körpers, seines ,Verschwindens' und seiner (trans-
formierten) ,Wiederkehr' in den technischen Medien ist nicht neu. In der Geschichte der audiovisuellen Medien wurde sie insbesondere im Kontext der
Ablösung alter und der Entwicklung neuer medialer Wahrnehmungs- und
Kommunikationsweisen und neuer Modelle und Konstruktionen von Wirklichkeit und ihrer medialen Repräsentation immer wieder neu aufgelegt. Im Übergang vom Visuellen zum Virtuellen allerdings bekommt sie eine neue Qualität.

Inkorporation – Verkörperung

Betrachtet man die Entwicklung der Medien unter einer kultur-anthropologi-
schen Perspektive, die Kultur nicht als Entgegensetzung, sondern als Teil der
Natur des Menschen und somit Medien nicht als ,apparativ' geformt, sondern
als ,relational' auf den Menschen bezogene „Extensionen der menschlichen
Kommunikation" begreift, so läßt sich die Entwicklung von Formen medialer
Repräsentation ebenso wie die Produktion medialer Artefakte der Imagination
als – jeweils historische – an den Körper gebundene Modellierung der ,condi-
tion humaine' durch mediale Inkorporationen bzw. Verkörperungen lesen (vgl.
Reck 1996: 239, 242f.). Der Körper stellt in diesem Sinne eine Art ,Schnittstel-
le' dar zwischen der „anthropozentrischen Sphäre des Menschlichen" und der
symbolischen Repräsentation bzw. Illusion des Realen in den Medien als „Fak-
tur der Welt" (ibid. 242) (Inkorporation). Der Körper ist zugleich Ausgangspunkt und Bezugspunkt medialer Imagination, subjektiver bzw. künstlerischer
Objektivationen des Imaginären in medialen Artefakten (Verkörperung). Verkörperung als sinnliche Vergegenwärtigung des subjektiv Vorgestellten, als

1   „Der Körper ist veraltet. Wir sind am Ende der Philosophie und der menschlichen Physiolo-
     gie angelangt."
2   „Die Externalisierung des Inneren, die Abschaffung des Körpers in digitalen Heilslehren
     (Kunsttheorie und Metaphysik von AI,AL,VR,Cyberspace etc.) belegen die Kontinuität
     einer Motiv- und Mentalitätsgeschichte, ihrer imaginativen Topoi und kollektiv wirksamen
     Bilder, d.h. einer mediatisierten Vorstellungsgeschichte gerade dort, wo mit ideologischen
     Dispositiven dezisionistisch gebrochen werden soll." (Reck 1996: 236f.)

„inszenierte Imagination" (ibid. 243) in den Medien ist – als Differenz – immer auf Formen der Inkorporation in der ‚Realität' der Medien bezogen. Sie markiert – als Fiktion – den, sich in der kulturellen Entwicklung verschiebenden, Grenzverlauf zwischen Realität und Imagination (vgl. Krämer 1995: 130). Das Verfahren der Inkorporation wurde mit der Etablierung der Zentralperspektive in der frühen Neuzeit begründet. Mit der Zentralperspektive wurde ein Modell symbolischer Repräsentation im Bildmedium entwickelt, um die Differenz zwischen Realem und Imaginärem durch die Bezogenheit der abgebildeten Realität auf den Standpunkt eines distanzierten, externen Betrachters zu überbrücken. Die so angelegte, über die Verbindung von abstraktem Augenpunkt und bildgenerierendem Fluchtpunkt symbolisch konstruierte ‚Präsenz' des (externen) Betrachters im Bild ist wesentliche Voraussetzung für die Herstellung der Illusion des Realen, der Konstruktion des ‚als ob', die den menschlichen Wahrnehmungsvorgang des Sehens imitiert (vgl. Krämer 1995: 131), die aber zugleich mit der Fixierung oder ‚Stillstellung' des Auges und einer „Rationalisierung des Sehens", der „Geometrisierung des Wahrnehmungsprozesses" verbunden ist (Boehm 1994: 19). An dieses mit der Zentralperspektive in der Malerei entwickelte und in der Guckkastenbühne des Theaters des 19. Jahrhunderts ebenfalls perfektionierte Modell der Inkorporation des distanzierten, externen Betrachters in die symbolische Repräsentation von Welt knüpft die Herausbildung der Illusionstechniken der Repräsentation in den technischen Medien der Kinematographie und der Television unmittelbar an (vgl. Krämer 1995: 135).

Der in der „materiellen Ästhetik" des photographischen Filmbildes, seiner „Affinität zur sichtbaren Welt" und seinem Potential zur (scheinbar) unmittelbaren Wiedergabe der „physischen Realität" (Kracauer 1964: 11) angelegte – und durch den synchronen Einsatz von Stimmen und Geräuschen unterstützte – (in den audiovisuellen Medien der Massenkommunikation favorisierte) Status des Bildes „als Abbild, als Double der Realität " (Boehm 1994: 35) wird durch die auf den externen, distanzierten Betrachter bezogene Perspektivkonstruktion als illusionärer ‚Durchblick' durch den ‚Rahmen' der filmischen Leinwand oder den Fernsehmonitor als ‚Fenster zur Welt' geregelt und manifestiert. Durch die bewegte Kamera und den beweglichen Schnitt gerät der Standpunkt des inkorporierten Betrachters in Bewegung, er löst sich von der konstruktiven Statik des fixierten Bildpunkts, nähert sich nicht nur, sondern „durchquert", reicht „völlig in diese andere Welt hinein [...]" (Schefer 1980: 21, 27 übers. u. zitiert in: Gass 1993: 81), die eine fiktive ist. Die „anthropomorphe Kamera" (Brinckmann 1994) kann in Analogie zur menschlichen Wahrnehmung, wie sie Merleau-Ponty beschreibt, den Standpunkt des Betrachters von der Perspektive des Sehenden lösen, der „sich (...) gegenüber der Realität aufbaut" und ihn einbinden in einen (nicht sichtbaren) Körper, der „sein Tun in ihr vollzieht" und dessen Auge „gleichsam deren Spielräume durchquert, von ihnen umfaßt wird" (Boehm 1994: 19). Im Film erfährt so die in der Photographie stillgestellte, „verlorene Welt" lebendige Dynamisierung, „das in seiner lebendigen Einheit und Bewegung entkonstituierte Objekt der Photographie [...] fiktives Leben" (Gass 1993:81).

Mit der Digitalisierung der Audiovision ist die Herstellung weitgehend manipulierter oder synthctischer, computergenerierter Bilder und Räume möglich geworden, die nicht mehr nur als ‚Abbild' der Realität, sondern als Träger ‚virtueller Realitäten', ihrer Simulation fungieren können (vgl. Lampalzer 1992: 116f). „Mit dem Kino und dem Fernsehen stellten wir uns die Welt noch in Bildern vor, nun aber durch das Virtuelle, also durch Bilder, die zu Welten werden. In Zukunft können wir in Bilder eintreten. (...)" (Quéau: S. 61f.). Hat sich in den Medien der visuellen Repräsentation die Distanz zwischen dem Betrachter und dem ‚Rahmen' des bildlich Vorgestellten sukzessive reduziert, so wird diese mit ‚Eintreten' des Betrachters in das Bild völlig suspendiert, der externe wird zum internen Beobachter. Die Inkorporation des Benutzers ist gekoppelt an die leibliche Position und Blickrichtung seines ‚virtuellen Doppelgängers' im Datenraum, der die ‚Realität' des ihn umgebenden simulierten Raumes künftig nicht mehr nur über die Perzeption, sondern auch über den leibgebundenen Nahsinns des Taktilen wahrnehmen soll (vgl. Krämer 1995: 135f.).

Die Evolution der Kommunikationsmedien vollzog sich als Prozeß der Abstraktion von der leiblichen Präsenz des Körpers. Einzig dem Theater bleibt die organisch-lebendige Repräsentation, die physische Gegenwart und Transitorik des Zuschauers und des schauspielenden Menschen auf der Bühne vorbehalten. Umgekehrt führt in den Medien der visuellen Kommunikation die Inkorporation des Betrachters und deren sukzessive Ent-Distanzierung, gekoppelt mit einer immer komplexer werdenden Imitation der Funktionsweisen menschlicher Wahrnehmung – des Gesichtssinns, des Hörsinns und (in Zukunft) des Tastsinns –, zu einer sich steigernden Illusionierung, die die Erfahrung einer (notgedungen reduktionistischen) Körperlichkeit in der medialen Realität selbst installiert. Die Steigerung der Darstellung „zu einem perfekten ‚Als Ob'" in den elektronischen Simulationstechniken läßt, so mag es scheinen, „tendenziell die Differenz zwischen Bild und Realität selbst" verschwinden, „factum und fictum konvergieren" (Boehm 1994:35). Die gezielte Verschleierung der eigenen Bildlichkeit, die Suggestion des bildlichen Realitätsersatzes hat einen Verlust des Fiktionsbewußtseins zur Folge, das Differenz, inszenierte Imagination und Verkörperung erst möglich macht.

Natur-Kultur-Körper-Identität

Will man auf der anderen Seite – die kultur-anthropologische Perspektive aufgreifend – das Verhältnis des Menschen zur Natur und zu seinem Körper bestimmen, so kann man dieses wiederum nur als immer zugleich kulturell geprägtes fassen: der Körper als ‚reine Physis', d.h. ohne kulturelles Referenzsystem ist bedeutungslos (vgl. Barthes 1985: 264). Die im christlichen Weltbild angelegte Unterscheidung von Leib und Seele als diesseitiger und jenseitiger Existenz wird mit der Herausbildung des modernen Individualismus und der Zivilgesellschaft im 18. Jahrhundert auf die diesseitige Differenz von Naturzustand und Zivilisation übertragen. Die so entstandene Dichotomie zwischen Natur und Kultur verlagert sich in das ‚Innere' des modernen Individuums (vgl. Luhmann 1989: 173; 195). Wurde im 18. Jahrhundert Natur im Bereich des öffentlichen Lebens als das der Zivilisation unterzuordnende definiert und im rationalen Bewußtsein der Aufklärung als „chaotischer Stoff" und Objekt „bloßer Einteilung" disqualifiziert (Horkheimer & Adorno 1969: 12f.), konnte sich mit der Konstituierung des Privaten ein Bereich etablieren, in dem – gegen die ‚Künstlichkeit' der öffentlichen Konventionen – dezidiert ‚Natürlichkeit' situiert wurde. Der dem bürgerlichen Subjekt mitgegebene Konflikt zwischen Äußerem und Innerem, von Kultur und Natur wurde über die Herstellung eines mit der bürgerlichen Moral verbundenen ästhetischen Ideals ‚gelöst'. Der ‚natürliche', ‚ungekünstelte' Körper – vor allem der bürgerlichen Frau – wurde zur Repräsentationsinstanz für das „Authentische", „Eigentliche", das „wahre, natürliche Wesen" einer Person (Sykora 1997: 143f.; vgl. Bovenschen 1986: 16; Laqueur 1992: 23), das in den weiblichen Protagonistinnen des bürgerlichen Trauerspiel des 18. Jahrhunderts seine Verkörperung fand. Dabei wurde der biologische Gegensatz zwischen Mann und Frau mit der Polarität der sozialen Geschlechterdifferenz, der Zuordnung des Weiblichen zum privaten und des Männlichen zum öffentlichen Bereich, verbunden: „die Repräsentation des Konstrukts Leib ist gleich Natur an den ‚privatisierten' Körper der Frau und seine Imago" (Sykora 1997: 144) delegiert. Die Konstruktion des weiblichen Körpers als Metapher des Natürlichen – dessen ‚Dilemma' einer reziproken, gleichermaßen an den Bildstatus des Weiblichen und seine Reduktion auf den Geschlechtskörper gebundenen Naturalisierung und De-Naturalisierung die feministische Debatte deutlich gemacht hat[3] – wurde im Übergang zum 19. Jahrhundert in der Vorstellung des weiblichen Körpers als Automaten in der Literatur der Romantik als perfekte Täuschung entlarvt, die in einer unauflösbaren Fusion von Weiblichkeit, Kunst und Natürlichkeit erstarrt ist.[4]

Durch die zunehmende Entfremdung von der Natur und dem Körper wird die dem bürgerlichen Individualismus inhärente „Normierung des Ich durch das Ich" (Georg Simmel, zit. in Luhmann 1989: 213) „[...] in dem Maße, als die Natur – [...] sowohl die äußere als die innere – an Sinnsicherheit verliert" (Luhmann 1989: 222) nur noch subjektiv lösbar. Im Kontext der problematisch gewordenen Souveränität des bürgerlichen Subjekts taucht im 19. Jahrhundert ein Identitätsmodell auf, das über das Medium des Buches, den bürgerlichen Roman vermittelt, sich als Existenzform etabliert: der ‚Homme-copie' (Stendhal). Mit der ‚Kopie', der Imitation von literarischen Vorbildern wird Selbstinszenierung und Vortäuschung von Originalität als das Künstliche thematisch, dem gegenüber die ‚Natur' als das nur noch schwer verkörperbare Originale erneut an Wertigkeit gewinnt (vgl. Luhmann 1989: 221f.). In der Moderne werden Selbstdarstellung und Täuschung, der antizipierende Blick auf das Selbst und den Anderen (als Objekt), Fremd- und Selbstbild für die Identitätsbildung des Bürgers konstitutiv (vgl. Kleinspehn 1989: 319f.) Die Positionierung des Selbst zwischen außengeleiteten und introspektiv hergestellten Identitätsmodellen wird zum Problem, die Herstellung seiner Einheit zum Gegenstand der Selbstreflexion, seines Bewußtseins, seiner Psyche (vgl. Luhmann 1989: 223f., 227). Der Verlust der Souveränität des Subjekts, seine Fragmentierung kommt erst in der klassischen Moderne zur thematischen Entfaltung, in der mit der Etablierung der technischen Medien die Macht der visuellen Bilder und ‚Images' und des inszenierten ‚Spektakels' zur Wirkung kommt. Die historische Transformation von Körper- und Identitätskonzeptionen im Spannungsfeld von Öffentlichkeit und Privatheit, Kultur und Natur tritt in der Moderne/Postmoderne in den Kontext einer grenzüberschreitenden Entwicklung zu einer ‚Visualisierung' (McLuhan 1967, 1968; Virilio 1988) und einer – seit dem Beginn des 20. Jahrhunderts registrierten und mit der epochalen Expansion der elektronischen Medien zunehmenden – ‚Theatralisierung' von Kultur (vgl. Goffman 1996; Debord 1978; Müller-Dohm et al. 1995).

---

3   Judith Butler wie auch Donna Haraway haben in der Gender-Debatte auf die historische
     und theoretische Verknüpfung des sozial konstruierten Körpers und des anatomisch-biolo-
     gischen Körpers und auf die gesellschaftliche Konstruiertheit auch dem physischen Materia-
     lität des Körpers, als einer performativ hergestellten, hingewiesen. Vgl. Butler 1991.
4   Zu verweisen wäre hier insbesondere auf E.T.A.Hoffmanns Erzählung „Der Sandmann"
     (1815), in dem der Protagonist Nathanel nach der Zerstörung der Automatenfrau Olimpia
     seine Verlobte Clara als künstliche Frau wahrnimmt und sich angesicht der ihn in den
     Wahnsinn treibenden, nicht mehr auflösbaren Fusion von Weiblichkeit, Natürlichkeit und
     Künstlichkeit in den Tod stürzt.

Anknüpfend an den historischen Exkurs läßt sich Körperlichkeit beschreiben als zugleich anatomisch-biologische und repräsentierte, naturalisierte und ent-naturalisierte, performativ hergestellte und inszenierte Materialität, und Verkörperung personaler Identität als ständig herzustellende bzw. sich einstellende, in heterogenen Feldern menschlicher Sozialisierung sich aufspaltende, private und öffentliche Aktivität direkter Kommunikation und Interaktion. Mit der Einführung der technischen Medien der Audiovision sind diese Bestimmungen in ein noch komplexeres Feld der Vermittlung neu entstandener Antinomien eingebunden: von Körperlichkeit als physische Materialität und Immaterialität medialer Inkorporation und Verkörperung, – von direkter Kommunikation und Interaktion und der durch mediale Dispositive präfigurierten (einseitigen) medialen Kommunikation, – von real verkörperten und an medialen Vorbildern und Images orientierten Verhaltensweisen und Selbstbildern, – von der Realität des Alltags und der illusionär hergestellten, zum ‚Event' stilisierten ‚Pseudo'-Realität der Medien (vgl. Lischka 1992).

II.

Prozesse der Theatralisierung und Anthropologisierung kennzeichnen wesentlich die Entwicklung des Theaters und der Performance im 20. Jahrhundert, die einerseits noch an den medialen Kontext des Theaters gebunden ist, die sich andererseits aber vom Theater als Medium löst und sich, in Korrespondenz mit der Ausweitung des Theatralen im Sinne einer ‚cultural performance' (Singer 1959: XIIf.; Schechner 1973, 1985), in den Bereich des alltäglichen Lebens ausdehnt. Theatralisierung im Theater zielt auf die in Abgrenzung zum literarischen Theater vorgenommene Akzentuierung des gesamten Ensembles der für das Theater konstitutiven Materialien und Zeichensysteme, seiner inszenatorischen und performativen Elemente. Anthropologisierung ist zentriert auf die Wiedereinsetzung des Körpers als Ur-Grund menschlicher Erfahrung, als ‚Zeichen Mensch' in der theatralen Kommunikation.

Theatralisierung und Anthropologisierung in den audiovisuellen Medien verstehe ich in diesem Sinne als intermediale Prozesse der Transformation und Translokation von Verfahren des Inszenatorischen und Performativen sowie der Re-Installierung des Körpers, seiner ‚Präsenz', als Zeichen menschlicher Natur. Im Folgenden möchte ich anhand von historischen Beispielen ‚inszenierter Imagination' Strategien der Theatralisierung und Anthropologisierung in den audiovisuellen Medien als (zum Teil miteinander verkoppelte) Strategien medialer Verkörperung vorstellen und bezogen auf die aktuelle ‚Krisen'-Diskussion perspektivieren. Als Strategien der medialen Verkörperung sind diese Prozesse in einem Bereich *zwischen* Körper und Medium verortet, und zwar dort, wo der leibliche Körper selbst als ‚Schnittstelle' und als (Austragungs-),Ort' von Differenz thematisch wird.

Der Schnitt durch das Auge

Der wohl berühmteste Schnitt in der Filmgeschichte ist der Schnitt durch das Auge einer jungen Frau in Luis Buñuel/Salvador Dalís Film *Un chien andalou* (1928). Oder besser: die durch die Montage der Nahaufnahme eines weiblichen Gesichts mit der Großaufnahme eines vor der Kamera duchschnittenen Tierauges hergestellte Illusion dieses Schnitts. Die schockierende Wirkung dieser Filmszene, in der der Schnitt eines Rasiermessers durch den Augapfel und das langsame Auslaufen des Glaskörpers ganz deutlich gezeigt wird, hat sich bis heute bewahrt (vgl. Köster 1994: 66). Der performative Akt dieses Schnitts ist – als agressiver Akt der Zerstörung, der den menschlichen Körper an einer seiner empfindlichsten Stellen trifft – direkt auf die Wahrnehmung des Betrachters, auf seinen Blick, auf seinen Körper gerichtet. Für den inkorporierten Betrachter, der durch die Kamera ganz nah an die ‚Mikrodramatik' des auf der Leinwand projizierten Körpers, des menschlichen Gesichts herangeholt worden ist (vgl. Balázs 1980)[5], ist die physische Verletzung des im Film gezeigten Körpers durch die emphatische Bezogenheit auf seinen eigenen Körper im Moment des filmischen ‚Schocks' unmittelbar physisch erlebbar. Der Schnitt als performativer Akt ‚durchschneidet' so für einen kurzen Moment die Distanz zwischen realem und medialem Körper.

Man kann den performativem Akt des Schnitts auch als Metapher für den Angriff auf das bürgerliche Subjekt und seine Repräsentationsformen deuten, die auf der zentralen Positionierung des Auges und der Perzeption als Zentrum menschlicher Wahrnehmung beruhen. Der filmische ‚Schock' stört und unterbricht nicht nur den Vorgang filmischer Illusionierung, auf dem seine Wirkung zugleich aufbaut, er setzt den Blick frei für die Verkörperung von Imagination: für die Visualisierung des Verdinglichten und Verdrängten, von Natur, Psyche, Sexualität und leiblichem Körper. Phantasie, Träume, Vorstellungen, Gefühle und auch Dinge erhalten in diesem Film ‚physische Realität', werden zu „poetisch erfahrbaren Metaphern aus Fleisch und Blut" (Reck 1994: 263). Verkörperung bleibt hier an die Semantik des Auges gebunden: an die Stelle der Wahrnehmung tritt die nach außen gekehrte Introspektion, die visualisierte Halluzination und die Schaulust, die den Zuschauer als Voyeur mit einbezieht.

---

5   Béla Balázs nennt dies den ‚visuellen Anthromorphismus' des Filmbildes.

Der Schnitt in die Haut

Unter die Haut gehen jene Schnitte, die sich Valie Export in ihrem 16mm Film *Remote, Remote* (1973) selbst zufügt. Die Mise en Scène ist einfach: Die Künstlerin hat sich frontal, auf einem Stuhl sitzend vor der Filmkamera plaziert, an der Wand hinter ihr befindet sich eine zum Plakat vergrößerte Schwarz-Weiß-Photographie von zwei Kindern in einer trostlosen Umgebung, vor ihr ein kleiner Tisch mit einer Schale, darin eine weiße Flüssigkeit. Zunächst sieht man nur, wie die Künstlerin mit dem Einsetzen eines rhythmisch-klopfenden Geräusches eine Tätigkeit mit ihren Händen vorzunehmen beginnt. Zwölf Minuten lang, über die gesamte Dauer des Films, wird sie diese Tätigkeit fortsetzen, bis kurz vor dem Ende, an dem auch das Geräusch verklingt. Sukzessive eröffnet die Kamera dem Zuschauer Nahblicke auf das, was vor der Kamera vor sich geht. Er sieht, und sieht dann wieder nicht, weiß von nun an, und muß dann wieder, in immer näher rückenden Einstellungen Augenzeuge dafür werden, daß die Künstlerin mit einem Teppichmesser immer wieder in die Nagelhaut ihrer Finger schneidet, da, wo der Schmerz am größten ist. In dem Moment, wo das sehende und wissende Zusehen kaum noch zu ertragen ist, darf er sehen, wie die zerschundenen Hände in die weiße Flüssigkeit getaucht werden, diese sich rot verfärbt. Katharsis. Die Kamera zoomt auf den blutigen Mund und die abgeknabberten Nägel der Kinder.

Wie im surrealistischen Film wird hier Verdängtes, Unterbewußtes über den Körper visualisiert. Der Körper ist hier der Körper der Künstlerin. Er ist „zugleich Hülle und sichtbare Erscheinungsform des Ich" (von Braun 1997: 10), Oberfläche und Projektionsfläche des beschädigten Subjekts. Die Verletzung der Oberfläche, der Schnitt in die Haut, die klaffende Wunde, legt als Öffnung nach Innen den Blick frei auf die Psyche: „In den Schnitten der Haut spielt sich das Drama der Selbstdarstellung ab. Sichtbarmachungen zeigen auf, was Vergangenheit in der Gegenwart und Gegenwart in der Vergangenheit ist. Meine Außenseite zeigt den Innenraum, indem ich mich nach innen bewege, das Innere stülpt sich nach außen, klafft nach außen – psychische Wunde" (Valie Export 1997: 102)[6]. Die Künstlerin ist ihr verkörpertes Selbst, das Bild ihres Körpers ist ein visuelles und ein psychologisches, ein Bild ihrer Physis und ihrer Psyche, an deren 'Schnittstelle', der Haut, Spuren der Verletzung sichtbar werden.

Die Dauer der gefilmten Aktion und der über den prozessualen Verlauf der selbst-zerstörerischen Aktion verbürgte 'Live'-Charakter der Filmaufnahmen

---

6 Zitat Valie Export, in: *Split: Reality. Valie Export 1997*, Katalog Museum moderner Kunst Stiftung Ludwig Wien, Wien/New York: Springer.

erzeugen, zusammen mit der Selbst-Plazierung der Künstlerin als ‚Gegenüber'
des Betrachters, eine „Rhetorik der Präsenz" (Wagner 2000: 61), die den Zuschauer als ‚Zeugen' in die durch sukzessive Annäherung gesteigerte Dramatik
der Aktion mit einbindet. Dauer, zeitliche und räumliche ‚Präsenz' und ‚Nähe'
erzeugen zugleich jene Koppelung des Körpers der Künstlerin mit der wahrnehmenden und physischen Präsenz des Betrachters, die den Schnitt in die
Haut für diesen zu einem stakkatoartig in die Zeit enthobenen Schockerlebnis
macht.

Die Wiedereinsetzung des Körpers in den Film- und Videoperformances der
sechziger und frühen siebziger Jahre war an eine der letzten modernen Utopien
gebunden: an die Vorstellung des im neutralen (auch medialen) Kunstraum
ausstellbaren ‚reinen', ‚neutralen' oder leidenden, ‚authentischen' Körpers des
Künstlers als transitorisches Material medialer Verkörperung. Anders als die
künstlerischen Selbstinszenierung und die zum Teil spektakulären Selbstver-
letzungen der amerikanischen Vertreter der Performance und Body Art und die
Aktionen der Wiener Aktionisten, die den malträtierte Körper als Objekt, „als
Spiegel und Ort gesellschaftlicher Zurichtung" (Prammer 1988:9) inszenierten, zielt Valie Exports feministischer Aktionismus auf die Re-Inszenierung
des weiblichen Körpers als Subjekt. Dabei werden dem Weiblichen als ‚typisch' zugeordnete (aber durchaus auch in den Body-Art-Aktionen männlichen
Kollegen dokumentierte) Formen der Selbstdestruktion und therapeutischer
Selbstbezogenheit sowie „psychologische Strukturen [...] vornehmlich maso-
chistischer und narzißtischer Prägung zum Ausdruck gebracht" (Mueller 1992:
109).

Der Schnitt durch das Bild/den Körper: Split Screen/Split Reality

Bereits in der Eingangssequenz von Valie Exports 16mm Film *Syntagma*
(1983), in der zwei sichtbar ‚kultivierte', gepflegte Frauenhände mit einigem
Aufwand an Kraft einen Spalt zwischen zwei in Großaufnahme gezeigten Zelluloidstreifen öffnen, wird die intentionale Ausrichtung des Films deutlich gemacht: die Suche der Frau nach ihrem eigenen Bild, nach dem Bild ihres Körpers. Zugleich wird in dieser Szene eine Doppelung angedeutet: von Materialität – des Körpers wie des Zelluloid des Filmstreifens – und von Kulturalität –
des Körpers und des Filmbildes der Repräsentation. Auch der Titel *Syntagma*
(gr. syntagma: Zusammengestelltes, Sammlung) verweist bereits auf etwas Zu-
sammengesetztes, eine Relation, die in der Reihung der folgenden, lose verknüpften Sequenzen thematisch wird. *Syntagma* ist ein im audiovisuellen Medium performierter Diskurs über den Körper. Thesenartig führt dieser selbstre-

flexive Film, in dem immer wieder intertextuelle Bezüge zu früheren Arbeiten der Künstlerin hergestellt werden, die Doppelung des Frauenkörpers in immer komplexer werdenden Schichten vor: als natürlicher und kultureller Körper, als Material des subjektiven Ausdrucks und der kulturell codierten Formung, als Subjekt und Objekt – leiblicher wie medialer – Verkörperung und Repräsentation.

Die Buchstabierung des Filmtitels in Zeichensprache versinnbildlicht den „sinnliche[n] Körper als eine Art verleiblichte[] Rede", die in der darauffolgenden Sequenz gegeneinander geschnittenen Bilder von nackten Füßen mit rotlackierten Zehennägeln und von mit hochhackigen Schuhen bekleideten Füßen, die eine Treppe hinabschreiten, veranschaulichen die „Dualität des Körpers als Text" (Silverman 1997: 44). Auf den Schnitt zwischen diesen Einstellungen, der nicht mehr eindeutig zwischen Natürlichem und Kulturellem verläuft, folgt in der nächsten Sequenz der Schnitt durch das Bild: der Split Screen. Der Split Screen, der Schnitt, der vertikal durch das Bild verläuft, zeigt die doppelte Ansicht einer Frau in einer (scheinbar) identischen Situation, die er zugleich trennt und verbindet. Er verweist auf etwas Geteiltes und Vermitteltes, auf eine Differenz und auf eine Einheit (vgl. Silverman 1997: 37). Programmatisch werden zu diesen Bildern Zitate aus einem Text (aus R.D. Laings „Das geteilte Selbst") im Bild gezeigt und von zwei Frauenstimmen verlesen: der Körper – so ist zu lesen und zu hören – ist die ,Schnittstelle zwischen Ich und Welt', zwischen Privatheit und Öffentlichkeit; er ist mit der Fähigkeit ausgestattet, zwei Gestalten anzunehmen, er ist ,Kern und Zentrum der eigenen Welt' und ,Objekt in der Welt der Anderen'. Der Schnitt durch das Bild ist, als Mittel der Trennung und der Montage, auf die Realität des Körpers gerichtet: er verdeutlicht zusammengesetzte Einheit, Differenz und Fragmentierung zugleich.

Diese ,montierte Trennung', so zeigt uns Valie Export durch den Einsatz des Split Screen in den folgenden Sequenzen, geht durch alle anderen Bezüge hindurch: durch den Bereich des sinnlich-affektiven Körpers (vgl. Silverman 1997: 45), den Bereich der darstellenden und reproduzierenden Tätigkeit und den Bereich der medialen Repräsentation. Die selbstreflexive Form des Films und die durch den Schnitt durch die Bilder hergestellte Aufspaltung des Blicks des Betrachters führen einerseits zu einer Distanzierung; die performative Herstellung und Durchbrechung von Bezügen und Schichtungen bezieht den Betrachter gleichermaßen in den selbstreflexiven Prozeß mit ein. So wird die Doppelung von Selbstbild und Abbild, von Materialität und Kulturalität des Körpers in der medialen Vermittlung als eine erneute Schichtung ins Bild, in Szene gesetzt. Dabei werden Materialität und Form der Repräsentation in den einzelnen Medien – der Sprache, der Photographie, des Films und des Videos – durchdekliniert. Die Stimme als klangliche, das mit der Hand geformte Zeichen als visuelle Verkörperung von Sprache; der photographierte Körper als Bild, der gefilmte Körper als Spiegelung des Ich, der mit der Videokamera aufgenommene Körper als überwachter – gleichermaßen gesehen, beobachtet und in Szene gesetzt.

„Für Valie Export", so Kaja Silverman, „gibt es kein körperliches Reales, das nicht durch Repräsentation beeinflußt wäre und keine leibliche Repräsentation ohne reale Wirkung" (Silverman 1997: 37, 47). Gerade da, wo der Film die Schnittstelle, ‚Naht‘, oder „Suture" (Sykora 1997: 142, 152)[7] im medialen Bild des Körpers offenlegt und darüber den Körper als Kompositen vorzeigt, dessen Zusammengesetztsein Verkörperung und Repräsentation sonst zu verdecken sucht, verdeutlicht sie die Aufhebung der Dichotomie von Repräsentation und leiblicher Wirklichkeit.

Der Schnitt als Eintritt und Blick in den Körper – Corps Étranger

Mit der Entwicklung neuer Biotechnologien, zum Beispiel der Endoskopie, sind neue Blicke auf den Körper möglich geworden: der Blick in den Körper, in seine Organe, der Blick auf den Körper als Innenraum. Mona Hatoum hat in ihrer Videoinstallation *Corps Étranger* (1994) diesen Blick als einen doppelten Akt des Eindringens inszeniert. Der Besucher der Pariser Ausstellung, in der diese Arbeit zuerst gezeigt wurde, konnte des Kunstwerks nur ansichtig werden, indem er in es hinein ging. Mit dem Betreten des Raumes dringt man ein in ein Inneres, und zwar physisch wie perzeptiv: man ist umgeben von einem zylinderförmigen Innenraum und einem akustischen Raum von Geräuschen, die aus dem Inneren des Körpers stammen; gleichzeitig wird der Blick gelenkt auf eine kreisförmige Projektionsfläche am Boden des Raumes, in die man gleichermaßen mit der Kamera ‚eintaucht‘. Der Betrachter ‚folgt‘ der winzigen Kamera, dem ‚klinischen Auge‘, das von der Oberfläche eines Körpers durch die Haut in sein Inneres eindringt. Das Innere wird nach Außen gekehrt, die Oberfläche, die Haut, ist nicht mehr die Grenze des Körpers.

Nie gesehene Bilder, nie gehörte Geräusche vom Körper umgeben den Betrachter, Eindrücke, die sowohl Ekel und Befremden als auch Gefühle von Be-

---

7   Die von Jacques Alain Miller geprägte und von der feministischen Filmtheorie, vor allem von Kaja Silverman aufgegriffene Metapher der „Suture" gibt, so Katharina Sykora, „als Zeichen für den Wunsch nach einem homogenen, ungebrochenen ‚natürlichen‘ Körper und als Zeichen für den fragmentarischen [...], zusammengesetzten Körper [...] ein Mittel an die Hand, das medialisierte Körperbild nicht zwischen Natur und Technik zu lokalisieren, sondern als Teilnehmer an beiden Kategorien zugleich zu benennen".

wunderung und Verwunderung hervorrufen können. Gezeigt wird ein Körper, der zugleich der Naheste, ‚Intimste' und der Anonyme, Unbekannte, Fremde ist. *Corps Étranger* – der Körper wird hier als Fremder inszeniert, als konfuses, noch zu erkundendes Terrain, dessen Bilder noch nicht von der Repräsentation erschlossen sind: Bilder vom reinen Fleisch, der Organe. Ein Territorium zugleich, das mit seinem Sichtbarwerden der ‚Kolonialisierung' und ‚Eroberung' durch die ‚Maschine' und durch den Blick preisgegeben wird. Aber was gibt es da eigentlich zu sehen? Nichts! Nichts? Einen Körper ohne Seele, ohne Geheimnis, die leibliche ‚Maschine' menschlicher Funktionen (vgl. Philippi 1994: 25f.).

Es könnte ein beliebiger Körper sein, nur die geschlechtliche Differenz existiert: es ist ein weiblicher Körper. Aber es ist der Körper der Künstlerin, die hier für das Weibliche einsteht. Durch diese Selbstinszenierung des Ich bekommt der inszenierte Akt des Eindringens in den Körper – wie franz. ‚pénétration' in seiner doppelten Bedeutung – einen doppelt gewaltsamen Charakter. Über die symbolische Inszenierung des Körpers der Künstlerin als dem der Gewaltsamkeit der Technik und des Blicks ausgesetzten Körper eines weiblichen Subjekts werden die Bilder seines Fleisches und seiner Organe lesbar: als metaphorischer ‚Text' einer Frau ‚aus Fleisch und Blut', ihr Herz und ihre Arterien als vitales Zentrum und Ort ihrer Seele (vgl. van Assche 1994: 12), der Rhythmus ihres Pulses und ihrer Atmung als Rhythmus ihrer menschlichen Natur (vgl. Philippi 1994: 24). Die Natur des menschlichen Körpers, des Leibes und insbesondere des Leibes des weiblichen Subjekts steht hier (erneut) zur Disposition.

Im Kontext einer zunehmenden Vermischung von Sozialem und Individuellem, des Verlusts der Vorstellung einer nicht kulturell codierten Natürlichkeit und einer über diese vermittelten Identität des Subjekts wird hier eine Re-Installierung des ‚natürlichen' Körpers (der Künstlerin) – zumal des weiblichen Körpers – vorgenommen, dessen Innenraum, als letztes Refugium von Natur und von Privatheit, es gegen den ‚klinischen' Blick der Technik und die Invasion der Apparate zu verteidigen gilt. Damit entsteht eine neue Dichotomie zwischen Natur und Kultur, Mensch und Maschine, in der dem weiblichen ‚natürlichen Körper' die Rolle des passiven Opfers zugeschrieben wird. Mona Hatoum inszeniert in *Corps Étranger* – wie u.a. auch Valie Export in ihrer multimedialen Installation *Der Schrei* (1994) und Bill Viola in seiner bereits 1983 entstandenen Videoinstallation *Science of the Heart* – den Körper des Fleisches und der Organe als letzte Instanz einer nicht-künstlichen, nicht-inszenierten Natur, das Innere des Körpers als noch nicht verlorene Totalität (vgl.

Philippi 1994: 26), das – nach außen gekehrt – zum leidenden Fleisch, zum kreatürlichen Schrei, zum Memento mori wird.

Meta-Physik des Körpers

In einer Zeit des Übergangs, die gleichermaßen von der Entwicklung neuer elektronischer Simulationstechniken und vom Einsatz plastischer Chirurgie, von Neurobiologie, Gen- und Reproduktionstechnologie geprägt ist, wird der Körper einmal mehr als ‚Garant des Wirklichen' beschworen. Für das, was einmal dem cartesianischen ‚cogito ergo sum' vorbehalten war, soll nun die Fleischlichkeit des Körpers einstehen (vgl. Quéau: 61f.). Eine Steigerung dieser Verklärung des Körpers gibt es nur noch in den theatralen, aus dem schwarzen Nichts hervorleuchtenden, luciden Bild-Räumen eines Bill Viola, der in seinen Videoinszenierungen der 90er Jahre wie *Nantes Triptych* (1992) und *Stations* (1994) Prozesse des Übergangs, des transitorischen Erscheinens, Schwebens und Verschwindens des menschlichen Körpers inszeniert. In Bildern von gebärenden, neu-geborenen und sterbenden und immer wieder im Wasser treibenden Körpern thematisiert er den zyklische Kreislauf des menschlichen Lebens, von Geburt, Leben, Tod und Wiedergeburt. Die Bilder dieser Menschen, die aus der sichtbaren Wirklichkeit hervorgegangen sind, gestaltet Viola um zu – dieser gleichermaßen enthobenen – illusionären Bildern von menschlichen Körpern ohne Identität, die als etwas Allgemeines menschliche Natur verkörpern (vgl. Lauter 1992: 60).

Der im Dunkeln stehende, von diesen Bildern umgebene Betrachter taucht ganz in diese Bilder ein, erfährt sie – der Außenwelt wie der alltäglichen Zeitrechnung enthoben – körperlich, unmittelbar. Der subjektiven Gegenwart des wahrnehmenden, denkenden, fühlenden Betrachters begegnen diese Bilder als „lebendige[], sich permanent wandelnde Ereignis[se]", als Bilder, denen man „Leben eingehaucht" zu haben scheint (Zutter 1992: 95, 99). Sie sind perfekte und in dieser Perfektion verführerische Visionen des intakten aber vergänglichen Körpers, einer Harmonie zwischen Mensch und Natur, einer wiederhergestellten Einheit von Geist und Körper im medialen Raum. „Der eigentliche Kampf, dessen Zeugen wir heute sind", so Viola, „besteht zwischen unserem inneren und äußeren Leben. Und unser Körper ist die Bühne, auf dem sich dieser Konflikt abspielt" (Zitat Bill Viola in Syring 1992: 20).

Viola greift bei der Konzeption seiner anthropomorphen Inszenierungen nicht zufällig auf die aus der christlichen Bildtradition stammende Form des dreiteiligen Tafelbildes zurück. Seine Videobilder sollen „sichtbar machen, was nicht sichtbar ist" (Syring 1992: 13), die Außenwelt wird von ihm nur als ein ‚Durchgang' gesehen zu anderen Wirklichkeiten. Die Bilder sollen eine „transformierende Kraft" auf den Betrachter ausüben (Zitat Bill Viola in Zutter 1992: 96), sie zielen auf Transzendenz. Imagination wird hier in den luziden, transzendenten Bildraum verlegt. Durch die Raumwirkung seiner ‚projektiven' Räume wird „der Wahrnehmungsraum ins Unendliche" erweitert, „Raumgrenzen sind in bisher unbekannter Totalität negiert"; das Psychodrama erhält in diesen „luziden Bildräumen [...] eine neue Dimension" (Haenlein 1995: 10). Die ‚Wiederkehr' des Körpers wird in Bill Violas Videoinstallationen als postmoderner Mystizismus (vgl. Jameson 1998: 127) und als sensorisches Spektakel illusionärer Verkörperung inszeniert – „Hollywood der Seele" hat Anne M. Wagner Violas Arbeiten genannt (Wagner 2000: 59).

Die ‚Wiederkehr' des leiblichen Körpers in den audiovisuellen Medien läßt sich lesen als zunehmend defensive Strategie der Selbstversicherung und als Symptom der brüchig gewordene Souveränität des modernen Subjekts, die in den 90er Jahren in eine Form der meta-physischen Verklärung umschlägt. Hatte das modernen Bewußtseins der Ausgrenzung zunächst zu emanzipativen Versuchen der Wiedereinsetzung des Körpers auch in Formen medialer Imagination geführt, so scheint für die aktuelle ‚Krise' und Neubewertung des Körpers jene Folgerung zuzutreffen, die Niklas Luhmann für die Bedeutung des Individuums in unserer Gesellschaft geschlossen hat: gerade sein Ausschluß aus dem gesellschaftlicheen Leben „ermöglicht seinen Wiedereintritt als Wert in der Ideologie" (Luhmann 1989: 158f.).

Literatur

Angerer, Marie-Luise 1995: „The Body of Gender. Körper. Geschlechter. Identitäten", in: dies. (ed.) 1995: *The Body of Gender. Körper. Geschlechter. Identitäten*, Wien: Passagen, 17-34.

van Assche, Christine 1994: „Introduction", in: *mona hatoum*. Katalog Centre Georges Pompidou, Paris, 10-13.

Balázs, Béla 1980: *Der Film. Werden und Wesen einer neuen Kunst*, 6. Aufl., Wien: Globus.

Barthes, Roland 1985: *Die Sprache der Mode*, Frankfurt am Main: Suhrkamp.

Baudrillard, Jean 1995: „Illusion, Desillusion, Ästhetik", in: Iglhaut, Stefan, Florian Rötzer & Elisabeth Schweeger (eds.) 1995: *Illusion und Simulation. Begegnung mit der Realität*, Ostfildern: Cantz, 90-101.

Boehm, Gottfried 1994: „Die Wiederkehr der Bilder", in: ders. (ed.) 1995: *Was ist ein Bild?*, München 1994, 2.Aufl. 1995: Fink, 11-38.

Bolter, Jay David 1996: „Virtuelle Realität und die Epistomologie des Körpers", in: Rötzer, Florian (ed.) 1996: *Die Zukunft des Körpers I, Kunstforum International*, Bd. 132, Nov. - Jan 1996: 85-89.

Bovenschen, Silvia 1986: „Über die Listen der Mode", in: dies. (ed.): *Die Listen der Mode*, Frankfurt am Main: Suhrkamp.

von Braun, Christina 1997: „Warum etwas zeigen, was man sehen kann?", in: *Split: Reality. Valie Export 1997*, Katalog Museum moderner Kunst Stiftung Ludwig Wien, Wien/New York: Springer, 6-14.

Brinckmann, Christine N. 1994: „Die anthropomorphe Kamera", in: Lewinsky, Mariann & Alexandra Schneider (eds.) 1997: *Christine N. Brinckmann. Die anthropomorphe Kamera und andere Schriften zur filmischen Narration*, Zürich: Chronos, 276-301.

Butler, Judith 1991: *Das Unbehagen der Geschlechter*, Frankfurt am Main: Suhrkamp.

Butler, Judith 1997: *Körper von Gewicht: die diskursiven Grenzen des Geschlechts*, Frankfurt am Main: Suhrkamp.

Debord, Guy 1978: *Die Gesellschaft des Spektakels*, 1. Aufl., Hamburg: Edition Nautilus.

Gass, Lars Henrik 1993: „Bewegte Stillstellung, unmöglicher Körper. Über ‚Photographie' und ‚Film'", in: *montage/av*, 212/1993: 69-96.

Goffman, Erwing 1996: *Wir alle spielen Theater. Die Selbstdarstellung im Alltag*, Orig. New York 1959, 5. Aufl., München: Piper.

Haenlein, Carl 1995: „Das luzide Bild – Transparenz der Imagination", in: *Bill Viola. Buried Secrets. Vergrabene Geheimnisse*, Hannover: Kestner-Gesellschaft, 8-11.

Haraway, Donna 1990: „A Manifesto for Cyborgs: Science, Technology and Socialist Feminism in the 1980s", in: Nicholson, Linda J. (ed.) 1990: *Feminism/Postmodernism*, New York/London: Routledge.

Haraway, Donna 1995: *Die Neuerfindung der Natur. Primaten, Cyborgs und Frauen*, Frankfurt am Main: Campus.

Horkheimer, Max & Theodor W. Adorno 1969: *Dialektik der Aufklärung*, Frankfurt am Main: Fischer.

Jameson, Frederic 1998: „Transformations of the Image in Postmodernity", in: ders. 1998: *The Cultural Turn. Selected Writings in the Postmodern, 1983-1998*, London, New York: Verso, 93-135.

Kleinspehn, Thomas 1989: *Der flüchtige Blick. Sehen und Identität in der Kultur der Neuzeit*, Reinbek bei Hamburg: Rowohlt.

Köster, Werner 1994: „Schockierende Bilder. Gegen die Texttheorie des Films" in: Link-Heer, Ursula & Volker Roloff (eds.) 1994: *Luis Buñuel: Film – Literatur – Intermedialität*, Darmstadt: Wiss. Buchges.

Kracauer, Siegfried 1964: *Theorie des Films. Die Errettung der äußeren Wirklichkeit*, Frankfurt am Main: Suhrkamp.

Krämer, Sybille 1995: „Vom Trugbild zum Topos. Über fiktive Realitäten", in: Iglhaut, Stefan, Florian Rötzer & Elisabeth Schweeger (eds.) 1995: *Illusion und Simulation. Begegnung mit der Realität*, Ostfildern: Cantz, 130-137.

Lampalzer, Gerda 1992: *Videokunst: historischer Überblick und theoretische Zugänge*, Wien: Promedia.

Laqueur, Thomas 1992: *Auf den Leib geschrieben. Die Inszenierung der Geschlechter von der Antike bis Freud*, Frankfurt am Main/New York: Campus.

Lauter, Rolf 1992: „The Passing: Die Erinnerung der Gegenwart oder Schmerz und Schönheit des Daseins", in: Syring, Marie Luise (ed.) 1992: *Bill Viola. Unseen Images. Nie gesehene Bilder*, Düsseldorf: Meyer, 57-64.

Lischka, Gerhard Johann 1992: „Performance Art/Life Art/Mediafication", in: *Discourse* 14.2 (Spring 1992): 124-141.

Luhmann, Niklas 1989: *Gesellschaftsstruktur und Semantik. Studien zur Wissenssoziologie der modernen Gesellschaft*, Bd. 3, Frankfurt am Main: Suhrkamp.

McLuhan, Marshall 1967: *The Medium is the Message*, New York: Bantam Books.

McLuhan, Marshall 1968: *Die magischen Kanäle*, (Orig. *Understanding Media*), Düsseldorf/Wien: Econ.

Müller-Dohm, Stefan & Klaus Neumann-Braun (eds.) 1995: *Kulturinszenierungen*, Frankfurt am Main: Suhrkamp.

Mueller, Roswitha 1992: „Valie Exports experimentelle Kunst", in: *Valie Export 1992*, Katalog Oö. Landesmuseum, Linz, Neue Folge Nr. 65: 106-116.

Philippi, Desa 1994: „Some Body", in: *mona hatoum. Katalog* Centre Georges Pompidou, Paris, 24-35.

Prammer, Anita 1988: *Valie Export. Eine multimediale Künstlerin*, Wien: Wiener Frauenverlag.

Quéau, Philippe 1995: „Die Virtuelle Simulation: Illusion oder Allusion?", in: Iglhaut, Stefan, Florian Rötzer & Elisabeth Schweeger (eds.) 1995: *Illusion und Simulation. Begegnung mit der Realität*, Ostfildern: Cantz, 61-70.

Reck, Hans Ulrich 1994: „„Dunkle Erkundungen eines verstummenden Mythos'. Natur im surrealistischen Film, Natur des surrealistischen Films: Zu einer beispielhaften Poetik des Sequentiellen", in: *Die Erfindung der Natur. Max Ernst, Paul Klee, Wols und das surreale Universum*, Freiburg: Rombach, 261-269.

Reck, Hans Ulrich 1996: „„Inszenierte Imagination' – Zu Programmatik und Perspektiven einer ‚historischen Anthropologie der Medien'", in: Müller-Funk, Wolfgang & ders. (eds.) 1996: *Inszenierte Imagination. Beiträge zu einer historischen Anthropologie der Medien*. Wien/New York: Springer, 231-250.

Rötzer, Florian 1996: „Die Zukunft des Körpers", in: ders. (ed.) 1996: *Die Zukunft des Körpers I, Kunstforum International*, Bd. 132, Nov. - Jan. 1996: 55-70.

Schechner, Richard 1973: *Environmental Theater*, New York: Hawthorn Books.

Schechner, Richard 1985: *Between Theatre and Anthropology*, Philadelphia: University of Pennsylvania Press.

Schefer, Jean Louis 1980: *La lumière et la proie. Anatomies d'une figure religieuse le Corrège, 1526*, Paris: Editions Albatros.

Silverman, Kaja 1997: „Sprich! Körper", in: *Split: Reality. Valie Export 1997*, Katalog Museum moderner Kunst Stiftung Ludwig Wien, Wien/New York: Springer, 36-48.

Singer, Milton (ed.) 1959: *Traditional India. Structure and Change*, Philadelphia.

Stelarc: „Von Psycho- zu Cyberstrategien: Prothetik, Robotik, Tele-Existenz", in: Rötzer, Florian (ed.) 1996: *Die Zukunft des Körpers I, Kunstforum International*, Bd. 132, Nov. - Jan 1996: 73-81.

Sykora, Katharina 1997: „Suture und Performanz. Über die Medialisierung von Geschlechtergrenzen", in: Scheel, Werner & Kunibert Behring 1997 (eds.): *Kunst und Ästhetik. Erkundungen in Geschichte und Gegenwart*, Berlin: Reimer, 141-158.

Syring, Marie Luise 1992: „Der Weg zur Transzendenz oder: die Versuchung des heiligen Antonius", in: dies. (ed.) 1992: *Bill Viola. Unseen Images. Nie gesehene Bilder*, Düsseldorf: Meyer, 13-20.

Virilio, Paul 1988: *La machine de Vision*, Paris: Éditions Galilée.

Wagner, Anne M. 2000: „Performance, Video, and the Rhetoric of Presence", in: *October* 91, Winter 2000: 59-80.

Zutter, Jörg 1992: „Gespräch mit Bill Viola", in: Syring, Marie Luise (ed.) 1992: *Bill Viola. Unseen Images. Nie gesehene Bilder*, Düsseldorf: Meyer.

Jürgen Felix

Hypertext und Körperkino

Lektüremodelle des postklassischen Hollywood

Daß sich ein Film als Text lesen läßt, steht außer Frage. Die Frage ist allerdings, welche Lesart die filmische Lektüre bestimmt, und diese Frage sei zunächst nicht auf den Spielraum der Rezeption ausgerichtet, etwa beim vergnüglichen Wieder-und-Wiedersehen von Kultfilmen wie *Casablanca* (1942) oder *The Rocky Horror Picture Show* (1975), sondern auf das der Rezeption vorgängige, dem Film selbst eingeschriebene Lektüremodell. Im klassischen Erzählkino war dieses Modell bekanntlich ein literarisches; nicht nur Hollywoods ,große Erzählungen' orientierten sich dramaturgisch an „the well-made play, the popular romance, and, crucially, the nineteenth-century short story" (Bordwell 1986: 19). Daß dieses literarische Modell filmischen Erzählens, gegen das bereits das sowjetische Montagekino der 20er Jahre opponierte, im modernen Autorenkino seine universelle Vorbildfunktion verloren hat, ist unstrittig. Die selbstreflexiven Genrespiele des jungen Godard oder Fassbinder brechen ebenso mit dem Modell der klassischen Filmerzählung wie die antiklassischen Genreadaptionen eines Monte Hellman, Dennis Hopper oder Robert Altman. Unstrittig ist auch, daß das postmoderne Autorenkino eines David Lynch, Jim Jarmusch oder Hal Harteley diese modernistische Tradition fortgeführt hat: „schroffe, fragmentarische Geschichten, zersplitterte, flüchtige Bilder, durchsetzt mit einem gewissen ironischen und spöttischen Unterton in Bezug auf die klassische Tradition" (Bordwell 1995: 153), der nicht zuletzt aus einer Logik des Zitats resultiert, die mittlerweile zum Kennzeichen postmodernen Erzählens geworden ist (Felix 2001).

Strittig ist dagegen das Lektüremodell jenes Blockbuster-Mainstream-Kinos, mit dem ein neues, internationalisiertes Hollywood-System in den späten 70er und 80er Jahren „die Leinwände dieser Welt in einem Rachefeldzug zurückerobert" hat (Elsaesser 1998: 63), und die divergierenden Lesarten seiner ästhetisch-operativen Verfahren verweisen zugleich auf konkurrierende Modelle von Filmgeschichte. Diagnostiziert ein Filmhistoriker wie Tom Gunning die Diskontinuität zwischen dem klassischen Hollyood-Kino und einem neuen „Kino der Attraktionen", das „eindeutig seine Wurzeln auf dem Rummelplatz und der Achterbahn" hat (Gunning 1996: 34), so betont David Bordwell die Kontinuität des klassischen Hollywood-Stils im Mainstream-Film der 80er

Jahre, der „in vielen Fällen immer noch durch die Dramaturgie und Stilmittel
der klassischen Periode geprägt" ist (Bordwell 1995: 154). Gemäß Bordwells
Einschätzung würde sich das zeitgenössische Hollywood-Kino also in einer
Art neo-klassischen Periode befinden, was sowohl mit seiner Gleichsetzung
von postklassischem und postmodernem Kino als auch mit seiner Bewertung
anti-klassischer Independent-Filme als „eine Art marginales Hollywood-Kino"
einher geht (ebd.: 153). Gemäß Gunning wäre wohl eher von einem postklassischen Hollywood zu sprechen, das eine Tradition des filmischen Spektakels
wiederbelebt, wenn auch nur in Form „sehr gezähmte[r] Attraktionen" (Gunning 1996: 34), die der ‚klassische Stil' umwillen der Geschlossenheit der filmischen Erzählung tendenziell marginalisiert hatte. Während Bordwell den
narrativen Aspekt von Hollywood-Mainstream-Filmen herausstellt und *Die
Hard* (1988) als Beleg für eine Wiederkehr des klassischen Hollywood-Kinos
liest, akzentuiert Gunning deren anti-narrative Tendenz und ordnet das mit
„Spielbergs/Coppolas/Lucas' Kino der Effekte" (ebd.) beginnende moderne
Spektakel-Kino in die Tradition eines frühen Films ein, der noch auf exhibitio-
nistische Konfrontation statt auf diegetische Versunkenheit ausgerichtet war.

  Dieses frühe Spektakel-Kino ist allerdings weder als primitive Vorstufe des
klassischen Hollywood-Kinos zu verstehen, wie vielleicht manche Serials der
10er Jahre, noch als dessen modernistisches Gegenprogramm, wie die Filme
der Avantgarde. Die Dialektik von Spektakel und Narration, in der sich etwa
die frühen Slapstick Comedies übten, prägte auch Monumentalfilme wie *Ben
Hur* (1924) und andere Hollywood-Produktionen der ‚klassischen Periode'.
Das klassische Hollywood-Kino ist keineswegs so monolithisch, wie es Bordwells neoformalistisches Modell suggeriert (vgl. Bordwell, Staiger & Thompson 1988), sondern war äußerst heterogen und zwar sowohl in Hinblick auf
seine Erzählweisen als auch hinsichtlich seiner Bildsensationen. Wie Gunning
am Beispiel der Filme von Fritz Lang gezeigt hat (vgl. Gunning 2000), beinhalten auch Hollywood-Filme der ‚klassischen Periode' moderne, ja modernistische Erzählstrategien und Bildkompositionen, und die in den 50er Jahren
einsetzende Welle der Breitwand-Monumentalfilme läßt sich eben nicht nur als
Kennzeichen für den Niedergang des klassischen Hollywood-Kinos verstehen,
sondern auch als ein Beleg für Hollywoods Fähigkeit zur Regeneration: nämlich die (verlorenen) Zuschauer durch die Präsentation neuer Technologien und
spektakulärer Effekte (wieder) ins Kino zu locken. Wie nicht zuletzt die Hollywood-Filme europäischer Regisseure zeigen, von Ernst Lubitsch über Douglas
Sirk bis Wolfgang Petersen und Roland Emmerich, verstand sich Hollywood
stets auf die Technik der ‚Integration' (aber auch auf den Ausschluß unliebsa-
mer ‚Wunderkinder' wie Eisenstein oder Orson Welles), und eine Hollywood-

Produktion wie *The Robe* (1953) verweist, retrospektiv gesehen, einerseits auf die Tradition ‚klassischer' Hollywood-Spektakel wie *King Kong* (1933), andererseits auf die Herausbildung eines modernen Spektakel-Kinos im Stile von Action- und Katastrophenfilmen wie *French Connection* (1971) oder *Earthquake* (1974), mit dem ein neues Hollywood auf die existenzbedrohende Kinokrise und veränderte Publikumsstrukturen reagierte (vgl. Corrigan 1991).

Am Beispiel von *Bram Stoker's Dracula* (1992) hat Thomas Elsaesser deutlich gemacht, daß man bei der Lektüre von postklassischen Hollywood-Filmen „nicht zwischen einem Entweder-Oder wählen muß" (Elsaesser 1998: 89). Obwohl Coppolas Film sowohl die Bildsprache als auch die lineare Erzählweise des klassischen Stils hinterfragt, läßt er unterschiedliche Lesarten zu, weil sich darin „Klassisches, Postklassisches und Postmodernes unterschiedlich artikuliert" (ebd.: 81). Einerseits ist Dracula ein klassischer Filmstoff, der aus der Literatur stammt und seit Murnaus *Nosferatu – Eine Symphonie des Grauens* (1922) zahllose Genrefilme und mit den Hammer-Produktionen sogar ein eigenes Subgenre hervorgebracht hat, und in dieser Tradition läßt sich Coppolas Film als Variante eines traditionellen Vampir-Films lesen (wie sich Umberto Ecos Roman *Il nome della rosa* eben auch als historischer Detektivroman lesen läßt). Andererseits bricht der filmische Text aufgrund seiner selbstreferentiellen Intertextualität, seiner zahllosen Bildzitate und selbstironischen Pose, überdeutlich mit der Realitätsillusion der klassischen Filmerzählung, gebärdet sich wie eine Art Palimpsest der Film- und Mediengeschichte, und in diesem Sinne favorisiert Coppolas Film eine postmoderne Lektüre seiner überdeterminierten Hybridität (so wie Peter Greenaways Spielfilme zu einer dekodierenden Lesart ihrer labyrinthischen Zeichensysteme animieren). Diese beiden antithetischen Lesarten, die klassisch-illusionistische und die modernistisch-selbstreflexive Lektüre, schließen einander im postklassischen Kino jedoch nicht aus, sondern werden durch ein Verfahren zusammengehalten, das einerseits „die Ausnahmen des Klassischen zur Regel des Postklassischen" erhebt (ebd.: 91f.) und insofern klassische Normen auf emphatische Weise ‚re-zentriert', das andererseits „das Klassische [...] bis zum Exzeß vergegenwärtigt" (ebd.: 91), indem es in unterschiedlichen Kontexten zitiert und dadurch in seiner tradierten Bedeutung ‚de-konstruiert' wird.

Auch wenn sich *Bram Stoker's Dracula* maßgeblich von Mainstream-Produktionen wie *Die Hard* unterscheidet und – wie Coppolas *One from the Heart* (1982) und *Rumble Fish* (1983) oder auch Scorseses *Cape Fear* (1991) und *Casino* (1995) – eher in die Traditionslinie postmoderner Autorenfilme einzuordnen wäre (vgl. Gunden 1991), und nicht zuletzt aufgrund seines ‚Werkcharakters', so verweist sein multiples Lektüremodell doch zugleich auf das doppelcodierte Erzählen postklassischer Hollywood-Filme, die einerseits klassische Erzählformen zugunsten exzessiver Bildsensationen auflösen, andererseits altbekannte Erzählmuster zu seriellen Geschichten montieren, die prinzipiell ‚offen' sind, anschlußfähig für Fortsetzungen des Plots in einer neuen Variation. In diesem Sinne ist das serielle Erzählprinzip der James Bond-Filme für Spielbergs Indiana Jones-Serials, *Raiders of the Lost Ark* (1981), *The Temple of Doom* (1984) und *Indiana Jones and the Last Crusade* (1989), weitaus prägender gewesen als die geschlossene Erzählung des klassischen Hollywood-Kinos. Zwar lassen sich alle Indiana Jones-Filme (auch einzelne Folgen der TV-Serie) jeweils als abgeschlossene Abenteuergeschichte lesen, mit der obligatorischen Romanze und einem anscheinend klassischen Happy-end, aber zugleich weist jede einzelne Erzählung über sich hinaus und auf den seriellen Kontext hin: weil sich diese Filme als Serie lesen lassen und weil jeder Film bekannte Serien zitiert: James Bond-, Tarzan-, Bogart- und Busby Berkeley-Filme, auch Fantasy- und Pulp-Literatur. Gemäß der intertextuellen Logik des eklektizistischen Zitats weisen die Filmbilder über sich hinaus und auf ihre ‚Vor-Bilder' hin, auf zitierte Genremuster, narrative Standardsituationen und visuelle Topographien, und in diesem Sinne lassen sich diese Filme immer auch als selbstreflexive Spektakel rezipieren. Statt einer linearen Ursache-Wirkungskette, die den Fortschritt der Handlung unablässig motiviert und auf die abschließende Auflösung der Konfliktpotentiale ausgerichtet ist, werden serielle Elemente aneinandergereiht und das jeweilige Ende der Geschichte beinhaltet zugleich auf eine mögliche Fortsetzung desselben Plots in einer anderen Variation. Das schließt in den Indiana Jones- und *Die Hard*-Filmen ein anscheinend ‚klassisches' Happy-ending keineswegs aus und in postklassischen Horror-Serials die Wiederauferstehung des Schurken ein. So funktioniert etwa die *Scream*-Trilogie (1996ff.) nach dem Prinzip, daß die Psychologie der Figuren, die Abfolge der Handlungen und die Dramaturgie der Geschichten nur noch auf dem spielerischen Umgang mit Genreregeln basiert. Insofern benennt das ‚anything goes', das der gleichnamige Cole Porter-Song in der Eingangssequenz von *The Temple of Doom* re-zitiert, eine grundlegende Erzählstrategie des postklassischen Hollywood-Films: Alles geht, ist zitierbar und kombinierbar geworden, auch reversibel umwillen des seriellen Verfahrens, das kein abschließendes Ende will, sondern die Wiederholung in und als Serie: immer wieder neue Permutationen.

Die Narration des postklassischen Films nutzt nicht nur, wie das klassische Hollywood-Kino, das Vorwissen des Zuschauers und die kognitive Mitarbeit des ‚active viewer' (vgl. Bordwell 1990), sondern macht das Spiel mit dem Regelwissen zum demonstrativen Bestandteil seiner selbstreflexiven Erzählung. Diese Logik des Zitats hat das postklassische Kino mit postmodernen Kunstwerken gemeinsam (vgl. Jencks 1987). Auch postklassische Filme sind doppelcodierte, eklektizistische und oft ironisch konnotierte Verweisungssysteme: ‚Filme aus Filmen', die unaufhörlich auf Film-Geschichte(n) Bezug nehmen (vgl. Tasker 1993). Aber im Unterschied zum postmodernen Kunstfilm insbesondere europäischer Provenienz, der sich selbstreflexiv auf die Tradition des modernen Autorenfilms bezieht, wie etwa Léos Carax in *Mauvais Sang* (1986) auf die Bildästhetik des jungen Godard, ist in postklassischen Hollywood-Filmen das Mainstream-Kino der primäre Fokus filmhistorischer Referenz – und zwar nicht nur das klassische Hollywood-Kino, sondern auch jene nachklassisch-modernen Genrefilme und Serials der 60er und 70er Jahre, mit denen die Filmindustrie (in Hollywood und in Hongkong) seinerzeit gegen die Vormachtstellung des neuen gesellschaftlichen Leitmediums Fernsehen ankämpfte. Hatten viele der jungen New Hollywood-Regisseure ihre ersten Filmerfahrungen im Medium Fernsehen gesammelt, so wird die serielle Erzählstruktur des Fernsehfilms zu einem grundlegenden Erzählprinzip des postklassischen Hollywood-Films, und diese Veränderung des filmischen Erzählens geht zugleich mit einer Aufwertung ehemals marginaler Genres einher.

Im Gegensatz zum modernistischen oder anti-klassischen New Hollywood der späten 60er und frühen 70er Jahre, deren Erzählkonzeptionen „oft wie schlichte Umkehrungen des klassischen Erzählsystems" anmuten (Hugo 1995: 256), ist die Dramaturgie des postklassischen Films nicht mehr auf die Zerstörung der klassischen Erzählung ausgerichtet. Die Mythologie von Hollywoods ‚Traumfabrik' soll nicht durch den Kurzschluß mit einer – historischen oder gegenwärtigen – sozialen Realität enthüllt werden, sondern wird als bekannt vorausgesetzt. Postklassische Filme sind synthetisch, nicht antithetisch konzipiert. Was im klassischen Hollywood-Kino noch als Kanon von Normen gelten konnte, den Western wie *The Shooting* (1966) oder *McCabe & Mrs. Miller* (1971), Roadmovies wie *Easy Rider* (1969) oder *Two-Lane Blacktop* (1971) dramaturgisch wie ideologisch zu widerlegen suchten, fungiert im postklassischen Hollywood als ein Konglomerat von Spiel-Regeln, die sich variieren und nahezu beliebig kombinieren lassen. Die filmische Welt, die im klassischen Hollywood-Kino durch einen hohen Grad „narrativer Geschlossenheit" charakterisiert ist und „den Eindruck zeitlicher und räumlicher ‚Wahrheit' erweckt" (ebd.: 256), erscheint im postklassischen Film vornehmlich als mediales Konstrukt, das nach dem Gesetz der Serie funktioniert. Das hat nicht zuletzt eine Umstrukturierung der filmischen Realitätsillusion zur Folge. Ein psychologischer Realismus, wie ihn das klassische Illusionskino konzipiert, ist dabei von ebenso untergeordneter Bedeutung wie der sozialhistorische Naturalismus, den das modernistische New Hollywood den klassischen Hollywood-Mythen entgegensetzte. Das postklassische Hollywood beerbt nicht nur das klassische, sondern auch das Hollywood-Kino der 60er und 70er Jahre, das ehemals marginale Subgenres wie den Fantasy- und Horrorfilm in Serie produzierte und ökonomisch aufwertete.

Zwar verweist auch ein Fantasy-Horror-Film wie *The Crow* (1994) noch auf Bilder sozialer Realität und insbesondere auf den Topos der düsteren Großstadt als Stätte todbringender Gewalt, den das Hollywood-Kino seit den frühen Gangsterfilmen und die amerikanische Kriminalliteratur seit der ‚schwarzen Serie' immer wieder in Szene gesetzt haben, zugleich aber setzen die übernatürlichen Fähigkeiten seines wiederauferstandenen Helden das ‚Realitätsprinzip' außer Kraft, wenn auch in einer Weise, wie man es bereits aus unzähligen Horror- und Vampir-Serials kennt. Doch der Rekurs auf die Tradition beinhaltet zugleich deren Variation. Diesmal ist der untote Wiedergänger nicht das zu tötende (oder eben nicht tot zu kriegende) Monster, sondern der todbringende Held, dessen exzessive Gewaltakte als gerechter Rachefeldzug an den Killern seiner Familie (und seiner selbst!) motiviert werden. So entwickelt sich die Geschichte denn auch als Auseinandersetzung zwischen den mehr oder minder realistisch gezeichneten (bösen) Charakteren und einer eindeutig (guten) mythischen Figur, die sich als finaler Terminator des sozialen Unwesens erweist und einer Comic-Vorlage entstammt. Wenn man bei Filmen wie *The Crow* überhaupt noch von einem literarischen Lektüremodell sprechen will, dann ist es dasjenige der Comic-Literatur, das als Vorbild filmischen Erzählens fungiert. Wie in den dialogreduzierten Bilder-Geschichten der Comic-Literatur wird die eine und selbe Situation in immer neuen Varianten bis zum finalen Showdown durchgespielt, was zumeist mit knappe Dialoge und generell eine mögliche Fortsetzung einschließt (und nur der frühe Tod des Hauptdarstellers Brandon Lee hat die Auswertung von *The Crow* als Serial verhindert). Sicherlich läßt sich die Bildsprache von Comic-Verfilmungen, etwa die extremen Großaufnahmen angeschnittener ‚sprechender Köpfe' in Dialogszenen im Schuß-Gegenschuß-Verfahren auch im Sinne ‚klassischer' Erzählstrategien lesen; entscheidend aber ist, daß sich postklassische Hollywood-Filme wie in *The Crow*, wie *Dick Tracy* (1990), *Tank Girl* (1995) oder die neueren *Batman*- und *Superman*-Serials nicht nur auf Comics als literarische Vorlage, sondern auch als visuelle Vorbilder beziehen. Nicht zuletzt die Gestaltung der Filmfiguren und Kameraperspektiven, die jeder menschlich-natürlichen und klassisch-filmischen Wahrnehmung zuwiderlaufen, reflektieren ästhetische Strategien, die unverkennbar der Comic-Ästhetik entstammen und zwar auch dann, wenn Filme sich nicht unmittelbar auf Comic-Vorlagen beziehen wie etwa *The Fifth*

Element (1997) oder *The Matrix* (1999) (vgl. Meyer 2001). Postklassisches Hollywood-Kino plündert die Ressourcen der Populärkultur: des Kinos, der Comics und mittlerweile auch der Computerspiele, mit deren Hyperrealismus postklassische Action-Filme wie *Mars Attacks!* (1996) oder *Men in Black* (1997) wesentlich mehr gemein haben als mit dem klassisch-literarischen Erzählkino, nicht zuletzt hinsichtlich ihres populärkulturellen Gebrauchswertes.

Die in postklassischen Filmen allgemein zu beobachtende Zunahme der Bildsensationen: von Actionszenen mit zerschossenen, durchstochenen, durchtrennten, durch die Luft oder durch Glasscheiben fliegenden Körpern, von Verfolgungsjagden zu Fuß oder mit allen verfügbaren Verkehrsmitteln, von außergewöhnlichen Perspektiven, rasanten Kamerafahrten und schnellen Schnittfolgen, wird in *The Crow* durch den Kontext des Fantasy-Genres ‚psychologisch‘ motiviert. Actionfilme wie *Face/Off* (1997) präsentieren solche längst zur Regel gewordenen ‚Special Effects‘ gemäß einer Genrelogik exzessiver Bildsensationen. Erst im finalen Spektakel erfahren die konvergierenden Handlungsstränge ihre ultimative Steigerung und ihren vorläufigen Abschluß. Erst mit der Erschöpfung der Körpers kommt die Geschichte zum zeitweiligen Stillstand, was eine mögliche Wiederholung nicht ausschließt. Postklassisches Action-Kino lebt genuin von der Beschleunigung: der Filmbilder und der Filmwahrnehmung, die dem Zuschauer zwar nicht in dem Sinne Hören und Sehen vergehen läßt, wie noch Wim Wenders' Protagonisten in *Alice in den Städten* (1972), aber die Sinne in einem Maße affiziert, daß für Reflexionen weder Zeit noch Raum bleibt. Postklassische Actionhelden zeichnen sich nicht nur durch pragmatische Intelligenz und außergewöhnliche Körperkräfte aus, sondern auch durch eine gesteigerte Wahrnehmungsfähigkeit. Für den Zuschauer fungieren die Helden als identifikatorische Fixpunkte in der immer rapider werdenden Beschleunigung der Filmbilder, die primär auf Körpererfahrung ausgerichtet ist: des Filmhelden und des Filmzuschauers. Ein solches Hochgeschwindigkeitskino, wie es die Indiana Jones-Filme initiiert hat, wie es Filme wie *Speed* (1994), *The Rock* (1996) oder *Rush Hour* (1998) perfektioniert haben, löst die standardisierten Einstellungsfolgen des klassischen Hollywood-Kinos auf. Spektakuläre Aktionen werden von verschiedenen Kameras aus unterschiedlichen Blickwinkeln aufgenommen und selbst kürzeste Sequenzen aus einer Vielzahl diskontinuierlicher Einstellungen montiert, ein Verfahren, das sich übrigens bereits in der finalen Explosionsszene von Antonionis *Zabriskie Point* (1970) beobachten läßt. Im postklassischen Action-Kino geht eine solche Multiperspektivität der Bildsensationen mit visuellen und narrativen Standardisierungen einher. „Wenn eine Einstellung nur drei Sekunden auf der Leinwand erscheint", und in *Dark City* (1998) liegt die durchschnittliche

Einstellungsdauer bereits unter 2 Sekunden, „bleibt keine Zeit zu entscheiden, was wichtig ist, darum muß man den Blick des Zuschauers steuern" (Vilmos Zsigmond, zit. n. Bordwell 2001: 173). Wie Bordwell am Beispiel des gelben Ferraris in *The Rock* gezeigt hat, kann eine solche Wahrnehmungssteuerung durch leicht zu identifizierende Bildelemente funktionieren (vgl. Bordwell 2001). Daß der Zuschauer die disparaten Bildfolgen überhaupt noch zu narrativen Segmenten kombinieren kann, liegt jedoch nicht nur an der Verwendung von leicht identifizierbaren, semantisch eindeutigen, kontinuierlich wiederkehrenden visuellen Signalen, sondern beruht nicht zuletzt auf dem beständigen Recycling bekannter Erzählmuster: von narrativen Versatzstücken, die als serielle Verbindungselemente der audiovisuellen Attraktionen fungieren. Nur weil der Zuschauer sowohl die narrativen als auch die visuellen Standards in ihren genretypischen Variationen zur Genüge kennt und augenblicklich identifizieren kann (nicht anders funktioniert das Zapping durch verschiedene Fernsehkanäle und Programmformen), kann er sich einerseits dem Spektakel hingeben, ohne andererseits die Erzählung aus den Augen zu verlieren. Im Szenario der beschleunigten Wahrnehmungsbilder gewährleistet nur so die blitzschnelle Identifikation der seriellen Strukturen die Kontinuität der Erzählung. Einerseits präsentiert das postklassische Kino immer neue, überwältigende Bildsensationen, andererseits variiert es altbekannte Geschichten in Serie – und in der Regel zentriert um das amerikanische ‚Familiendrama‘ vom Verlust patriarchaler Autorität, das in *Indiana Jones and the Last Crusade* Harrison Ford und Sean Connery selbstironisch ausspielen und das Bruce Willis, der postklassische Weltenretter par excellence, in *Armageddon* (1998) pathetisch wiederbelebt.

Im Gegensatz zu Lynchs postmodernen Autorenfilmen, die Hollywood-Konventionen entweder bis zur Persiflage zur Schau stellen, wie *Wild at Heart* (1997) oder bis zur Verstörung des Zuschauers in Frage stellen, *Lost Highway* (1997), beinhalten postklassische Hollywood-Filme stets auch die Möglichkeit einer versöhnlichen ‚klassischen‘ Lektüre. Die Art der Bezugnahme auf das klassische Hollywood unterscheidet das postmoderne Kino nicht nur fundamental von postklassischen Actionfilmen, sondern verleiht selbst Filmen wie *Titanic* (1997), die de facto nur noch den Schein des alten Illusionskinos reproduzieren (vgl. Kappelhoff 1999), den Anschein einer klassischen Erzählung. In diesem Sinne stellt Bordwells neoformalistische Analyse die ‚klassischen‘ – oder wie man noch vor nicht allzu langer Zeit gesagt hätte: konventionellen – Stilmittel von *Die Hard* heraus: die Konstruktion des Filmplots aus zwei parallelen, korrelierenden Handlungssträngen (Abenteuer- und Liebesgeschichte), die Zielorientierung der Handlungsstränge (auf ein Happy-end hin), die Lösung des sozialen wie privaten Konflikts in einer begrenzten Erzählzeit und unter dem Primat der visuellen Darstellung. Liest man den Film jedoch als Prototyp einer Serie, wie es Isabella Reicher und Drehli Robnik getan haben, dann erweist sich *Die Hard* als Prototyp eines postklassischen Action-Kinos, der nicht nur stilbildend für die Serials *Die Harder* (1990) und *Die Hard: With a Vengeance* (1995) gewesen ist, die sich von dem Prototyp nicht zuletzt durch selbstreflexive, indirekt an den Filmzuschauer gerichtete Monologe des Helden maßgeblich unterscheiden, sondern der mit Filmen wie *Cliffhanger* (1993), *Sudden Death* (1995), *Speed* (1994), *Broken Arrow* (1994), *Mission Impossible* (1996) oder *The Rock* zugleich ein eigenes Subgenre kreiert hat: das Action-Kammer-Spiel. Zwar bedient sich auch diese Spielart des postklassischen Hollywood der klassischen Konventionen exponierter Identifikationsfiguren, einer linearen Geschichte und psychologisch motivierter Handlung sowie eines in begrenzten Zeiträumen lösbaren Konflikts, aber zugleich entwerfen diese Filme einen „Handlungsverlauf – Besetzung, Abschottung und Rückeroberung von Gebäuden oder Verkehrsmitteln – gemäß der Logik von Computer Games in Form situativer Verdichtung" und Handlungsräume, die „als Serie von Erlebniswelten nach Art von theme parks" organisiert sind (Reicher & Robnik 1997: 73). Das bedeutet nicht, daß in diesen Filme „nur noch das Spektakuläre zähle: eine überwältigende Bild-Sensation nach der anderen" (Bordwell 1995: 153), aber das läßt die begründete Vermutung zu, daß der populärkulturelle Gebrauchswert dieser Filme gerade in der „Umsetzung zeitgenössischer Erfahrungszusammenhänge" besteht, „die nach dem Muster von Spielen organisiert sind" (Reicher & Robnik 1997: 73). Die Frage ist also nicht, ob das klassische Hollywood-Kino in den 80er Jahren tot ist oder wiederbelebt wurde, sondern in welcher Weise dieser ‚untote Wiedergänger' in postklassischen Hollywood-Filmen umgeht: als ewig junger Mythos Hollywood oder als eine Art filmhistorischer Gedenkstätte, die zur fröhlichen Plünderung einlädt.

Wenn Elsaesser auch einerseits Hollywood als den ‚wahren Dracula' des Kinos bezeichnet, andererseits aber betont, daß *Bram Stoker's Dracula* noch nicht auf „den typischen Video-Game-Fan" als Zuschauer ausgerichtet ist (Elsaesser 1998: 99), so weist er doch auch darauf hin, daß sich der überraschende Erfolg von Coppolas Film bei einem (vor allem jugendlichen) Publikum möglicherweise daraus erklärt, daß Tonfall und Erzählduktus weder an die Sehgewohnheit des Kinos noch des Fernsehens appellieren, sondern an „die Bilderfahrung der neuen Medien, wobei die Leinwand sozusagen zum Monitor wird, zur flachen Oberfläche, auf der dank digitaler Kodierung oder Video-Überblendung eine beliebige Anzahl von Elementen gleichzeitig aufgerufen werden kann – Graphik, Bilder, Schrift, Text, Ton, Stimme: mit anderen Worten, ein ganzes Sortiment von Medien-Signalen" (ebd.: 98). Diese sich anbahnende Multimedia-Erfahrung, mit der Godard und Greenaway in den Medien Fernsehen und Video schon in den 80er Jahren experimentierten und die in den 90er Jahren ,High Art'-Produktionen wie Greenaways *Prospero's Books* (1992) oder Godards *Histoire(s) du Cinéma* (1998) strukturierte, scheint mittlerweile auch ins populäre Kino Einzug gehalten zu haben. Die Multimedia-Maschine Computer ist im Mainstream-Kino des letzten Jahrzehnts auffällig präsent, zum einen als thematische Bezugnahme auf ,virtuelle Realitäten', was im SF-Genre von *The Lawnmower Man* (1991) zu *The Matrix* geführt hat, zum anderen in Form eines neuen Produktverbundes von Kinofilm und Computerspiel. War die Disney-Produktion *Tron* (1982) der erste US-Film, der eine banale Computerstory in eine Spielfilmhandlung transferierte, so wurde bereits *Super Mario Bros.* (1993) nach dem Vorbild des gleichnamigen Computerspiels gedreht, das derzeit im 3D-Graphik-fähigen *Game Boy Advance* eine Neuauflage erlebt. Wenn auch der momentane Hype um *Tomb Raider* (2001), oder genauer: um die hyperrealistische Verkörperung des virtuellen Sexy-Power-Girl Lara Croft durch die Oscar-Preisträgerin Angelina Jolie, den Blick auf die filmische Adaption von Computerspielen lenkt, so funktioniert der Transfer doch in beide Richtungen. Die Indiana Jones-Serials wurden ebenso zum Computerspiel weiterverarbeitet wie *Blade* (1998), und man darf vermuten, daß auch weiterhin nicht nur Computer-Kultspiele für das Kino adaptiert werden, wie zur Zeit *Resident Evil* mit Milla Jovovich als kampferprobtem ,Wesen höherer Art', sondern auch Kultfilme in Computerspiele transferiert, wie bereits im Fall von *Blade Runner* (1982).

War das frühe Kino an der Spektakel-Kultur der Vaudeville-Theater, Jahrmärkte und Vergnügungsparks orientiert und das klassische Erzählkino am Lektüremodell der realistischen Literatur, so erschloß sich das moderne Genrekino das serielle Erzählen über den Rückbezug auf das neue Medium Fernsehen. Postklassisches Kino funktioniert tatsächlich inter- und multimedial. Alle möglichen medialen Ressourcen der Populärkultur werden anzapft und kurzgeschlossen: Fernsehen, Comics, Werbung, Videoclips, Computerspiele. Dabei dürfte es sich allerdings kaum, wie seinerzeit in den kulturpessimistischen Debatten um die Konkurrenz von Theater und Kintopp bzw. Filmkunst und Fernsehunterhaltung thematisiert, um einen eindimensionalen Verdrängungsprozeß handeln, eher schon um eine Neubestimmung des populärkulturellen Gebrauchswertes von Kino und Film. Die heutigen Multiplex-Kinos sind nach dem Vorbild von Erlebnisparks konzipiert, Filme laufen im Kino und Fernsehen, werden distribuiert per Video und DVD oder heruntergeladen aus dem Internet. Wie Benjamin im *Kunstwerk*-Aufsatz schrieb, „verändert sich mit der

gesamten Daseinsweise der menschlichen Kollektiva auch die Art und Weise
ihrer Sinneswahrnehmung" (Benjamin 1991: 478), und diese Veränderung kol-
lektiver Wahrnehmungsweisen geht mit Veränderung technischer Reprodukti-
onsmedien einher. Daß postklassische Filme Material aus unterschiedlichen
Medien verarbeiten, ist längst nicht mehr die Frage; die Frage ist eher, ob dieses Multimedia-Kino nicht eine Filmästhetik favorisiert, die sich nicht mehr
am Modell literarischen Erzählens orientiert, sondern an der Logik von Computergames. Möglicherweise ist das postklassische Multimedia-Kino, unabhängig vom Medium seiner Präsentation, bereits eine virtuelle Synthese-Ma-
schine, die wie ein vernetzter Computer funktioniert, mit dem wir uns per
Mausclick durch das World Wide Web hangeln, vorbei an zahllosen redundan-
ten Informationen, in Erwartung immer neuer Bildsensationen.

Die Präsenz multipler Identitäten und nicht-linear-kausaler Handlungsket-
ten im postklassischen Hollywood-Kino könnte zumindest auf ein neues Lektüremodell hindeuten, das nicht mehr einer literarischen Schriftkultur, sondern
der Logik digital generierter Bilderwelten entstammt: einem Hypertext-Verfahren, das dem Kinozuschauer, oder besser: dem User, der mit verschiedenen
audiovisuellen Medien hantiert, verschiedene Lesepfade bereitstellt, und zwar
innerhalb eines Ordnungsgefüges, das in seiner Komplexität unüberschaubar
und prinzipiell offen ist für alle möglichen Bewegungen innerhalb des medialen Textes. Das hat, wie es in der virtuellen Einführung *HTML ist Hypertext*
heißt, auch etwas mit „Herumhüpfen und Ausprobieren" zu tun und mag, ober-
flächlich gesehen, „kindischer" erscheinen als die altehrwürdige lineare Lektüre von geschriebenen Texten (vgl. www.teamone.de/selfhtml/tbda.htm). Aber
funktioniert postklassisches Kino, distribuiert per Videocassette, DVD und Internet, nicht längst (auch) im Sinne eines Herumhüpfens und Ausprobierens,
mit der sich immer jünger werdende heterogene Zielgruppen durch die diver-
sen Filmgenres bewegen? Was die feministische Filmemacherin Ulrike Zimmermann in den 80er Jahren als ihr Rezeptionsprinzip von konventionellen
Pornofilmen artikulierte: die Suche nach dem „Kick, der in Sekundenschnelle
durch die Augen direkt in die Hose geht", dürfte im übertragenen Sinne längst
auch für die Rezeption postklassischer Fantasy-, Horror- und Action-Filme
gelten: „wenn du viel guckst, findest du die scharfen Bilder" (Zimmermann
o.J.: 128f.). Statt also, wie Bordwell, in postklassischen Filmen wie *Die Hard*
die wiederkehrende Schönheit des Klassischen zu suchen, um dabei festzustel-
len, daß „alles gleichbleibt" (Reicher & Robnik 1996: 12), oder am Beispiel
von *Lola rennt* (1998) auf die Bricolage-Ästhetik im MTV-Look zu verweisen,
um dann „ein Nebeneinander verschiedener Tonarten" zu konstatieren, wie
man sie auch schon von Godard und Truffaut kennt (Bordwell 2001: 193),

wäre gerade nach den Differenzen, Konvergenzen und Inkompatibilitäten zu fragen: zwischen dem historischen Medium Kino/Film und den neuen digitalen Medien.

Nicht zuletzt Hollywoods dystopische SF-Filme der 90er Jahre, die nahezu allesamt Schreckensvisionen der Realitätssimulation, also Computerspiele höherer Ordnung, thematisieren, signalisieren, daß man sich noch nicht gänzlich von der Zwangsvorstellung verabschiedet hat, die Welt immer wieder als lineares, kausal-logisches, stabiles System präsentieren zu müssen. Die ‚großen Erzählungen' des klassischen Hollywood-Kinos waren auch der immer noch nachwirkende Versuch, den Delegitimierungen und Fragmentierungen der Moderne geschlossene Ordnungssysteme entgegenzusetzen: kausal geordnete, linear verlaufende, eindeutig sinnhafte Geschichte(n), von denen sich die moderne Literatur und Kunst längst verabschiedet hatte. Das Kino mag ein, wenn nicht gar das Medium der anbrechenden Moderne gewesen sein, konkurrierend mit der Werbung als ‚symbolischer Form'. In seiner ‚klassischen' Ausprägung, jenem konventionellen Hollywood-Kino, dessen ‚Schönheit' mancher Filmhistoriker gegenwärtig preist, war es zugleich das Medium eines vor-, wenn nicht gar anti-modernen Welt-Bildes: eines imaginären Kosmos, beladen mit sinnstiftender Mythologie. In der Ära der Postmoderne, die in der US-amerikanischen Literatur bereits in den 50er Jahren beginnt, orientiert sich der Spielfilm zunehmend weniger an der ‚realistischen' Literatur des 19. Jahrhunderts, aber immer mehr an der Medienpluralität ‚unserer postmodernen Moderne'. Mit dem Rekurs des Films auf die seriellen Erzählformen der technischen Bildmedien Fernsehen, Video und Computer hat die moderne Logik serieller Reproduktion auch ins Erzählkino Einzug gehalten.

Im postklassischen Kino definiert sich filmisches Erzählen primär nicht über das Erzählen in Bildern, sondern durch Bild-Sensationen, die primär auf Körpererfahrungen ausgerichtet sind. Die Dialektik von Narration und Spektakel hat sich verschoben. Was erzählt wird, was immer wieder erzählt wird: die Reise in eine andere, fremde Welt, begleitet vom Kampf des Helden (oder der Heldin) gegen das feindliche Böse, wird seriell reproduziert, endlos variiert, ist ohnehin bekannt. Nicht mehr die Variation des Plots im Rahmen von Genrekonventionen, nicht mehr die ‚gut gebaute Geschichte' des klassischen Hollywood-Kinos ist die Sensation, vielmehr die effektvolle Präsentation virtueller Erfahrungswelten. Was die Archäologin Lady Lara Croft in *Tomb Raider* erlebt, kennen wir bereits aus den James Bond- und Indiana Jones-Filmen und aus zahllosen anderen Serials, und natürlich kennen wir auch die standardisierten, ewig gleichen, Posen, Bewegungen, Abläufe: Lauf vorwärts, Rolle rückwärts, Sprung seitwärts, Waffe im Anschlag – aber wir kennen sie nicht nur aus den Martial Arts-Filmen, von John Woo oder anderen Action-Filmen. All das kennen wir auch aus Computergames, die uns eine interaktive Teilnahme an solchen virtuellen Abenteuern ermöglichen. Die tradierte Abenteuer-Geschichte stellt im virtuellen Kosmos nur noch den narrativen Rahmen bereit. „Es ist, als seien die Labyrinthe des Unterbewußten, die einst von Jules Verne oder Ray Harryhausen bevölkert wurden, endlich wieder begehbar gemacht worden", schreibt Michael Althen über seine Erfahrungen mit dem Computerspiel „Tomb Raider" anläßlich der Premiere des Kinofilms *Tomb Raider* (Althen 2001). Aber Lara Croft bewegt sich nicht durch das Labyrinth des Unterbewußten, sondern in den Räumen einer virtuellen Welt, aus der das Symbolische und Imaginäre ebenso vertrieben ist wie die Psychoanalyse. Es ist eine Welt der reinen Oberfläche, nur eben als 3D-Simulation und per Computer generiert. Es ist keine mythische Welt und keine der Mythologie, es sind virtuelle Räume der reinen Bewegung. Daß hinter jeder Biegung, Ecke, Wand neue Gefahren, Monster, Schurken lauern, hat nur einen ‚tieferen Sinn': möglichst schnell und möglichst beweglich zu reagieren. Ist Spielbergs Indiana Jones-Trilogie „das absolut synthetische als absolut kinetisches Kino" (Kiefer 1998: 553), so vernetzt *Tomb Raider* dieses synthetisch-kinetische Körperkino mit den Erfahrungsräumen von Computergames: Handlung ist Bewegung, und diese definiert sich nicht mehr durch eine über sich hinausweisende Intentionalität, sondern hat ihren Sinn und Zweck rein in sich selbst: als Re-Aktion. Die körperliche Attraktivität der Lara Croft definiert sich weitaus weniger über ihre ausladende Oberweite als vielmehr über ihr außergewöhnliches Sprungvermögen. Ihre Handlungsorte sind Bewegungsräume, und sie durchläuft nicht mehr durch eine Stationen einer Geschichte, sie bewegt sich von Level zu Level – und wir mit ihr: „durch Räume atemberaubender Schönheit und alptraumhafter Schärfe" (ebd.). Für die Multimedia-Maschine Computer ist solcher Hyperrealismus mittlerweile ausschließlich eine Frage der Rechenleistung und des Interface, und die Vision, daß in Zukunft der menschliche Körper selbst als ‚Schnittstelle' funktioniert, ist nicht nur das Thema von Cronenbergs *Existenz* (1998). Erst der vernetzte Körper ist der perfekte Körper – in der Inter-Aktion mit der virtuellen Realität, und nur als virtueller Körper ist er perfekt. Als computergenerierter Körper ist der Körper der Lara Croft perfekt, und es ist diese technische Perfektion, nach der die Filmfigur gestaltet wurde: vollkommen cool und ohne Innenleben, völlig synthetisch und unbedingt beweglich. In *Tomb Raider*, in *The Matrix* oder *Blade* agiert kein menschlicher Körper mehr als Vorbild, Projektionsfläche, Identifikationsfigur. Der neue Körper des postklassischen Hollywood-Kinos ist ein total entäußerter, virtueller Körper: ein Techno-Körper, der die Verletzlichkeit eines Bruce Willis längst hinter sich gelassen hat. Dieses Körperkino funktioniert bereits wie ein Computergame und ist beinahe so sensationell wie Bungee-Springen, nur weitaus gefahrloser – als Sprung in eine virtuelle Welt, die den Absturz der Wahrnehmung garantiert und in der sich Bedeutung durch Bewegung konstituiert. Im Netzwerk der neuen Medien fungiert das filmische Reproduktionsmedium als Simulationsmaschine Kino – gemäß der synthetischen Logik virtueller Sensation.

Literatur

Althen, Michael 2001: „Ich sehe was, was du nicht siehst. Der Hintern der Bardot und die Brüste von Lara Croft: *Tomb Raider* oder Die Verachtung des Hollywood-Kinos", in: SÜDDEUTSCHE ZEITUNG v. 28.6.2001.

Benjamin, Walter 1991: „Das Kunstwerk im Zeitalter seiner technischen Reproduzierbarkeit [Dritte Fassung]", in: ders.: *Abhandlungen. Gesammelte Schriften* I.2. Hrsg. v. Rolf Tiedemann u. Hermann Schweppenhäuser. Frankfurt a.M.: Suhrkamp, 471-508.

Bordwell, David 1986: „Classical Hollywood Cinema: Narrational Principles and Procedures.", in: Rosen, Philip (ed.): *Narrative, Apparatus, Ideology. A Film Theory Reader*, New York: Columbia University Press, 17-34.

Bordwell, David 1990: *Narration in the Fiction Film* [1985], London: Routledge.

Bordwell, David 1995: „*Die Hard* und die Rückkehr des klassischen Hollywood-Kinos", in: Adam, Ken et al.: *Der schöne Schein der Künstlichkeit.* Hrsg. u. eingel. v. Andreas Ros, Frankfurt a.M.: Verlag der Autoren, 151-200.

Bordwell, David 1998: „Postmoderne und Filmkritik: Bemerkungen zu einigen endemischen Schwierigkeiten", in: ders. et al.: *Die Filmgespenster der Postmoderne.* Hrsg. v. Andreas Rost u. Mike Sandbothe, Frankfurt a.M.: Verlag der Autoren, 29-39.

Bordwell, David 2001: *Visual Style in Cinema. Vier Kapitel Filmgeschichte.* Hrsg. u. eingel. v. Andreas Rost, Frankfurt a.M.: Verlag der Autoren.

Bordwell, David, Janet Staiger & Kristin Thompson 1988: *The Classical Hollywood Cinema. Film Style & Mode of Production to 1960* [1985], London: Routledge.

Corrigan, Timothy 1991: *A Cinema without Walls. Movies and Culture after Vietnam*, London: Routledge.

Eco, Umberto 1994: „Casablanca oder die Wiedergeburt der Götter [1975]", in: ders.: *Über Gott und die Welt. Essays und Glossen* [1985]. 4. Aufl., München: dtv, 208-213.

Elsaesser, Thomas 1998: „Augenweide am Auge des Maelstroms? – Francis Ford Coppola inszeniert *Bram Stoker's Dracula* als den ewig jungen Mythos Hollywood", in: Bordwell, David et al.: *Die Filmgespenster der Postmoderne*. Hrsg. v. Andreas Rost u. Mike Sandbothe, Frankfurt a.M.: Verlag der Autoren, 63-104.

Felix, Jürgen 1995: „The Rocky Horror Picture Show", in: Koebner, Thomas (ed.): *Filmklassiker. Beschreibungen und Kommentare*. Band 3: 1965-1981, Stuttgart: Stuttgart, 367-370.

Felix, Jürgen (ed.) 2001: *Die Postmoderne im Kino. Ein internationaler Reader*, Marburg: Schüren [erscheint Herbst 2001].

Gunden, Kenneth von 1991: *Postmodern Auteurs: Coppola, Lucas, De Palma, Spielberg, Scorsese*, Jefferson: McFarland.

Gunning, Tom 1996: „Das Kino der Attraktionen. Der frühe Film, seine Zuschauer und die Avantgarde", in: *METEOR. Texte zum Laufbild* No 4 (1996): 25-34.

Gunning, Tom 2000: *The Films of Fritz Lang. Allegories of Vision and Modernity*, London: bfi.

Hugo, Chris 1995: „New Hollywood: Ökonomie und Filmstil", in: Horwath, Alexander & Viennale (eds.): *The Last Great American Picture Show. New Hollywood 1967-1976*, Wien: Wespennest, 248-269.

Jencks, Charles 1987: *Die Postmoderne. Der neue Klassizismus in Kunst und Architektur*, Stuttgart: Klett-Cotta.

Kappelhoff, Hermann 1999: „And the Heart will go on and on. Untergangsphantasien und Wiederholungsstruktur in dem Film *Titanic* von James Cameron", in: *montage/av* (Marburg: Schüren-Verlag) 8/1/99: 85-108.

Kiefer, Bernd 1998: „Indiana Jones", in: Koebner, Thomas (ed.): *Filmklassiker. Beschreibungen und Kommentare*, 2., durchges. u. erw. Aufl., Stuttgart: Reclam, 548-555.

Kolker, Robert Phillip 1988: *A Cinema of Loneliness. Penn, Kubrick, Scorsese, Spielberg, Altman*, Second Edition, New York/Oxford: Oxford University Press.

Meyer, Petra Maria 2001: „*Matrix*: Mediale Inszenierungsebenen im Film", in: Felix, Jürgen (ed.) 2001: *Die Postmoderne im Kino. Ein internationaler Reader*, Marburg: Schüren [erscheint Herbst 2001].

Nichols, Bill: „Form Wars: The Political Unconscious of Formalist Theory" [1989], in: *South Atlantic Quarterly* 88,2, 1989: 487-515.

Reicher, Isabella & Drehli Robnik 1996: „Das Action-Kammer-Spiel. Hollywood-Filme nach dem *Die-Hard*-Bauplan. Teil 1", in: *METEOR. Texte zum Laufbild* (Wien) No 6 (1996): 11-20.

Reicher, Isabella & Drehli Robnik 1997: „Das Action-Kammer-Spiel. Holly-
    wood-Filme nach dem *Die-Hard*-Bauplan. Teil 2", in: *METEOR. Texte
    zum Laufbild* (Wien) No 7 (1997): 73-80.

Sobchack, Vivian 1993: *Screening Space. The American Science Fiction Film.*
    Second, enlarged edition, New York: Ungar.

Tasker, Yvonne 1993: *Spectacular Bodies. Gender, genre and the action
    cinema*, London/New York: Routledge.

Zimmermann, Ulrike o.J.: „Ein Beitrag zur Entmystifizierung der Pornogra-
    fie", in: Gehrke, Claudia: *Frauen & Pornografie* (konkursbuch extra),
    Tübingen: Verlag Claudia Gehrke, 123-144.

IV.
Tele-Visionen:
Vom Film zum Fernsehen und zurück

Jürgen E. Müller

Tele-Vision als Vision: Einige Thesen zur intermedialen Vor- und Frühgeschichte des Fernsehens
(Charles François Tiphaigne de la Roche und Albert Robida)

1 Zur Archäologie einer Utopie

Eine Geschichte der Audiovisionen, die sich als eine *vernetzte Geschichte im Spannungsfeld zwischen Technik, Kultur, historischen Mentalitäten und Gesellschaft*[1] begreift, kann sich nicht auf die sogenannten etablierten Medien beschränken, sondern muß Imag(o)inationen, textuelle, pikturale und andere Repräsentationen ‚alter‘, ‚neuer‘ und ‚virtueller‘ Medien einbeziehen. Den (bereits geschriebenen) Geschichten der ‚erfolgreichen‘ Medien stehen eine Vielzahl ungeschriebener Geschichten vergessener Medien und medialer Entwürfe gegenüber. Die Geschichte der audiovisuellen Apparate beginnt somit nicht mit deren erstem Auftreten, sondern mit deren utopischen und technischen Vorentwürfen. Vorhandene Apparate *und* Utopien finden Eingang in die jeweils neuen Dispositive.[2] Die Visionen neuer audiovisueller Medien verweisen auf bestimmte sozialhistorische, technologische, kulturelle und ideologische Horizonte (die auch spezifische Formen sozialen Wissens beinhalten)[3] und zugleich über diese hinaus. In dieser Perspektive erscheinen Utopien der audiovisuellen Medien als Amalgame eines spezifischen historischen technologischen Wissens, das sich mit sozialen Bedürfnissen, Wunschvorstellungen und gesellschaftlichen Utopien vermischt.

Visionen audiovisueller Medien existieren seit Jahrtausenden (vgl. Fürst 1971) in Form von Modellen, Skizzen der Alchimisten und Techniker und – vor allem – auch als ein *Thema und ein Produkt literarischer Texte.* Die literarischen Texte präsentieren uns nicht allein ‚rein technische‘ Entwürfe, sondern integrieren die imaginierten Dispositive in bestimmte historische Kontexte, in denen deren *soziale Funktion* illustriert und beschrieben wird. Dies trifft auch auf das Medium „Fernsehen" zu, dessen Geschichte sich einige Jahrhunderte zurückverfolgen läßt.

---

1   Hier folge ich den Argumenten von Zielinski, Spangenberg, Steinmaurer und anderen. Vgl. Zielinski 1989, Elsner et al. 1988, Steinmaurer in diesem Band (227-247).
2   Zur Relevanz des Konzepts des „Dispositivs" vgl. etwa Baudry 1993, Hickethier 1995, Paech 1991, Sierek 1993, Zielinski 1989 sowie Müller 2001.
3   Im Sinne der Wissenssoziologie. Vgl. dazu Berger & Luckmann 1970.

Mediale Unmittelbarkeit und die Möglichkeit, *live* an einem Geschehen teil-
zunehmen, das sich im selben Augenblick in einer räumlichen Distanz von
Tausenden von Kilometern ereignet, erweisen sich als alte Träume der
Menschheit, die sich nicht allein im 18., 19. und 20. Jahrhundert in Form von
Utopien äußern. Unter diesen Umständen erscheint das historisch ‚vorange-
hende‘ Medium Film, das in traditionellen Mediengeschichten gemeinhin als
Vorläufer des Fernsehens betrachtet wird, eher als dessen unbefriedigender
und apparativ-begrenzter Um-Weg.[4] Eine Untersuchung der Tele-Vision als *Vi-
sion* führt uns unter anderem zu zwei Romanen des 18. und 19. Jahrhunderts,
die stellvertretend für ein Korpus literarischer Texte, welches durch weitere
Forschung zu erschließen ist, stehen mögen. In diesen Romanen wird der
Wunsch nach einer Ausweitung des menschlichen Blicks (und des menschlichen Hörens) artikuliert.

Da zumindest einer der beiden Texte sowohl bei Literatur- als auch Medien-
historikern nahezu unbekannt sein dürfte, präsentieren wir im folgenden eine
knappe Synopsis.

Charles-François Tiphaigne de la Roche: *Giphantie* (1760)

Tiphaignes Werk, das theoretisch-apophantische und literarische Texte umfaßt,
war seinen Zeitgenossen im 18. Jahrhundert recht gut bekannt. Heute gehört
Tiphaigne leider zu denjenigen Autoren, die seit langem aus dem literarischen
Kanon verschwunden sind und die eine Wiederentdeckung durch den Leser
verdienten.[5] Besonders seine Reiseromane bilden mit ihrer Vielfalt von Perspektiven, die sich nur bedingt in Übereinstimmung mit den dominanten Diskursen der französischen Aufklärung befinden, ein literarisches Korrelat einer
„Auseinandersetzung mit anti-philosophischen und anti-aufklärerischen Tendenzen und Widersprüchen mit dem Vernunftsdenken der Aufklärung" (Horlacher 1997: 72). Als ausgesprochen relevant an diesen utopischen Reisen erweisen sich für uns nicht allein die Anspielungen an die philosophischen Strömun-
gen des *Siècle des Lumières* und deren Konfrontation mit dem Phantastischen
und Wunderbaren, sondern vor allem seine Visionen medialer Dispositive.

In *Giphantie* berichtet ein von der Menschheit enttäuschter Ich-Erzähler
von seiner Reise in ein unbekanntes fernes Land, dem *„pays de nulle part"*,
das sich jenseits aller uns bekannter Grenzen befindet. Auf dieser Reise trifft
der Erzähler spirituelle Elementarwesen [*„esprits élémentaires"*], die ihn – zusammen mit dem Präfekten einer einsamen Insel – mit den Besonderheiten

---

4   Ich schließe mich hier einer These von William Uricchio an. Vgl. ders. 1995.
5   Vgl. dazu den aufschlußreichen Artikel von Stefan Horlacher (1997).

dieser Gegenwelt vertraut machen. Nach einer langen Reise auf einem unterirdischen Strom wird er schließlich wieder in die Welt des 18. Jahrhunderts zu-
rückkehren. In der utopischen Welt wimmelt es von medialen Entwürfen, die
viele unserer heutigen Dispositive antizipieren. Fernsehdirektübertragungen
über verschiedene Kontinente hinweg, Funk- und Radiogeräte, Photographien
lassen im Roman ein „wahres Wunderwerk an medientechnischer Logistik" (v.
Amelunxen 1990: 307) entstehen. Mit diesen Visionen werden wir uns im folgenden unter dem Aspekt ihrer Intermedialität befassen.

Albert Robida: *Le Vingtième Siècle* (1883)

Der Franzose Albert Robida ist als ein begabtes und prominentes Kind der *Bel-
le Epoque* entscheidend von der Aufbruchsstimmung in der zweiten Hälfte des
19. Jahrhunderts geprägt. Sein Werk umfaßt mehr als 60.000 Zeichnungen,
mehrere (utopische) Romane und eine Vielzahl weiterer Publikationen. Robida
war Karikaturist, geschätztes Mitglied einer Gruppe Intellektueller, die sich im
Kabarett *Le Chat Noir* versammelten und Schattentheatervorstellungen organisierten und ironisch-satirischer Visionär zukünftiger technischer und sozialer
Entwicklungen. Der Einfluß von Jules Verne läßt sich vor allem in der ersten
Phase seines Schaffens nicht leugnen, in welcher er die gattungshistorische
Tradition der phantastischen Reisen fort schreibt. Nahezu alle seiner Texte sind
von ihm selbst illustriert. In seinen Romanen beschäftigt er sich mit den Fol-
gen der rasanten technologischen Umwälzungen seiner Zeit und extrapoliert
aus diesen erstaunlich treffsichere Zukunftsbilder der Gesellschaft des 20.
Jahrhunderts.[6]

In medienhistorisch interessierten Kreisen ist Robida vor allem durch seinen utopischen Roman *Le Vingtième Siècle* bekannt. In diesem reich illustrierten Text entwirft er ein fiktives Bild der Pariser Gesellschaft des 20. Jahrhunderts, oder genauer gesagt, der Jahre 1952/1953. Der Erzähler begleitet zwei
junge Damen auf ihrem Weg vom Provinzinternat in die moderne Großstadt.
Das Leben in der Stadt erweist sich als Abenteuer und Herausforderung und
konfrontiert die beiden jungen Frauen (und den Leser) mit den neuesten Entwicklungen dieser urbanen Zivilisation, die mit einem ironischen Augenzwin-
kern präsentiert werden. Neue Verkehrsformen zu Lande, zu Wasser und in der
Luft (motorgetriebene Luftschiffe, neue ‚Rohrpost-Untergrundbahnen', Unter-
seeboote, Raumfahrzeuge), neue (Massen-)Kommunikationsmittel (Fernse-

---

6   Zur Relevanz dieser kritischen Reise-Entwürfe im Kontext der Film- und Medienge-
     schichte vgl. etwa. Costa 1998. Zur Verbindung von Reise-Erlebnis und Audiovision vgl.
     auch Zielinski 1989: 20 ff.

hen, Radio), Emanzipation der Frau (an neuen sozialen Rollen und an deren innovativen Kleidungsformen ersichtlich), Nostalgie (nach dem verschwunde-
nen Paris), Stress (u.a. aufgrund der Informationsflut der neuen Medien), Ter-
rorismus (Anschläge auf öffentliche Verkehrsmittel), Politikschelte (in Form
satirisch verzeichneter Politikerakademien und demokratischer Rituale), sind
die ins Auge springenden Inhalte dieses vergnüglichen Romans. *Le Vingtième
Siècle* bildet ein vorzügliches Paradigma für die Rekonstruktion der intermedialen Vor-Geschichte der audiovisuellen Medien.

2   Zur intermedialen Vor- und Frühgeschichte des Fernsehens

Da wir bereits anderenorts Perspektiven einer *intermedialen Geschichte* der
audiovisuellen Medien entwickelt haben (Müller 1996: 69 ff.), können wir uns
hier auf einen kurzen Hinweis zum Status dieser Geschichte beschränken:
    Das Konzept der Intermedialität läßt sich nicht auf ‚theoretische oder ästhe-
tische' Aspekte intermedialer Prozesse, im Sinne einer abstrakten oder neofor-
malistischen Re-Konstruktion der Systematik intermedialer Beziehungen reduzieren, vielmehr muß es sich im Kontext *historischer Forschung* bewähren.[7]
Eine Technik-, Kultur-, und Sozialgeschichte der audiovisuellen Medien kann
allein in Form einer *intermedialen* Geschichte geschrieben werden, die ihr Au-
genmerk auf die komplexen Interaktionen zwischen verschiedenen medialen
Entwürfen und Dispositiven richtet. Diese Interaktionen finden auf verschiedenen Ebenen statt (vgl. Albersmeier 1992: 71); sie schließen literarisch-utopi-
sche Entwürfe unserer modernen Medien ein. – Und damit wären wir wieder
bei der intermedialen Vor- und Frühgeschichte des Fernsehens angelangt.

2.1 Die Faszination der neuen Apparaturen – oder die Lust an Hybridisierungen und Kombinationsspielen

Unsere beiden Texte offerieren ein Kaleidoskop imaginierter Medien. Viele
dieser medialen Visionen gründen auf intermedialen Kombinationsspielen alter und ‚neuer', Dispositive: In Tiphaignes *Giphantie* führt die Vermischung
(„mixtion") verschiedener Elemente (Wasser, Feuer, Luft, S. 1027)[8] zu visuel-

---

7   Ich schließe mich hier Argumenten von Franz-Josef Albersmeier an. Vgl. dazu etwa Albers-
     meier 1992.
8   Ich zitiere nach folgender Ausgabe des Romans: Charles-François Tiphaigne de la Roche
     1990: *Giphantie,* in: Francis Lacassin (ed.): *Voyages aux pays de nulle part,* Paris: Robert
     Laffont, 1019-1085.

len Erscheinungen, Geisterbildern und Imaginationen, die ausreichende Konsistenz besitzen, um wahrgenommen zu werden. Diese Erscheinungen erweisen sich als ein ubiquitäres Phänomen der utopischen Welt.

Tiphaigne präsentiert uns auch eine platonische Grotte, die in der Kombination der Dispositive „Gemälde", „Photographie", „Kinematograph" und „Television" dem staunenden Protagonisten seines Romans ein beeindruckendes Spektakel bietet:

> Il [le préfet, J.E.M.] m'introduisit dans une salle médiocrement grande et assez nue, où je fus frappé d'un spectacle qui me causa bien de l'étonnement. J'aperçus par une fenêtre, une mer qui ne me parut éloignée que de deux ou trois stades [ca. 400m, J.E.M.]. L'air chargé de nuages ne transmettait que cette lumière pâle qui annonce les orages: la mer agitée roulait des collines d'eau, et ses bords blanchissaient de l'écume des flots qui se brisaient sur le rivage.
> [...]
> D'un étonnement je ne fis que passer à un autre: je m'approchai avec un nouvel impressement; mes yeux étaient toujours séduits, et ma main put à peine me convaincre qu'un tableau m'eût fait illusion à tel point.
> [...]
> Le miroir vous rend fidèlement les objets, mais n'en garde aucun; nos toiles ne les rendent pas moins fidèlement, et les gardent tous. Cette impression des images est l'affaire du premier instant où la toile les reçoit: on l'ôte sur le champ, on la place dans un endroit obscur; une heure après, l'enduit est desséché et vous avez un tableau d'autant plus précieux qu'aucun art ne peut en imiter la vérité, et que le temps ne peut en aucune manière l'endommager. (Tiphaigne 1990: 1044 f.)

Das intermediale Dispositiv des unterirdischen Saales produziert Erfahrungsmuster des Kinos (die *Bewegung* der Meereswogen) und des Fernsehens (der *Unmittelbarkeit* des Erlebens). Die Illusionskraft der Bilder übertrifft die traditionellen Verfahren der *imitatio naturae;* sie führt zu einer Vision, die „plus vrai que vrai" (vgl. Larouche 1993) ‚wahrer als wahr' ist, wie es uns heute etwa die Reklamespots für das IMAX-Kino Glauben machen wollen und die zugleich die Vergänglichkeit der Malerei hinter sich läßt. Die Vision neuer Medien setzt offensichtlich die Hybridisierung bestehender Medien voraus.

Ähnliches gilt für die medialen Entwürfe in Robidas *Le Vingtième Siècle.* Wie bereits dessen Name indiziert, ist der „téléphonographe" ein „Amalgam" (7)[9] zweier Medien, die in der zweiten Hälfte des 19. Jahrhunderts bereits mehr oder weniger entwickelt waren, des *Telephons* und des *Phonographen*. Diese Kombination bereits realisierter Medien gewährleistet nicht allein die Übertragung, sondern auch die Aufzeichnung von gesprochener Sprache und verbindet damit den *live*-Aspekt des Mediums mit Aufzeichnungstechniken, wie wir sie heute von Tonband und Videorecorder kennen.

---

9   Ich zitiere nach folgender Ausgabe: Albert Robida 1981: *Le Vingtième Siècle,* Genève-Paris: Slatkine (Faksimile-Reprint der ursprünglichen Edition, Paris 1883).

In Robidas Roman wimmelt es geradezu von Visionen neuer hybrider Medien: „Photo-peintres" (Photo-Maler, 49) stellen billige Farb-Reprints von Original-Gemälden her und illustrieren Benjamins Thesen der technischen Reproduzierbarkeit. „Galvano-sculpteurs" (Galvano-Bildhauer, 50) sorgen für die Massen-Produktion von Skulpturen. Das Theaterdekor ist nicht mehr gemalt, sondern ein photochromisches Produkt („une photochromie", 66) und selbstverständlich ist auch das „téléphonoscope" (das Fernsehen) ein Hybrid-Medium.

Illustration 1. Robida: *Le journal téléphonoscopique*, S. 205

Aus Robidas Zeichnung können wir entnehmen, daß die apparativen Bestandteile von Telephon, (‚Kino'-)Leinwand, Spiegel zwar noch als solche erkennbar sind, doch trotz dieser optischen Trennung ist das *téléphonoscope* mehr als eine reine Addition verschiedener Elemente. – Auf diesen Sachverhalt werden wir in einer der folgenden Thesen zurückkommen.

2.2 Visionen und mediale Netz-Werke

Die imaginierten Hybrid-Medien sind häufig in multi- und intermediale Netzwerke integriert, wie wir sie spätestens seit den 30er Jahren unseres Jahrhunderts kennen. Manche dieser Visionen verweisen auf postmoderne Star-War-Konstellationen bzw. SDI, auf Satelliten-TV, Internet und weitere Errungenschaften. Tiphaigne entwirft die Utopie eines Satellitenfernsehens, das dazu in der Lage ist, über spiegelnde Schichten der Atmosphäre („des portions d'air", Tiphaigne 1990: 1035) Bilder auf einem Spiegel und Töne in einem Stab zu empfangen, die von allen nur denkbaren Gegenden der Erde stammen. Das System gestattet einen *live*-Zugriff auf alle gewünschten Orte unseres Planeten. Dieser ‚Wunderspiegel' („glace merveilleuse") läßt in 15 Minuten die ganze Erde Revue passieren.

> De distance en distance, poursuivit l'esprit élémentaire, il se trouve dans l'atmosphère des portions d'air que les esprits ont tellement arrangés qu'elles reçoivent les rayons réfléchis des différents endroits de la terre, et les renvoient au miroir que tu as sous les yeux: de manière qu'en inclinant la glace en différents sens, on y voit différentes parties de la surface de la terre. On les verra successivement toutes, si on place successivement le miroir dans tous ses aspects possibles. Tu es le maître de promener les regards sur les habitations et les hommes. (Tiphaigne 1990: 1035)

Diese kühne Vision der „glace merveilleuse" besitzt – ganz im Sinne von Tiphaignes Weltsicht, die zwischen Konservativismus und Aufklärung oszilliert – eher einen theologischen denn einen technologischen Charakter.[10] Die Leistungen der Apparatur erinnern an das allwissende göttliche Auge. Die Tele-Visionen des 19. Jahrhunderts werden sich, technologisch gesehen, als konkreter erweisen. Die „rayons réfléchis" (die reflektierten Strahlen) werden dort durch „fils électriques" (elektrische Kabel) ersetzt und an die Stelle des ‚Satelliten'-Fernsehens tritt das Kabel-Fernsehen.

Die Inhalte des Fernsehens erinnern an die aktuellen und ‚postmodernen' Programme unserer Fernsehsender. Sie erstrecken sich von (bei Tiphaigne übrigens häufig ins Ironisch-Negative verkehrten) *Reality Shows*, bei denen der Tod Anlaß zur Freude und die Geburt Anlaß zur Trauer gibt, Berichte von Naturkatastrophen, Denkmälern und Helden, Gebräuchen, bis hin zu nationalen Stereotypen:

> Je vis des peuples sages se réjouir de la naissance de leurs enfants, et se lamenter à la mort de leurs parents et de leurs amis; j'en vis d'autres plus sages environner l'enfant nouveau-né, et pleurer amèrement, en considérant les orages qu'il devait essuyer dans la carrière qu'il allait parcourir; ils réservaient leurs réjouissances pour les convois funèbres, et félicitaient le morts d'être enfin à couvert de toutes les misères de l'humanité. [...]
> Je vis [...] l'ambition des héros. Jusque dans les temples, le bronze et le marbre, qui renferment les cendres des morts, offrent des images de la guerre et respirent le carnage: [...]

---

10   Ich verdanke diesen Hinweis Peter M. Spangenberg, den er mir im Rahmen der Sektion *Zur Geschichte des audiovisuellen Apparates* auf dem 9. Internationalen Kongreß der Deutschen Gesellschaft für Semiotik „Maschinen und Geschichte" gab.

Je vis le plus respectable de tous les penchants qui naissent dans le coeur humain porter les hommes aux excès les plus extravagants. Les uns adressaient leurs vœux au soleil, les autres imploraient l'assistance de la lune, et d'autres se prosternaient devant les montagnes
[...]
Je vis des gens qui adoraient le même Dieu ... ; je les vis prendre querelle sur des questions inintelligibles, et bientôt se haïr, se persécuter et se perdre mutuellement
[...]
Enfin, je vis les différentes nations, variées a mille égards, se ressembler en ce qu'elles ne valent pas mieux les unes que les autres. Tous les hommes sont méchants; l'Ultramontain par système, le Batave par intérêt, le Germain par rudesse, l'Insulaire par humeur, le Babylonien par boutade, et tous par une corruption générale du cœur humain. (Tiphaigne 1990: 1036)

Tiphaignes audiovisuell repräsentierte ‚Ansichten der Welt' erinnern in mancherlei Hinsicht an die Gesellschaftskritik der französischen Aufklärer, wie wir sie z.B. in Voltaires *Contes philosophiques* finden; allerdings lassen sie sich aufgrund ihrer Heterogenität nicht ausschließlich unter die Epistimé der Philosophen des *Siècle des Lumières* rubrizieren. Festzuhalten bleibt, daß diese Audiovisionen das Resultat eines imaginierten weltumspannenden und vernetzten Fernseh-Systems darstellen.

Illustration 2. Robida: *Les bureaux de l'Epoque*, S. 203

Auch bei Robida werden die neuen Medien in eine vernetzte Medienlandschaft eingebracht. Die Zeitschrift *L'Epoque* erscheint als eine Ton-Bild-Zei-
tung, die an einem globalen Netzwerk audiovisueller Medien partizipiert.
Auf dem linken ‚Großbild' der überdimensionalen Kristallscheibe („plaque
de cristal") wird Reklame, auf dem rechten werden die neuesten Nachrichten
gezeigt. Die Zeitschrift *L'Epoque* erweist sich – ähnlich unserer aktuellen Medienlandschaft – als ein Multimedia-Konzern, dessen Bild- und Tonmaterialien
in unterschiedlichen medialen Repräsentationsformen verbreitet werden. An
die Stelle der Gravuren der *journaux illustrés,* die in der zweiten Hälfte des 19.
Jahrhunderts große Verbreitung fanden, treten in *Le Vingtième Siècle* Verfahren
der Bildreproduktion, die an die heutigen Optionen von PC und Scanner erinnern. Bilder werden beliebig vernetz- und reproduzierbar. Die Zeitschrift
L'Epoque illustré ist die „beste aller Photo-Zeitschriften", da sie von den Bildern des *Fernsehens* Gebrauch macht: „[...] ses illustrations sont la reproduc-
tion des images du téléphonoscope photographiées aux moments les plus in-
téressants" (Robida 1981: 202).
Mediale Netzwerke werden von Robida in vielfältigen Formen und Funkti-
onszusammenhängen entworfen. So durchmessen z.B. Besucher den Louvre
auf einer offenen Straßenbahn, die als ein Multimedia-Dispositiv fungiert und
eine Ton-Bild-Show offeriert, die uns an die Erfahrungsmuster des Filmzuschauers erinnert, wie sie Jacques Aumont als den Blick aus dem Abteilfenster
eines fahrenden Zuges beschrieben hat (Aumont 1992).

2.2 Tele-Visionen und imaginierte soziale Funktionen

Das Fernsehen als mediale Erweiterung unserer Sinne macht den Betrachter zu
einem „voyageur qui passe et regarde curieusement les objects" (einem Rei-
senden der vorbeifährt und voller Neugier die Gegenstände betrachtet), so
Tiphaigne. Bei ihm erhält diese Metapher vielschichtige Konnotationen, da
sich sein Protagonist bekanntlich auf eine Reise durch imaginäre Welten mit
imaginierten Medien begeben hat (vgl. Tiphaigne 1990: 1068).
Das Fernsehen wird als *commodity* – um einen zentralen Begriff der briti-
schen *Cultural Studies* zu verwenden (vgl. Fiske 1995: 258) – in vielfache soziale Funktionen eingebettet. Unsere beiden Romane thematisieren die gesamte Bandbreite der möglichen gesellschaftlichen Nutzungsformen, wie sie uns
heute z.B. durch die *uses and gratification* theory (vgl. Fiske 1990: 151-156)
oder die Ethnographie des Fernsehens[11] vorgeführt werden.

---

11   Vgl. dazu etwa die Beiträge in: *montage/av,* 1/1/1997 (*Cultural Studies*) oder Morley 1992.

Illustration 3. Robida:
Le Tramway du Musée du Louvre, S. 49

Bereits bei Robida treffen wir auf den (in diesem Fall immobilisierten) Zuschauer, der von seinem Bett aus den Fernseh-Spiegel an der gegenüberliegenden Wand bedient und damit eine literarische und graphische Vorlage für manche Illustration aus den 20er Jahren des 20. Jahrhunderts bildet.[12] Das *téléphonoscope* dient der Information, der spektakulären Repräsentation aktueller Ereignisse, der Zerstreuung, der Kriegführung und der Kriegsberichterstattung, der sozialen Kontrolle und der Überwachung. Tiphaignes und (vor allem) Robidas Visionen nehmen somit nicht allein nahezu alle uns heute vertrauten Formen der Mediennutzung (von den ‚Video-Kameras‘ der Jets und Raketen bis zu den Überwachungskameras in unseren Innenstädten) vorweg, sondern liefern zugleich auch die Bestätigung für eine Vielzahl aktueller medienwissenschaftlicher Hypothesen, die das Fernsehen in die Nähe der Entwicklung von Kriegstechnologien oder des Orwellschen Big Brother ansiedeln.[13]

---

12   Ich denke hier etwa an die berühmte Vision des Fernsehens in der BERLINER ILLUSTRIERTEN ZEITUNG vom 8.1.1928 mit dem Titel „Wunder, die wir vielleicht noch erleben werden: Besichtigung der Welt vom Bett aus durch den Fernseher". Dort vermittelt ein ferngelenktes Flugzeug, das eine Aufnahmeapparatur mitführt, „drahtlose Ansichten" von der Gegend, über welcher es sich gerade befindet.
13   Virilios Thesen zum *Krieg und Kino* lassen sich durchaus auf das Fernsehen übertragen; vgl. Virilio 1984; vgl. zu dieser Fragestellung auch Müller & Spangenberg 1991.

Robidas *téléphonoscope* antizipiert auch Funktionsbeschreibungen und Illustrationen des *Fernsehfernsprechers,* wie sie Ingenieure und Propagandaexperten der Deutschen Reichspost im ‚Werbefilm' *Wer fuhr II A 2992?* aus dem Jahre 1939, vorstellten. Das Fernsehen gestattet die physische Abwesenheit nahestehender Personen durch deren audiovisuell und zeichenhaft

Illustration 4. Robida: *Les correspondants à la guerre*, S. 208

repräsentierte Präsenz zu kompensieren.

Das *téléphonoscope* kommt den voyeuristischen Bedürfnissen nach *sex and crime* und kriegerischer Gewalt entgegen und bringt, um die Attraktivität seiner Sendungen zu erhöhen, seine Korrespondenten häufig in Gefahr für Leib und Leben. (Etwaige Beeinträchtigungen der Gesundheit der Reporter, z.B. der Verlust eines Armes, erhöhen die Zuschauerzahlen und werden von Seiten der Pro-

Illustration 5. Robida: *La suppression de l'absence*, S. 71

grammacher mit Geldprämien für die Betroffenen belohnt.)

Zugleich dient es der intermedialen Verbreitung von kulturellen Ereignissen, etwa von Theater- und Opernvorstellungen (Illustration 7).

Das *téléphonoscope* ist in mannigfache kulturelle Funktionen eingebettet, dazu gehört bisweilen auch die Möglichkeit peinlicher Irrtümer oder pikanter

Illustration 6. Robida:
Les Parisiens assistant par le Téléphonoscope aux horreurs du Sac de Pékin, S. 201

Fehlschaltungen, bei denen weibliche Gäste eines Hotels von männlichen Gaffern belästigt werden (Illustration 8).

Direkte und unmittel-
bare Kommunikation
kann durch die neuen
Medien, wie wir am Bei-
spiel des *faire cour par
téléphone* sehen können,
ersetzt werden. Um pein-
liche Kontakte oder gar
Berührungen zu vermei-
den, findet das *mateing*
zunächst am Telephon
statt (Robida 1981: 283).
– Und natürlich dient das
Dispositiv bereits als
Schlaf-Mittel (Robida
1981: 91).

Illustration 7. Robida: *La salle de l'Opéra*, S. 59

Illustration 8. Robida:
Une erreur du téléphonographe, S. 75

2.4 Zur ‚Definition' des Hybrid-Mediums téléphonoscope

Lassen wir an dieser Stelle Robida zu Wort kommen. Seine Vision des *télépho-noscope* können wir heute als klassische Definition des Dispositivs „Fernse-hen" betrachten, denn er spricht von einem „[...] Wunderwerk der Technik, das uns gestattet, einen Sprecher, der sich in einer Entfernung von tausend Meilen von uns befindet, zu sehen und zu hören ([...] cette étonnante merveille qui per-met de voir et d'entendre en même temps un interlocuteur placé à mille lieus)" (Robida 1981: 46). In seinem Roman, der den Leser bekanntlich in eine fiktive Pariser Gesellschaft des Jahres 1952/53 versetzt, beschreibt er diese Erfindung wie folgt:

L'appareil consiste en une simple plaque de cristal, encastrée dans une cloison d'appar-tement, ou posée comme une glace au-dessus d'une cheminée quelconque. L'amateur du spectacle, sans se déranger s'assied devant cette plaque, choisit son théâtre, établit la communication et tout aussitôt la représentation commence.
Avec le téléphonoscope, le mot le dit, on voit et l'on entend. Le dialogue et la musique sont transmis comme par le simple téléphone ordinaire; mais en même temps, la scène elle-même avec son éclairage, ses décors et ses acteurs, apparaît sur la grande plaque du cristal avec la netteté de la vision directe; on assiste donc réellement à la représentation par les yeux et par l'oreille. L'illusion est complète, absolue ; il semble que l'on écoute la pièce du fond d'une loge de premier rang. (Robida 1981: 56)

Illustration 9. Robida:
Le théâtre chez soi par le téléphonoscope, S. 55

Der televisionäre Appa-rat wird entweder direkt in die Trennwände des Gebäudes eingebaut oder wie ein Spiegel über dem offenen Kamin an-gebracht. Das Dispositiv bildet einen zentralen Bestandteil der Innen-einrichtung und ist in den häuslichen Kontext inte-griert; als alltägliche *commodity* leistet es für seine Benutzer eine Ver-bindung von öffentlicher und privater Sphäre. Sein exponierter Ort über dem Kamin gestattet die pro-blemlose Fokussierung der Aufmerksamkeit des Zuschauers und verweist zugleich auf Reminiszenzen an verschüttete Erfahrungen des menschlichen Blicks in flackernde (Lager-)Feuer mit deren korrespondierenden ‚Ur-Gefühlen‘ oder an deren bourgeoise und normbildende Varianten der *douceur du foyer*[14] in der zweiten Hälfte des 19. Jahrhunderts.

Wohlgemerkt: Robida formuliert dieses Basiskonzept des Fernsehens im Jahre 1883. Die Beschreibung des neuen Mediums erinnert uns auch an Tiphaignes Entwurf des Wunder-Spiegels aus dem Jahre 1760. Das Programm des Fernsehens beschränkt sich nicht auf die audiovisuelle Wiedergabe von Theater- oder Opernvorstellungen, es umfaßt, wie wir bereits angedeutet haben, eine Vielzahl von Gattungen.

Doch kehren wir kurz zur Frage der Hybridität oder Intermedialität dieses Mediums zurück. In seinen Zeichnungen (und mit wenigen Ausnahmen auch in seinem Text, in dem er die technischen Komponenten des neuen Mediums nur andeutet) verbirgt Robida die technologischen Aspekte unter der Oberfläche des *Wunderwerkes*. Die gezeigten Apparate, die der Wiedergabe der visuellen und auditiven Zeichen dienen, lenken uns auf den Prozeß der *Amalgamierung* zweier bestehender Medien des 19. Jahrhunderts, des Telephons und des Phonographen. Die ovale Form der ‚Leinwand‘, des ‚Bildschirms‘ des *téléphonoscope* indiziert darüber hinaus, daß das neue Medium Aspekte der Dispositive „Malerei" (genauer gesagt, der Tradition der Medaillon-Malerei des 19. Jahrhunderts) und „Spiegel" einbezieht. Unsere heutige metaphorisch-theoretische Trennung zwischen dem Kino/Film als „Spiegel" und dem Fernsehen als „Fenster zur Welt" scheint zu diesem Zeitpunkt offensichtlich noch nicht installiert zu sein.

Es fällt auf, daß in beiden literarischen Texten das Medium Fernsehen als ein prinzipiell *reziprokes* konstituiert ist. Mit anderen Worten: Wie z.B. Kittler mit Blick auf die frühe Phase des Radios[15] und Zielinski mit Blick auf die ersten Phasen der televisionären Apparatur[16] feststellten, ist das *téléphonoscope* als ein Medium des *wechselseitigen kommunikativen Austausches* und nicht als ein Medium massenkommunikativer Einbahnstraßen konzipiert. Der Zuschauer einer Theatersendung hat jederzeit die Möglichkeit, seinen eigenen *Applaus* in die live-stattfindende Theateraufführung einzubringen, entsprechend den Regeln des Dispositivs wird von ihm erwartet, *Mißfallenskundgebungen* für sich zu behalten. Diese werden ‚ausgefiltert‘.

---

14   Vgl. dazu den gleichnamigen Artikel von Hans Robert Jauß (1975).
15   Dessen erste Phase läßt sich bekanntlich mit Kittler als „Mißbrauch von Heeresgerät"
       beschreiben. Vgl. Kittler 1986: 148 f. und Zielinski 1989: 114 ff.
16   Zur Idee vom Fernsehen als „Telephonie" vgl. Zielinski 1989: 126.

> [...] le spectateur à domicile peut siffler tout à son aise quand une pièce l'ennuie, mais il doit avoir soin de fermer la communication avec la salle; de la sorte qu'il satisfait sa mauvaise humeur sans porter le désordre au théâtre. (Robida 1981: 59)

Diese Vorstellungen sollten die Television in ihrer frühen Phase noch einige Jahre begleiten. Das Fernsehen (und zuvor das Radio) wurde von Technikern und der journalistischen Öffentlichkeit als ein Medium betrachtet, das auch der reziproken Kommunikation dienen sollte. Erinnern wir uns erneut an den Werbefilm *Wer fuhr II A 2992?* des Reichsministeriums für das Postwesen aus dem Jahre 1939, in dem der direkte Zugriff der Polizei auf das Medium vorgeführt wird. Die Kameraleute schwenken dort auf Wunsch des Kommissars auf einen gesuchten Verbrecher. Die Aktivitäten des Zuschauers und des ‚Massenpublikums' (das in *Le vingtième siècle* immerhin bis zu 50.000 Personen betragen kann) unterscheiden sich aufgrund der intermedialen dispositiven Konstellationen, die eine reziproke Kommunikation befördern sollen, deutlich von denjenigen des heutigen Fernsehpublikums. Das *téléphonoscope* weist allerdings einige erstaunliche Parallelen zu den aktuellen Bemühungen auf, ein *interaktives* Fernsehen schaffen zu wollen (vgl. etwa Steinmaurer 1999: 407 ff.).

Illustration 10. Robida:
Le piano unique de Paris, à l'usine musicale, S. 111

Bei Tiphaigne und Robida spielen die hybriden Medien der *glace merveilleuse* und des *téléphonoscope* eine entscheidende Rolle in den fiktiven Gesellschaften ihrer Romane. Das *téléphonoscope* erweist sich (übrigens ebenso wie der Film) als ein genuin urbanes Medium, das sich nahtlos in verschiedene städtische Netzwerke einfügt. Die elektrischen Netzwerke und neuen Artefakte der Stadt (wie z.B. ein überdimensionales elektro-mechanisches Klavier) bedingen einen neuen Klang-Körper der Stadt, eine neue elektrische Symphonie.

Un tintement perpétuel a remplacé le vacarme assourdissant des véhicules terriens d'autrefois. Partout l'électricité circule, mêlée à toutes les manifestations de la vie sociale, apportant partout son aide puissante, sa force ou sa lumière; des milliers des timbres et des sonneries venant du ciel, des maisons, du sol même, se confondent en une musique vibrante et tintinnabulante que Beethoven, s'il l'avait pu connaître, eût appelée la grande symphonie de l'électricité. (Robida 1981: 53)

Die neuen Apparaturen und neuen Medien haben nicht allein den geographischen und sozialen Raum, sondern auch den Klang-Raum der Stadt verändert.

In dieser Symphonie der neuen Medien spielt das Hybrid-Medium des *téléphonoscope* eine herausragende Rolle.

2.5 Hybrid-Medium und Hybrid-Gattungen

Die dispositiven Vermischungen des *téléphonoscope* bedeuten nicht allein intermediale Hybridisierungen der Apparatur, die nun zum ersten Mal gestattet, mittels Kabel-Fernsehen über ein Heim-Theater zu verfügen, „d'avoir le théâtre chez soi" (Robida 1981: 54), sondern bedingt auch eine Vielzahl neuer hybrider Gattungen, die sich mit den neuen Manipulationsmöglichkeiten von Raum und Zeit entwickeln. So entsteht z.B. ein *théâtre rétrospectif*, das nicht live-Aufzeichnungen, sondern Wiederholungen von bereits gespielten herausragenden Stücken sendet. Die Zeitmanipulationen dieser Gattung erinnern an Optionen und Möglichkeiten, die sich mit der Einführung des Videorecorders erst ca. 80 Jahre später ergaben.[17] – Theaterstücke mutieren in Hörspiele mit imaginären Hör-Räumen, wie sie z.B. Arnheim (1979) beschrieben hat.

Das *Grand Journal téléphonoscope* verbindet Verfahren und Traditionen der Printmedien mit den audiovisuellen Optionen des neuen Mediums. Es leistet, wie Robida in seinem wohl berühmtesten Zitat formuliert, folgendes:

On pouvait donc être, ô merveille! témoin oculaire, à Paris, d'un événement se produisant à mille lieues de l'Europe. Le shah de Perse ou l'empereur de la Chine passaient-ils une revue de leurs troupes, les Parisiens se promenant sur le boulevard assistaient devant le grand téléphonoscope au défilé des troupes asiatiques. Une catastrophe, inondation, tremblement de terre ou incendie, se produisait-elle dans n'importe quelle partie du monde, le téléphonoscope de l'*Epoque*, en communication avec le correspondant du journal placé sur le théâtre de l'événement, tenait les Parisiens au courant des péripéties du drame. (Robida 1981: 200)

Das Fernsehen produziert neue hybride Gattungen von Reality TV, Vorläufern der Soap-Opera mit *cliff-hangers*, es bietet postmoderne Mischungen von Reklame und Narration in Form des *roman annoncier* (der Reklame und Roman miteinander verbindet). Theater-, Ballettstücke und Opern werden weltweit

---

17   Vgl. dazu die Beiträge in Zielinski (ed.) 1992.

ausgestrahlt, sie werden vom *Telephonoskop* medial transformiert und konstituieren eine Art *Global Theatral Village*.

Illustration 11. Robida: *Le Théâtre chez soi par le Téléphonoscope*, S. 57

3   Utopie(n) und vernetzte Mediengeschichte

Unser kleiner Streifzug durch die Literatur des 18. und 19. Jahrhunderts führte uns zu Visionen und Utopien des Dispositivs Fernsehen. Die technischen Artefakte dieser Zeit (und selbstverständlich auch der vorangehenden Jahrhunderte, wir haben uns z.b. nicht mit der entscheidenden Rolle der *Laterna Magica* befaßt) bilden in Interaktion mit dem jeweiligen sozial- und mentalitätshistorischen Horizont den Nährboden der spannenden Entwürfe, die auch heute noch nichts von ihrer Attraktivität eingebüßt haben.

„Fernsehen" bedeutet von Anfang an die Verbindung und Hybridisierung unterschiedlicher Dispositive und Gattungen. Tiphaignes *Wunderspiegel* und Robidas *Telephonoskop* generieren hybride Genres, die erstaunlich viele Übereinstimmungen mit dem Programmangebot unser Sender im Jahre 2000 aufweisen. Die Visionen der Tele-Vision extrapolieren den jeweils letzten Stand der Dinge spezifischer technologischer Entwicklungen und Dispositive und reagieren auf (kultur-)historische Bedürfnisse und Diskurse der Gesellschaft. Der Hunger nach live-Bildern (und live-Tönen) wird durch diese utopischen Entwürfe – zumindest virtuell – gestillt.

Viele Thesen der aktuellen Medien- und Fernsehwissenschaft sind in nuce bereits in den Utopien der Tele-Vision angelegt. „Fernsehen" impliziert als ‚sozialer Kitt' bei Tiphaigne und Robida die Interaktion zwischen dem Öffentlichen und dem Privaten, zwischen dem öffentlichen und dem privaten Raum. Die Grenzen zwischen privater und öffentlicher Sphäre werden verwischt und die *mobile Privatisierung* – um eine der zentralen Thesen der Kommunikations- und Medienwissenschaft aufzugreifen (vgl. Williams 1975 und Steinmaurer in diesem Band) – ist in diesen utopischen Romanen vorweggenommen. Die Protagonisten unserer Texte reisen noch nicht, bzw. nicht mehr mit dem Auto, sondern mit Hilfe modernster Fortbewegungsmittel (mit Flugapparaten, ‚Rohrpost'-Untergrundbahnen etc.) durch den geographischen und sozialen Raum. Diese Mobilität wird durch die Mobilität des Fernseh-Auges potenziert, welches – durchaus als „Fenster zu Welt" – das Öffentliche in die Privatsphäre bringt. Die sozialen Orte dieser utopischen Entwürfe des Fernsehens, die öffentliche Großbildprojektion und der Heimempfang weisen erstaunliche Parallelen zu heutigen Erscheinungsformen des Mediums auf. *Glace merveilleuse* und *téléphonoscope* bestechen darüber hinaus jedoch auch durch Optionen einer *reziproken* Kommunikation, wie sie sich gegenwärtig am Horizont der Medienlandschaft in der Verbindung von Fernsehen und Internet abzeichnen.

Post Scriptum

Unser Beitrag konnte lediglich einen kleinen Baustein zu einer vernetzten Technik-, Kultur-, und Sozialgeschichte des Fernsehens liefern. Diese vernetzte und intermediale Geschichte ist fort zu schreiben und um weitere Text- und Bildmaterialien, Dispositive, und – nicht zu vergessen – um die Reisen des *Ikononauten*[18] zu ergänzen.

4 Literatur

Albersmeier, Franz-Josef 1992: *Theater, Film und Literatur in Frankreich. Medienwechsel und Intermedialität*, Darmstadt: Wissenschaftliche Buchgesellschaft.

Amelunxen, Hubertus von 1990: „Einbruch in die Transzendenz", in: Decker, Edith & Peter Weibel (eds.): *Vom Verschwinden der Ferne. Telekommunikation und Kunst*, Köln: DuMont Buchverlag, 307-316.

Arnheim, Rudolf 1979: *Rundfunk und Hörkunst*, München/Wien: Hanser.

Aumont, Jacques 1992: „Projektor und Pinsel. Zum Verhältnis von Malerei und Film", in: *montage/av* Nr. 1/1 (1992): 77-89.

Baudry, Jean-Louis 1993: „Ideologische Effekte am Basisapparat", in: *Eikon. Internationale Zeitschrift für Photographie und Medienkunst*, H. 5/1993: 34-43.

Berger Peter & Thomas Luckmann 1970: *Die gesellschaftliche Konstruktion der Wirklichkeit*, Frankfurt/M.: Fischer Athenäum.

Brunetta, Gian Piero 1997: *Il viaggio dell'icononauta dalla camera oscura di Leonardo alla luce dei Lumière*, Venezia: Marsilio.

Costa, Antonio 1998: „Il mondo rigirato: Saturnino versus Phileas Fogg", in: Bertetto, Paolo & Gianni Rondolino: *Cabiria e il suo tempo*, Milano: Editrice Il Castoro, 295-310.

Elsner, Monika, Thomas Müller & Peter Spangenberg 1988: „Zwischen utopischer Phantasie und Medienkonkurrenz. Zur Frühgeschichte des deutschen Fernsehens", in: Kreuzer, Helmut & Michael Schanze (eds.): *Bausteine. Kleine Beiträge zur Ästhetik, Pragmatik und Geschichte der Bildschirmmedien*, Siegen: Arbeitshefte Bildschirmmedien H.10: 23-31.

Fiske, John 1990: *Introduction to Communication Studies*, London/New York: Routledge.

Fiske, John 1995: *Television Culture*, London/New York: Routledge.

---

18   Ich verwende diesen Begriff in Anlehnung an Gian Piero Brunetta, der ihn in seinem monumentalen Forschungsprogramm entwickelt hat (Brunetta 1997).

Fürst, Leonhard 1971: *2000 Jahre Fernsehen. Entdeckungen und Erfindungen*, Reinbek b. Hamburg: Rowohlt.

Hickethier, Knut 1995: „Dispositiv Fernsehen. Skizze eines Modells", in: *montage/av*, 4/1 (1995:) 63-83.

Horlacher, Stefan 1997: „Heterogenität, Kohärenz und das Prinzip der Reise: *Amilec, Giphantie* und die *Histoire de Galligènes ou Mémoires de Duncan* von Tiphaigne de la Roche", in: *Cahiers d'Histoire des Littératures Romanes. Romanistische Zeitschrift für Literaturgeschichte* 21 (1997), H. 3/4: 269-296.

Jauß, Hans Robert 1975: „La douceur du foyer – Lyrik des Jahres 1857 als Muster der Vermittlung sozialer Normen", in: Warning, Rainer (ed.): *Rezeptionsästhetik*, München: Fink, 401-434.

Kittler, Friedrich 1986: *Grammophon, Film, Typewriter*, Berlin: Brinkmann & Brose.

Larouche, Michel 1993: „IMAX ou le cinéma plus vrai que vrai", in: Garrel, Sylvain & André Pâquet (eds.): *Les Cinémas du Canada*, Paris: Centre Georges Pompidou, 257-265.

Morley, David 1992: *Television, Audiences and Cultural Studies*, London/New York: Routledge.

Müller, Jürgen E. 1996: *Intermedialität. Formen moderner kultureller Kommunikation*, Münster: Nodus.

Müller, Jürgen E. 2001: „Dispositiv – intermedial? Einige Gedanken zu den dispositiven Zwischen-Spielen des Films", in: Riesinger, Robert (ed.): *Der kinematographische Apparat*, Münster: Nodus.

Müller, Thomas, Peter-Michael Spangenberg 1991: „Fern-Sehen – Radar – Krieg", in: Stingelin, Martin & Wolfgang Scherer (eds.): *HardWar/SoftWar. Krieg und Medien 1914 bis 1945*, München: Wilhelm Fink Verlag, 275-302.

Paech, Joachim 1991: „Eine Dame verschwindet. Zur dispositiven Struktur apparativen Erscheinens", in: Gumbrecht, Hans Ulrich & Ludwig K. Pfeiffer (eds.): *Paradoxien, Dissonanzen, Zusammenbrüche*, Frankfurt a. M.: Suhrkamp, 773-790.

Sierek, Karl 1993: *Aus der Bildhaft. Filmanalyse als Kinoästhetik*, Wien: Sonderzahl.

Steinmaurer, Thomas 1999: *Tele-Visionen. Zur Theorie und Geschichte des Fernsehempfangs*, Innsbruck/Wien: Studienverlag.

Uricchio, William 1995: *Cinema as Detour? Towards a reconsideration of moving image technology in the late 19th century*, Ms. Utrecht.

Virilio, Paul 1984: *Guerre et cinéma*, Paris: Seuil.

Williams, Raymond 1975: *Television. Technology and Cultural Form*, New York: Schocken Books.

Zielinski, Siegfried 1989: *Audiovisionen. Kino und Fernsehen als Zwischenspiele in der Geschichte*, Reinbek b. Hamburg: Rowohlt.

Zielinski, Siegfried (ed.) 1992: *Video – Apparat/Medium, Kunst, Kultur*, Frankfurt/M./Bern/New York: Peter Lang.

Ernest W.B. Hess-Lüttich

Migrationsdiskurs im Kurz- und Dokumentarfilm

Peter von Guntens *They teach us how to be happy* und Pepe Danquarts *Schwarzfahrer*

1 Fremde im Film als Medium des Migrationsdiskurses

„Fremde im Film" sind der Normalfall und vielleicht nicht weiter der Rede wert. „Fremde" war und ist Thema und Objekt der Filmgeschichte seit ihren Anfängen – als Exotisches, Folkloristisches, Sozialkritisches, als Klischee und Kolorit. Darum, versteht sich, geht es hier nicht. Die Darstellung des Alltags in unseren westlich-postindustriellen Gesellschaften als ein anderes Medium des Migrationsdiskurses indes hat bislang kaum das Interesse der kritischen Diskursanalyse geweckt.[1] Dabei schwillt das Corpus an, auf das sich dieses Interesse richten könnte: Spielfilme, Kurz- und Dokumentarfilme als Reflex der öffentlichen Debatte über die Migrationsprobleme in multikulturellen Gesellschaften, in denen ethnische Minderheiten von den Medien vornehmlich als soziales Problem einprägsam ins Bild gerückt zu werden pflegen, das dann einer xenophobischen *vox populi* als Beleg und Abbild einer Realität dient, die mit eigenen Alltagserfahrungen kaum auszustatten wäre.

In Hollywood wurde T. Coraghessan Boyles politisch korrekter Bestseller *The Tortilla Curtain* (dt. *América*) aufwendig verfilmt als Parabel über die Mi-

---

1   Zum Konzept und methodischen Instrumentarium der „Kritischen Diskursanalyse" zur Untersuchung von Texten gleich welchen Mediums cf. neuerdings Fairclough & Wodak 1997; zu möglichen neuen (linguistischen) Anwendungsfeldern cf. Brünner et al. (eds.) 1999.

granten aus Mexiko. Von illegalen Immigranten handelt auch der Film „Brothers in Trouble", in dem der in England aufgewachsene Inder Udayan Prasad den konfliktträchtigen Alltag in Londoner Quartieren zeigt, in denen die Einwanderer vom indisch-pakistanischen Subkontinent schon die Mehrheit der Bevölkerung stellen. „Harte Unterhaltung" nach Art der Briten („Mein wunderbarer Waschsalon") wollen auch die jungen deutsch-türkischen Filmemacher wie Neco Çelik bieten, der neben seinem Job als Sozialarbeiter im Berliner Jugendtreff Naunynritze einen Film für den WDR dreht. Alltag der Berlin-Türken ist das Thema der Filme von Thomas Arslan („Dealer") oder Yüksel Yavuz („Aprilkinder").[2] Der Regisseur Kutlug Ataman, der nach etlichen Jahren in Berlin, aber auch in Paris und Los Angeles, heute wieder in Istanbul arbeitet, bietet mit seinem Film „Lola und Bilidikid" eine multikulturelle Mixtur aus türkischem Melodram, deutscher Familiengeschichte und amerikanischem Thriller, aber auch die anrührende Liebesgeschichte zweier Männer im Kiez: Lola, Türke und Transvestit und Star der nächtlichen Show, verdreht dem 17jährigen Murat den Kopf – Verwirrung der Gefühle.

Das Thema scheint seit kurzem bei Filmemachern und Medienleuten, aber auch bei einem Teil des Publikums, auf so lebhaftes Interesse zu stoßen, daß das Amsterdamer Dokumentarfilm-Festival ihm mit einer eigenen neuen Reihe unter dem Titel „Global Motion" ein vielbeachtetes Forum bietet für Filme über Flüchtlinge, Migranten, Asylanten.[3] Im österreichischen Linz haben Sabine Derflinger und Bernhard Pötscher ihren Dokumentarfilm „Achtung Staatsgrenze!" in einem Abschiebungsgefängnis gedreht. Maurizio Zaccaro schildert in seinem Film „Articolo 2" die vergeblichen Versuche des Algeriers Mohamed, seine „zweite" Familie bei sich in Italien aufzunehmen, in der sein Status freilich als Bigamie verfolgt wird. Der Film „Winterblume" des in Köln lebenden Kadir Sözen beschreibt in eindringlichen Bildern den illegalen Versuch eines abgeschobenen Türken, zu seiner Familie zurückzukehren. Mehmet Umut erfriert im Schnee eines Alpenpasses, während das Gericht das Urteil fällt, seine Rückkehr doch noch zu erlauben. Meist aber steht am Ende des Verfahrens, nach Jahren zermürbenden Wartens unter Fremden in Asylunterkünften, mit fremder Kost und bei strengem Arbeitsverbot, die Abschiebung, die in Österreich ‚Schubhaft' heißt und in der Schweiz ‚Ausschaffung'.

---

2   Cf. Alexander Smoltczyk, „Erregend anders", in: DER SPIEGEL 36 v. 6.9.1999: 94-97, hier bes. 95.
3   Cf. Hans-Günther Dicks, „Wir wollen die Bananen und den Tee", in: DER KLEINE BUND 148, Nr. 38 v.15.2.1997: 5.

2   Peter von Guntens *They teach us how to be happy*

Reden wir über die Fremden im Lande. *Mit* ihnen zu reden ist ungleich anstrengender. Der in der Schweiz durchaus umstrittene, dafür mehrfach (z.b. 1996 in Locarno oder 1997 in Berlin) ausgezeichnete Film „They Teach Us How to be Happy" des Berner Filmemachers Peter von Gunten dokumentiert dies mit fast enervierender Geduld: Reden mit Fremden, die bei der Einreise in die Schweiz Antrag auf Asyl stellen; Gespräche bei ihrer Ankunft in der Fremde, Verhöre eher, amtliche Befragungen über ihre Motive mit dem Ziel herauszufinden, wer von denen, die da Einlaß begehren aus mannigfachen Gründen, möglicherweise kein Recht auf Asyl haben könnte, nicht etwa, wer es habe nach Recht und Gesetz. Die Behörde hat Zeit. Die Befragungen drehen zäh sich im Kreise, das behördliche Mißtrauen spießt sprachliche Undeutlichkeiten auf, zerlegt Unbeholfenheiten des Ausdrucks, hakt nach, immer höflich, fragt kulturelles Wissen ab, übersetzt das individuelle Anliegen, bis es ins Raster des Amtes paßt, sucht mit allerlei juristischen Spitzfindigkeiten und fachsprachlichen Wortklaubereien, mit jähen Rück- und Fangfragen die vielleicht weichen Stellen der Argumentation des Antragstellers aufzuspüren.

Hier sind es koptische Christen aus dem fundamental-islamischen Sudan, deren Glaubensnuancen die christlich-katholische Beamtin in der engen Amtsstube in Chiasso verwirren. Heilig Abend nicht am 24. Dezember? Ach was. Und das wollen Christen sein? Ihres Glaubens wegen verfolgt? Die Beamtin bleibt korrekt und macht sich Notizen. Zeichen der Ungeduld übersieht sie, sie kennt ihre Vorschriften. Das Verfahren folgt präzis den Regeln des Gesetzes. Moral? Wie, wenn Gesetz und Moral divergierten? Was hätte Vorrang? Moralische Einsicht oder politisches Gebot? Recht contra Gerechtigkeit? Der seinerzeitige Berner Rabbiner Marcel Marcus stellt die Frage im Film mit eindringlicher Sachlichkeit. Seine Antwort: „Wenn Moral und Recht auseinanderklaffen, dann muss die moralische Erkenntnis der Politik eben neue Ziele setzen."[4] In der nächsten Sequenz führt der Beamte einer anderen Dienststelle vor, wie die Befragungen durch technische Kontrolle effektiviert werden. In nur zwei Minuten, erläutert er stolz, könne der Ausländer durch Rechnerabgleich mit einer Zentraldatei von über 480.000 Fingerabdrücken zielgenau identifiziert werden. Und weiter mit den Befragungen, nach immer demselben Muster. In quälender Ausführlichkeit werden sie filmisch aufgezeichnet, ohne hektische Schnitte, ohne furiose Kamerafahrten; der Langsamkeit der Einstellungen entspricht die Langsamkeit des Verfahrens. Das genaue Hinsehen, zu dem der Film zwingt

---

4   Cf. Fred Zaugg, „...ich glaube, wir müssen das wagen", in: DER BUND 147, Nr. 201 v. 29.8.1996: 2.

bis an die Grenze des Erträglichen, wird hier wie von selbst zum sarkastischen
Kommentar: die Beamten sind auch nur Menschen, aber Vorschrift ist Vorschrift; sie meinen's doch nur gut mit den Ausländern, die froh sein sollen und
dankbar, stattdessen machen sie Probleme und kosten Steuergelder. Der koptische Christ aus dem Sudan begreift den Zweck der unsäglichen Prozedur mit
traurig-hintergründigem Lächeln: „They teach us how to be happy."[5]

3 Pepe Danquarts *Schwarzfahrer*

3.1 *Handlungsstruktur*

In krassem Gegensatz zum langen, überlangen, bernisch-langsam inszenierten
Dokumentarfilm Peter von Guntens mit seinen zähen, drögen Dialogen setzt
Pepe Danquart 1993 das Thema in seinem Berliner Kurzfilm „Schwarzfahrer"
ins Bild. Der Schwarz-Weiß-Film ist ganze 12 Minuten lang und kommt fast
ohne Dialoge aus. Auch er gewann zahlreiche internationale Auszeichnungen
(wie etwa 1993 den American Academy Award's Oscar for the Best Live Action Short Film, um nur einen stellvertretend zu nennen). Er soll im folgenden
einer genaueren Analyse unterzogen werden, vor allem im Hinblick auf die
Strukturmomente der Kamerabewegungen und -perspektiven, der Hell-/Dun-
kel-Kontraste, der Dialogführung, der Figurenkonstellation.[6]

Die Handlungsstruktur
ist, auf den ersten Blick,
denkbar einfach. Ein jun-
ger Mann mit schwarzer
Hautfarbe unterhält sich
mit seinem weißen Freund
an einer Straßenbahnhalte-
stelle. Als die Straßenbahn
einbiegt, verabschieden sie
sich, der junge Schwarze

steigt ein und fragt eine ältere weiße Frau, ob der leere Sitz neben ihr frei sei.
Sie mustert ihn von oben bis unten und schweigt. Er setzt sich neben sie, sieht

---

5   Der Film böte in reichem Maße anschauliches Material für eine linguistisch detailliert kri-
     tisch-empirische Diskursanalyse institutionell-interkultureller Kommunikation im Sinne
     etwa von Rehbein (ed.) 1985 oder Hess-Lüttich (ed.) 1992, wozu in diesem Rahmen nur
     angeregt werden kann.
6   Dabei stütze ich mich teilweise auf Passagen eines Referats von Nicole Waller, das sie in
     englischer Sprache in meinem Medien-Seminar am Graduate Center der City University of
     New York im Herbstsemester 1998 gehalten hat und für das ihr an dieser Stelle sehr herz-
     lich gedankt sei.

aus dem Fenster, ißt Nüsse, während die Frau in eine Suada rassistisch-xeno-
phober Bemerkungen ausbricht. Die anderen Passagiere im Straßenbahnwagen
bleiben davon scheinbar unberührt und fahren darin fort, wie unbeteiligt vor
sich hin zu schauen. Eine Ausnahme bildet kurz ein junger Türke, der (auf Türkisch) Widerworte gibt, aber schnell von seinem Landsmann beruhigt und zum
Schweigen gebracht wird.

 An der nächsten Haltestel-
le betritt ein Kontrolleur
den Wagen und überprüft
die Fahrscheine. Die Frau
kramt ihren Fahrschein
hervor, während sie weiter
halblaut vor sich hin-
schimpft. Plötzlich langt
der Schwarze kurz hin-
über, greift sich ihren
Fahrschein und ißt ihn auf. Als der Kontrolleur sie nach ihrem Fahrschein
fragt, stammelt sie entgeistert die Geschichte, die ihr der Kontrolleur nicht
glaubt und sie wegen ‚Schwarzfahrens‘ aus der Bahn weist. Die anderen Fahrgäste bleiben bei dem ganzen Vorgang genauso unbeteiligt wie vorher bei der
Schimpfkanonade der Frau. Durch den kleinen Überraschungscoup des
Schwarzen (= des Ausländers?) scheint die Balance im Mikrokosmos des
Bahnabteils wieder im Lot, die Bahn fährt weiter, die Frau steht auf der Straße
im Disput mit dem Beamten und versteht die Welt nicht mehr.

3.2 Kameraführung

Anders als Peter von Gunten mit seinen langen Einstellungen und, wenn überhaupt, ruhigen Kamerafahrten, kreiert Pepe Danquart den Eindruck dauernder
Bewegung durch die schnellen Schnittfolgen der Montage. Alles ist in Bewegung: die Bahnen, Rolltreppen, Autos, Leute – Großstadt-Hektik. Wenn das
Auge der Kamera einmal still auf der Szene ruht, dann kreuzen andere Bahnen
das Bild, huschen Häuser und Laternen vorbei beim Blick aus dem Fenster der
fahrenden Bahn. All dies suggeriert: eine Gesellschaft in Bewegung, im Übergang und ohne Ruhe, ein Leben im beschleunigten Rhythmus der Metropole,
ein dynamisches Gegenbild zugleich zur konservierenden Phantasie einer be-
schaulichen Idylle des Landlebens, das statisch in sich selber ruht und nicht be-
droht wird durch Wandel und Hast und Fremdes und immer Neues und Unbekanntes.

Der Film beginnt mit
dem Bild eines Großstadt-
Platzes, in das von rechts
nach links diagonal eine
Straßenbahn sich hinein
bewegt. Die Szene wirkt
ein wenig futuristisch ver-
fremdet, die Silhouette der
Hochhäuser in fast ameri-
kanischer Manier hoch in

den Himmel gerichtet. Die Musik verstärkt den Rhythmus durch schnellen
Techno-Sound, der zum unterlegten Geräuschpegel einer high-tech-city paßt.
Der Kameraschwenk folgt der horizontalen Bewegung der Bahn diagonal
durch den Ausschnitt des Bildes, dann, für einen Moment, fließender Verkehr,
Autos fahren vorbei, und sogleich schießt die Bahn wieder zurück ins Bild –
und Schnitt: es folgt das Bild eines Mannes mit weißem Helm, der versucht,
sein Motorrad zu starten. Im Hintergrund der Szene merkwürdig abstrakt wir-
kende Laternen, hohe Häuser, eine Brücke, über die sich eine andere Bahn
schiebt.

Der Motorradfahrer wirkt wie aus Fragmenten zusammengesetzt: einzelne
Gliedmaßen kommen ins Bild, Handgriffe, sein Gesicht im Ausschnitt des
Rückspiegels. Das filmische Stilmittel charakterisiert den ganzen Film: die Sequenzen mit Ausschnitten von Gesichtszügen, Gliedmaßen, Körpern im Spiegel vorbeifahrender Fahrzeuge imaginieren eine Kulisse des Fragmentarischen, der Beschleunigung und Betriebsamkeit, der Moderne. Es folgen in
schnellen Schnitten die Bilder zweier Bahnen, wie sie sich aus entgegengesetz-
ter Richtung begegnen und diagonal aneinander vorbeischieben. Schienen,
Stege, Geleise, Bahnen in Bewegung, hin und her, in Bewegung wie die rollen-
den Treppen, hinauf und hinunter, auf denen sich die Menschenströme mischen. Die Szene könnte alltäglicher nicht sein, aber die Technik der fast ex-
pressionistischen Filmsprache fokussiert den Blick auf Menschen, die in Ein-
zelteile zerfallen, die als vereinzelte untergehen im Gewoge anonymer Mas-
sen, die hin- und hergeschoben werden auf Bahnsteigen, Rolltreppen,
Fließbändern. Die unterlegte Musik verstärkt die Bewegung, mit einem Saxo-
phon-Solo hier und da im Hintergrund, das die Stimmung von Einsamkeit im
Gedränge akustisch evoziert.

Die Menschen kommen zunächst nicht als Individuen in den Blick, sondern
als huschende Silhouetten, als eilige Automaten, ohne Sprache, wie aufs Gleis
gesetzt. Nur der Motorradfahrer, der vergeblich seine Maschine zu starten

sucht, wird aus der anonymen Masse herausgehoben. Mit seiner Brille, in zä-
hem Ringen mit der Tücke des Objekts, wirkt er fast ein wenig altmodisch, der
Technik hilflos ausgeliefert, an ihr scheiternd, fluchend; seinem Willen trotzt
die Maschine. Die Kamera schwenkt zurück zu den Bahnen, die nun die Flä-
che bieten für den eingeblendeten Titel des Films: „Schwarzfahrer".

Erst jetzt sucht die Kamera
einzelne Gesichter, aber sie
bleiben einzeln; auf das
Verhältnis der Personen zueinander können wir nur
schließen aus ihren Blicken,
den Fragmenten der anein-
ander montierten Nahauf-
nahmen. Die Kameraper-
spektive bleibt überwie-
gend neutral. Nur gelegentlich übernimmt sie kurz die Perspektive einzelner
Personen, etwa des Kontrolleurs, der auf die nebeneinander sitzenden Protagonisten herabschaut, oder des Jungen mit dem lauten Walkman, wenn er mißbil-
ligende Blicke von Passagieren ruhig erwidert, oder des Schwarzen, seinem
Blick folgend hinaus auf die vorbeigleitenden Häuserfronten. An keiner Stelle
jedoch läßt sie sich ein auf die Perspektive der alten Frau.

Deren rassistische Tiraden bilden den Kern der Sequenz, sie wiederholen
sich, verlieren sich, stoßen auf taube Ohren, leere Blicke. Die teilnahmslosen
Blicke vor allem hebt die Kamera heraus, kein Mund gerät ins Bild: niemand
widerspricht den Parolen. Diese Zentralsequenz unterscheidet sich filmstili-
stisch deutlich von den Sequenzen zuvor und danach: dröge Indifferenz gegenüber dem Haß, unberührt die Mit-Monaden, ungerührt die Teilnahmslosen,
eindringlich aufgezeichnet durch wenige, intime, genaue Kamerablicke. Die
merkwürdig somnambule Sequenz endet abrupt mit dem Signalton an der Haltestelle. Der Kontrolleur steigt ein.

3.3 Farbregie und Tonspur

Mit dem Kontrast von Schwarz und Weiß spielt der Film in mehreren Hinsich-
ten, auf mehreren Ebenen. Der Titel „Schwarzfahrer" referiert auf den ‚blinden
Passagier', der rechtswidrig Beförderung sich erschleicht, ohne das Entgelt dafür zu entrichten, aber auch auf den Schwarzen, der eigentlich kein ‚Schwarzfahrer' ist; das ist vielmehr der verhinderte Motorradfahrer; als Schwarzfahrer
aus der Bahn gewiesen aber wird am Ende die alte Frau.

Entscheidet sich heute
ein Regisseur bewußt für
„Schwarzweiß", so bringt
das meist eine zeitliche Dimension ins Spiel. Steven
Spielberg drehte „Schind-
lers Liste" in Schwarz-
weiß, um eine Authentizi-
tät des historischen Doku-
ments zu suggerieren. Hier

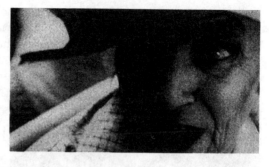

geht es nicht um die Geschichtlichkeit der dargestellten Handlung, aber möglicherweise um den Einfluß der Geschichte (Nazi-Deutschlands, des Faschismus, des Rassismus) auf deutsche Gegenwart. Die Reden der Alten sind ge-
spickt mit entsprechenden Allusionen („Das wäre früher nicht passiert ...").

Der Kontrast von Schwarz und Weiß wird balanciert durch den Dialog, der
den Gegensatz mühelos überwindet: der weißgewandete Schwarze in lockerem
Gespräch mit seinem weißen Freund in schwarzer Kleidung; sie reden und
scherzen und lachen miteinander, berühren sich und hören Musik – ein Bild
der schwarz-weißen Harmonie. Desgleichen das Mädchenpaar, weiß und
blond und deutsch das Gesicht des einen, dunkelhäutig und schwarzhaarig, von
anatolischem Schnitt, das des anderen, ihre Körper in engem Kontakt, tu-
schelnd, kichernd, in vertrautem Geflüster, nach den türkischen Jungen schie-
lend von weitem – Freundschaft über ethnische Barrieren hinweg im Bewußtsein ihrer Differenz.

Ton, Musik, Geräusche zitieren amerikanische Vorbilder des Großstadt-
films. *Melting-pot* New York? Nicht Rap oder Reggae freilich markieren sub-
kulturelle Abgrenzungen, aus dem Walkman des weißen Jungen tönt Funk
Rock, *mainstream music* einer international uniformierten Jugendkultur mit ihren *baseball caps* und *baggy jeans* und *brothers' handshakes*. Die Tonspur
suggeriert hier multikulturelle Coolness als supranationales Kulturem der Mas-
sen eher als widerständige Assoziationen des alltäglichen Rassismus: die Jungen sind hip und amerikanisch-universell, nur die Alten sind es, die stur und
eng sind, nationalistisch und rassistisch, fremdenfeindlich und gottesfürchtig:
Vergangenheit also.

Und die Wirklichkeit? Würde deren dramaturgisch schwer zu bewältigende
Unübersichtlichkeit das eher schlichte Strickmuster möglicherweise verwirren
und das didaktische Identifikationspotential des Films unnötig beschneiden?
„Schwarzfahrer" wird an den Schulen gezeigt mit Erfolg. Türkische Jugendliche im Publikum identifizieren sich mit dem schwarzen Protagonisten und ap-

plaudieren, wenn er den Fahrschein der Deutschen ißt: „und als nächstes essen wir ihre Pässe!"

3.4 Dialogregie

Der Film kommt mit einem Minimum an Dialog aus. Die Leute reden kaum – und wenn, dann kaum miteinander. Die schwarz-weißen Paare sind die signifikante Ausnahme. Aber auch ihre Gespräche werden weniger geführt als zeichenhaft ins Bild gesetzt. Deutlich zu verstehen ist nur ein Satz des Protagonisten: „Ist da noch frei?" fragt der Schwarze ebenso höflich wie rhetorisch (die Kamera beantwortet die Frage), als er das Abteil betritt und setzt sich auf den freien Platz neben der alten Frau, die schon seine körperliche Nähe als persönliche Beleidigung zu empfinden scheint. Jedenfalls reagiert sie scharf auf den Eindringling in ihre Sphäre („Flegel!"). Schließlich gebe es andere freie Plätze. In diesem Minutenbruchteil verdichtet sich ein Stereotyp des Migrationsdiskurses in Deutschland: Platz für den Fremden wäre wohl da, aber „das Boot ist voll"; die stets rekapitulierte Frage, wie viele Immigranten eine Nation „verkraften" könne, ohne ihre kulturelle (ethnische, rassische) Identität zu verlieren, entlarvt sich hier als Anspruch, „unter sich" bleiben zu wollen, unter Deutschen, Weißen wie Du und Ich und nicht wie die Andern, Fremden, Schwarzen gar.

In schnellen Schnitten bezieht die Kamera die anderen Fahrgäste ein; sie kreiert den Mikrokosmos des Abteils: jeder Hinzutretende verändert die Struktur und muß seinen Platz darin finden und behaupten. Der fremd aussehende Eindringling wird von der Alten nicht etwa direkt angesprochen, sie spricht wie zu sich selbst, aber Zustimmung heischend der anderen um sie herum, die sie hören und keine Miene verziehen. Dieser Quasi-Monolog ist die längste Sprachsequenz im Film, ironisch ins Bild gesetzt von der Kameraführung: der Schwarze und die Alte nebeneinander, jeder sieht in die andere Richtung, alle erdulden ungerührt das rassistische Gerede:

Sie Flegel! Warum setzen Sie sich nicht woanders hin? Es gibt doch genug Plätze hier. Jetzt kann man schon nicht mehr Straßenbahn fahren, ohne belästigt zu werden. Wer von unseren Steuern profitiert, könnte sich wenigstens anständig benehmen. Als ob man sich nicht an unsere Sitten anpassen könnte. Hat euch denn jemand eingeladen? Wir haben es alleine geschafft. Wir brauchen keine Hottentotten, die uns nur auf der Tasche herumliegen. Jetzt wo wir selber so viele Arbeitslose haben. Und dann arbeiten die alle noch schwarz. Also ob das jemand kontrollieren könnte. Man müßte wenigstens verlangen können, daß sie ihre Namen ändern, bevor sie zu uns kommen. Sonst hat man ja gar keinen Anhaltspunkt. Im übrigen riechen sie penetrant. Aber das kann man ja schließlich nicht verbieten. Als ob nicht die Italiener und Türken schon genug wären. Jetzt kommt auch noch halb Afrika. [An dieser Stelle protestiert der türkische Junge, aber die Alte fährt unbeirrt fort.] Das wäre früher nicht passiert, daß alle rein dürfen zu uns. Mein Hans sagte immer, lassen wir einen, dann kommen sie alle. Die ganze Sippschaft. Die vermehren sich ja wie die Karnickel da unten. [Die Kamera zoomt auf Augen und Ohren der Passagiere, man hört im Off der Stimme der Alten, Wortfetzen und rhythmische Fragmente der Wörter „Italiener" und „Türken".]
Kein Wunder, daß die da alle AIDS haben. Die kriegen wir nie wieder los. Wenn das jetzt so weitergeht bei uns, gibt's bald nur noch Türken, Polen und Neger hier. Man weiß ja schon bald nicht mehr, in welchem Land man lebt. [Nach der Haltestelle hören wir den Kontrolleur sagen: „Guten Tag: Fahrscheinkontrolle. Ihre Fahrscheine bitte." Der Motorradfahrer nimmt seinen Helm ab und murmelt: „Na klar. Scheiß Tag."] Ich trau mich ja schon nicht mehr auf die Straße, wenn's dunkel wird. Man liest ja so viel in der Zeitung. Wir haben uns jedenfalls einen Hund angeschafft, als man dem Türken unter uns die Wohnung gegeben hat. Man kann ja nie wissen. Sozialfall! [Sie nimmt ihren Fahrschein aus der Handtasche.] Von wegen! Die wollen alle nicht arbeiten.

In diesem Moment wendet der Schwarze, der bislang, Nüsse kauend, teilnahmslos aus dem Fenster geschaut hatte, seinen Blick, sieht den Fahrschein, schnappt sich ihn und ißt ihn auf. Die Alte sieht ihn jetzt zum ersten Mal direkt an, fassungslos; sie sucht den Blickkontakt mit den andern Fahrgästen, vergeblich. Der Schwarze sieht ruhig vor sich hin, schweigend, kauend. Der kleine Junge gegenüber ruft „Mama, guck mal!". Seine Mutter hat es auch gesehen, sagt aber nichts. Der Schaffner erreicht, sich umwendend, den Sitz der Alten und fordert sie auf: „Fahrscheinkontrolle! Ihren Fahrschein bitte." Die Alte ringt sichtlich um Fassung, sie sieht abwechselnd den Schaffner und den Schwarzen an, bis sie ihre Sprache wiederfindet: „Der – Neger hier hat ihn eben aufgefressen!"

Der Satz faßt ihre vorherige Suada gleichsam zusammen: das degradierendkolonialistische Nomen, das für's Tierreich reservierte Verb, die kriminelle Handlung. Der so Beschuldigte zuckt nur mit den Schultern, weist seinen Fahrschein vor und signalisiert dem Schaffner wortlos und mit kurzem Blick, die Alte sei wohl leicht durcheinander. Der Schaffner dankt ihm und wendet sich wieder der Frau zu: „So eine blöde Ausrede habe ich auch noch nicht gehört. Tja, wenn Sie keinen Fahrschein haben, muß ich Sie bitten, mit mir mitzukommen." Sie steigen aus, der Schaffner sucht unter beschwichtigenden Kalmierungen („ja ja, schon gut") das Lamento der Alten zu ignorieren und ihre Personalien aufzunehmen für die Buße. Die Alte schimpft weiter. „Die fressen schon unsere Fahrscheine, wenn ich Ihnen das sage! Glauben Sie mir doch, ich bin noch nie ohne Fahrschein ... Die haben es doch alle gesehen. Ich – ich verstehe das nicht. Sie haben es gesehen." Dialogische Verständigung findet in diesem Film nicht statt: jeder hört die Worte des anderen, jeder reagiert auf sie, aber nie direkt in der Dyade des Gesprächs. Mit dem Mundraub des Fahrscheins reagiert der Schwarze auf die Tiraden der Alten, diese ihrerseits reagiert darin auf die Schlagzeilen-Rufe des Zeitungsverkäufers, man lese ja ständig von der Ausländerkriminalität, die Zeitungen seien voll davon und immer so fort. Der türkische Junge stößt Verwünschungen aus gegen sie, aber niemand versteht sein Türkisch. Aus den Mienen der anderen Fahrgäste läßt sich keine Reaktion auf die Suada der Alten herauslesen, die durch Schnitt, Tonspur und Kameraführung subtil desavouiert wird: im hörbaren Kauen und Mahlen der Zähne des Schwarzen bleibt der Adressat präsent, ohne im Bild zu sein, ein dösender Fahrgast schreckt auf, als von der „Belästigung" durch die Ausländer die Rede ist, ersichtlich belästigt und im Dösen gestört durch den Wortschwall der Alten.

Ihre Stereotypen türmen sich auf und prallen aneinander: „das Boot ist voll", aber der Fremde solle sich doch woanders hinsetzen, schließlich sei genug Platz; die Immigranten nehmen uns die Arbeit weg – und sie sind arbeitsscheu; die Ausländer arbeiten ‚schwarz' – und leben von unseren Steuern; wir haben alles wiederaufgebaut, nach dem Krieg und ganz allein – die „Gastarbeiter", die wir dazu ins Land holten, sind leider geblieben, statt zu verschwinden, wo sie hergekommen sind.

Subtile Desavouierung und Dekonstruktion durch Selbst-Decouvrierung: das ist die persuasive Technik des Films. Die einzig „gelingenden" Gespräche, die der beiden schwarz-weißen Paare, können wir nicht hören – sie bleiben optischer Vorschein aufs Mögliche und Richtige und eigentlich Selbstverständliche: so könnte es sein. Utopie und Des-Illusion.

Für die Zukunft stehen die Jungen, positiv, natürlich, tolerant: Identifikationsfiguren. Rassismus – ein Problem der Alten und Ewig-Gestrigen nur? Die Botschaft des Films ist ebenso sympathisch wie zwiespältig. Sie blendet die alltägliche Realität des Rassismus der Glatzköpfe aus, die hohl klingen, wenn sie aneinander schlagen. Die Springerstiefel marschieren, Haß und Hakenkreuze werden ins Netz gestellt – nichts davon im Film. Er suggeriert: abwarten, und das Problem löst sich biologisch. Die Ordnungsmacht, repräsentiert durch den Schaffner, wird damit fertig, don't worry, die Institutionen sind gerecht, neutral und farbenblind. Nichts von Asylantenlagern, Polizeiübergriffen, Abschiebehaft, billigen Arbeitskräften aus dem Ausland und der Alltäglichkeit des Ausländerhasses in Jugendbanden. Warnung oder Entwarnung oder beides zugleich?

3.5 *Witz und Widerstand*

Der subversive Witz decouvriert die Widersprüchlichkeit der rassistischen Stereotypen. Assimilation und Abgrenzung wird zugleich gefordert: „Als ob man sich nicht an unsere Sitten anpassen könnte", sagt die Frau und ist zugleich unsicher, was deren verbürgte Richtschnur sei: „Man weiß ja schon gar nicht mehr, in welchem Lande man lebt." Die *vox populi* klingt auch in vermeintlich multikulturellen Gesellschaften (und solchen, die sich dafür halten, wie die Schweiz) nicht viel anders. Sich alter Identitäten neu zu vergewissern in wechselvollen Zeiten, dazu dient der neue *ordo* des sozialen Konsens darüber, wer dazugehört – und wer eben nicht: Bürger, die ihre Steuern und Fahrscheine zahlen – und die Anderen, Ausländer und Asylanten, Delinquenten und Sozialempfänger, Schwarze und Schwarzfahrer.

Diese Ordnung wird hier unterlaufen durch die Strategie der filmischen Dramaturgie. Der Bürger als Ikon für Recht und Gesetz und Tradition wird als Schwarzfahrer an die Luft gesetzt. Der Schwarze wird zum Idol des Widerstands. Er hat, als einzelner, die Sache in die Hand genommen und die Balance zwischen Recht und Gerechtigkeit wieder hergestellt. Das Publikum lacht befreit: Problem gelöst, Katharsis gelungen; die List des Einzelkämpfers schlägt das ‚System' mit dessen eigenen Mitteln: sie wird nicht als Erniedrigung verstanden, sondern als gerechte Notwehr. Aus der Geste der Ohnmacht, wird suggeriert, erwächst die Macht. Wer dem Schwarz-Sein das Recht abspricht, soll wenigstens für's Schwarz-Fahren büßen.

Der Triumph des Tricksers indessen enthüllt das Dilemma: der Einzelkämpfer bleibt Außenseiter; seine Diskriminierung bedient sich subtilerer Strategien als krud rassistischer Rhetorik. Die Fahrgäste im Abteil bleiben so passiv wie die schweigende Mehrheit des Publikums im Parkett oder der Zuschauer, die dabeistehen, wenn wieder mal Schwarze oder Schwule verprügelt oder ihre Häuser angezündet werden. Das methodologische Dilemma der Minderheiten-Forschung bringt Teun van Dijk auf den Punkt, wenn er, wie in seinem Buch über *Elite Discourse and Racism* (1993), die Wahrnehmung des Diskriminierten zum Maßstab der Diskriminierung erklärt, dem aber zugleich die Objektivität in der Wahrnehmung des Sachverhalts abgesprochen wird.

Ein Blickwechsel genügt im Film, die Gefechtsformationen sauber zu sortieren. Die Frage des Schwarzen würdigt die Alte keiner Antwort; sie mustert ihn nur von oben bis unten. Der weiß nun, was er zu gewärtigen hat. Diese kurze Einstellung zeigt eindringlicher als der folgende Monolog mit seiner krassen Unverblümtheit die lautlose Alltäglichkeit der Diskriminierung in den vermeintlich so toleranten Gesellschaften europäischer Prägung. Aus diesem Unbehagen befreit der Film durch Lachen. Aber das Unbehagen kehrt zurück.

4 Diskriminierung im Diskurs der Medien

Die beiden hier bewußt exemplarisch im Sinne einer Projektskizze zitierten Filme könnten gegensätzlicher kaum sein. Sie markieren die Spannweite des Projekts, ‚Diskriminierung im Film' zu thematisieren, ein Projekt, das einzubetten wäre in den rasant expandierenden Sektor der kritischen Diskursanalyse kontemporärer Medienkommunikation. In diesem Sektor bildet die Untersuchung von Formen und Funktionen der Diskriminierung von Minderheiten in den Medien bislang noch ein vergleichsweise schmales Segment. Empirische Analysen im Schnittfeld von Kultur-, Kommunikations- und Medienwissenschaften, Sprach-, Literatur- und Sozialwissenschaften, Psychologie und Semiotik müßten hier das Terrain genauer ausleuchten. Bisher lag der Schwerpunkt solcher Ansätze vor allem im Bereich der Rassismuskritik auf der Grundlage der (publizistikwissenschaftlichen, textlinguistischen, diskursanalytischen) Untersuchung von Pressetexten (Merten, Ruhrmann et al. 1986; van Dijk 1993; Jäger 1997a). Inhaltsanalytische Arbeiten haben das Bild der Ausländer in der Presse herausgearbeitet (Küpfer 1994), die Asylberichterstattung kritisch unter die Lupe genommen (Hömberg & Schlemmer 1995), Stereotypen und Metaphern auf ihren latent xenophoben Inhalt hin geprüft (Wagner 2000) und gefragt, „inwieweit einzelne Bezeichnungen (und Sprachregelungen) auf die öffentliche Meinung vorurteilsauslösend wirken" (Ruhrmann 1997: 63).

Funk und Fernsehen sind (nach angelsächsischem Vorbild: cf. Dines & Humez eds. 1995) im deutschsprachigen Raum erst seit Mitte der 90er Jahre Gegenstand systematischer Aufmerksamkeit im Hinblick auf das Thema Ausländer, Fremde, Migration und Diskriminierung geworden. Zwar gibt es im Hörfunkbereich nicht wenige kritische Hinweise auf bestehende Ausländerprogramme und Initiativen zu deren Verbesserung (cf. Hess-Lüttich 1992; Meier-Braun & Kilgus 1998), „systematische Analysen der Berichterstattung über Ausländer blieben jedoch unbekannt" (Ruhrmann 1997: 59).

Im Bereich des Fernsehens konzentrierte sich die Forschung auf Fremdbilder in der Berichterstattung (Eckardt & Horn 1995) oder den Zusammenhang zwischen fremdenfeindlichen Schlüsselereignissen und Nachahmungstaten

(Brosius & Esser 1995) und Defizite in der Behandlung von Themen wie Rassismus, Rechtsextremismus, Ausländer und Asyl (Funk & Weiß 1995).

Im engeren Bezirk der Germanistik und Linguistik ist es vor allem das Verdienst von Gruppen um Ruth Wodak in Wien, Georg Stötzel in Düsseldorf, Siegfried Jäger in Duisburg und Harald Burger in Zürich, das Thema Migration und Medien, öffentliche Kommunikation und Fremdverstehen mit Nachdruck auf die Agenda gesetzt zu haben. Die von diesen Gruppen vorgelegten Arbeiten über die medientypischen „Formen von rassistischen Diskursen" (Matouschek et al. 1995), das „Reden über Ausländer" in den Medien (Jung et al. 1997) oder deren vorurteilsverstärkende „Kollektivsymbolsysteme" (Link 1982), über „Rassismus und Medien" (Jäger & Link eds. 1993) oder „Gewalt im Gespräch" der TV-Talkshows (Luginbühl 1999) seien hier nur stellvertretend genannt für den durch zahlreiche Studien bereiteten Boden, auf dem das Thema auch innerhalb der Germanistik und Linguistik fruchtbar weiterverfolgt werden kann.[7]

So gilt es vor allem, die empirische Basis der Studien zu verbreitern und die linguistische Analyse besser mit den inhaltlichen und kontextuellen Ebenen zu verknüpfen. Darüber hinaus sind die dialogischen Strukturen genauer zu untersuchen, in denen Fremdheit als Beziehungsmodus generiert wird. Dabei sind auch die indirekten symbolischen Mechanismen und die nichtsprachlichen Ebenen einzubeziehen, die als ritualisierte Formen der Grenzziehung figurieren und damit für die Definition des Kommunikationsverhältnisses und die Regulation des emotionalen Interaktionsklimas zentrale Bedeutung gewinnen.

Genau dies hat sich etwa Tanja Thomas (in Vorb.) vorgenommen, wenn sie in ihrem Promotionsvorhaben der Frage nachgehen will, wie sich Medienschaffende in Fernsehgesprächen gleichsam ungewollt, d.h. entgegen ihrer eigenen Absicht, durch ihre Sprache und ihren medienspezifisch inszenierten Umgang mit Ausländern an deren Diskriminierung beteiligen. Dabei geht es ihr weniger um den Aufweis rassistischer Redeweisen in Terminologie und Metaphorik als um die impliziten, mehr oder weniger verborgenen Mechanismen der Diskriminierung, wie sie sich zeigen in der Themenwahl (z.B. als Polarisierung in der Talkshow „Kerner": „Ausländer sind die besseren Männer"), in der „Skandalinszenierung" (z.B. als Täter-Opfer-Rollenkonstruktion in der

---

7   Da hier kein Forschungsbericht angestrebt ist, wird auf einen umfassenden bibliographischen Nachweis bewußt verzichtet: auch außerhalb der genannten Gruppen sind, versteht sich, zahlreiche einschlägige Arbeiten entstanden, die sich mit dem Migrationsdiskurs in der Schweiz (Hess-Lüttich 1997), mit medientypischen Diskriminierungsformen (Galliker & Wagner 1995) oder dem Spannungsfeld von „Medien und Fremdenfreindlichkeit" (Scheffer ed. 1997) und von „Massenmedien, Migrant(inn)en und Rassismus" (Butterwegge 1999) befassen.

Talkshow „Vera am Mittag": „Ehe mit einem [muslimischen, gewalttätigen] Ausländer"), in der Reproduktion von Stereotypen (z.b. als Klischee-Verstärkung in der Talkshow „Bärbel Schäfer": „Was reizt dich nur an farbigen Männern?"), in der Personalisierung von Interpretationsmustern (z.b. in der Darstellung binationaler Beziehungen als „Problem" in der Talkshow „Bärbel Schäfer": „Sie konnten zusammen nicht kommen. Sabine liebt Mehmet"), in der Herstellung vereinfachender Kausalbezüge (z.b. zwischen Kriminalität und Ausländern) und in der Emotionalisierung der politischen Debatte über Migration und Integration (z.b. in Erich Böhmes „Talk im Turm": „Doppelte Staatsbürgerschaft?").[8]

Angesichts des Spektrums, das diese Untersuchungen in der jüngsten Zeit zur Diskriminierung im Diskurs der Medien Presse, Funk und Fernsehen entfaltet haben, überrascht die (soweit ich sehe) weit klaffende Lücke einschlägiger Fragestellungen in Bezug auf das Medium ‚Film'. Diese Lücke (und damit das Desiderat ihrer Schließung) nicht ganz aus dem Blick zu verlieren, dazu sollte diese kleine Skizze anregen durch das Beispiel eines rassismuskritischen Kurzfilms und eines Dokumentarfilms, der die Praxis der institutionellen Befragung von Asylbewerbern aufs Korn nimmt. Die wachsende Zahl von Spielfilmen sollte uns nun aber dazu motivieren, den Blick noch genauer auf die nicht immer unproblematischen Formen der Vergesellschaftung des Migrationsproblems in der (multimedialen) Unterhaltungsindustrie zu lenken: They teach us how to be happy?

5 Literaturhinweise

Brosius, Hans-Bernd & Frank Esser 1995: *Eskalation durch Berichterstattung? Massenmedien und fremdenfeindliche Gewalt*, Opladen: Westdeutscher Verlag.

Brünner, Gisela & Gabriele Graefen (eds.) 1994: *Texte und Diskurse. Methoden und Forschungsergebnisse der funktionalen Pragmatik*, Opladen: Westdeutscher Verlag.

Brünner, Gisela, Reinhard Fiehler & Walther Kindt (eds.) 1999: *Angewandte Diskursforschung, Bd. 1: Grundlagen und Beispielanalysen*, Opladen: Westdeutscher Verlag.

Butterwegge, Christoph 1999: „Massenmedien, Migrant(inn)en und Rassismus", in: id. et al. (eds.) 1999: 64-89.

---

8 Die Beispiele sind einer „Skizze des Promotionsvorhabens" (Ms. Tübingen 1999) entnommen, die mir die Verf. zur Begutachtung geschickt hat und für die ihr an dieser Stelle herzlich gedankt sei.

Butterwegge, Christoph, Gudrun Hentges & Fatma Sarigöz (eds.) 1999: *Medien und multikulturelle Gesellschaft* (= Schriften für interkulturelle Studien 3), Opladen: Leske + Budrich.

Dijk, Teun A. van 1993: *Elite Discourse and Racism*, Newbury Park, CA: Sage.

Dijk, Teun A. van (ed.) 1997: *Discourse Studies. A Multidisciplinary Introduction*, vol. 2: *Discourse as Social Interaction*, London/Thousand Oaks/ New Delhi: Sage.

Dincs, Gail & Jean M. Humez (eds.) 1995: *Gender, Race, and Class in Media. A Text Reader*, London/Thousand Oaks/New Delhi: Sage.

Eckardt, Josef & Imre Horn 1995: „Fremde Kulturen im Fernsehen. Ergebnisse einer qualitativen ARD/ZDF-Grundlagenstudie", in: *Media Perspektiven* 1 (1995): 2-10.

Fairclough, Norman & Ruth Wodak 1997: „Critical Discourse Analysis", in: van Dijk (ed.) 1997: 258-284.

Funk, Peter & Hans-Jürgen Weiß 1995: „Ausländer als Medienproblem? Thematisierungseffekte der Medienberichterstattung über Ausländer, Asyl und Rechtsextremismus in Deutschland", in: *Media Perspektiven* 1 (1995): 21-29.

Galliker, Mark & Franc Wagner 1995: „Ein Kategoriensystem zur Wahrnehmung und Kodierung sprachlicher Diskriminierung", in: *Journal für Psychologie* 3 (1995): 33-43.

Gerhard, Ute 1994: „Die Inszenierung der Katastrophe. Rassismus im Mediendiskurs", in: Rauchfleisch (ed.) 1994: 115-130.

Hess-Lüttich, Ernest W.B. 1992: „Interkulturelle Kommunikation – Medienkommunikation", in: Hess-Lüttich (ed.) 1992: 23-40.

Hess-Lüttich, Ernest W.B. (ed.) 1992: *Medienkultur – Kulturkonflikt. Massenmedien in der interkulturellen und internationalen Kommunikation*, Opladen: Westdeutscher Verlag.

Hess-Lüttich, Ernest W.B. 1997: „Reden über die Fremden. Zum schweizerischen Migrationsdiskurs in der öffentlichen und institutionellen Kommunikation", in: Scheffer (ed.) 1997: 193-223.

Hess-Lüttich, Ernest W.B., Christoph Siegrist & Stefan Bodo Würffel (eds.) 1996: *Fremdverstehen in Sprache, Literatur und Medien*, Frankfurt a. M. etc.: Lang.

Hömberg, Walter & Sabine Schlemmer 1995: „Fremde als Objekt. Asylberichterstattung in deutschen Tageszeitungen", in: *Media Perspektiven* 1 (1995): 11-20.

Jäger, Siegfried 1993: *Kritische Diskursanalyse. Eine Einführung*, Duisburg: DISS.

Jäger, Siegfried 1997a: „Die Anstifter als Brandstifter? Zum Anteil der Medien an der Eskalation rassistisch motivierter Gewalt in der Bundesrepublik Deutschland", in: Scheffer (ed.) 1997: 73-98.

Jäger, Siegfried 1997b: „Kulturkontakt – Kulturkonflikt. Ein diskursanalytisch begründeter Problemaufriß", in: Jung et al. (eds.) 1997: 71-88.

Jäger, Siegfried & Jürgen Link (eds.) 1993: *Die vierte Gewalt. Rassismus und die Medien*, Duisburg: DISS.

Jung, Matthias, Martin Wengeler & Karin Böke (eds.) 1997: *Die Sprache des Migrationsdiskurses. Das Reden über „Ausländer" in Medien, Politik und Alltag*, Opladen: Westdeutscher Verlag.

Küpfer, Adriano Renato 1994: *„...darunter zwei Asylbewerber". Eine quantitative Inhaltsanalyse von Schweizer Tageszeitungen zur Asylthematik*, Bern: Nationale Schweizerische UNESCO-Kommission.

Link, Jürgen 1982: „Kollektivsymbolik und Mediendiskurse", in: *kultuRRevolution* 1 (1982): 6-21.

Luginbühl, Martin 1999: *Gewalt im Gespräch. Verbale Gewalt in politischen Fernsehdiskussionen am Beispiel der „Arena"*, Bern etc.: Lang.

Matouschek, Bernd, Ruth Wodak & Franz Januschek 1995: *Notwendige Maßnahmen gegen Fremde? Genese und Formen von rassistischen Diskursen der Differenz*, Wien: Passagen.

Meier-Braun, Karl-Heinz & Martin Kilgus 1998: *40 Jahre „Gastarbeiter". 4. Radioforum Ausländer bei uns*, Tübingen: Stauffenburg.

Merten, Klaus, Georg Ruhrmann et al. 1986: *Das Bild der Ausländer in der deutschen Presse. Ergebnisse einer systematischen Inhaltsanalyse*, Frankfurt a.M.: Studien und Arbeiten des Zentrums für Türkeistudien 2.

Rauchfleisch, Udo (ed.) 1994: *Fremd im Paradies. Migration und Rassismus*, Basel: Lenos.

Rehbein, Jochen (ed.) 1985: *Interkulturelle Kommunikation*, Tübingen: Narr.

Ruhrmann, Georg 1993: „Die Konstruktion des ‚Fremden' in den Medien", in: Jäger & Link (eds.) 1993: 190-212.

Ruhrmann, Georg 1997: „Fremde im Mediendiskurs. Ergebnisse empirischer Presse-, TV- und PR-Analysen", in: Jung et al. (eds.) 1997: 58-70.

Scheffer, Bernd (ed.) 1997: *Medien und Fremdenfeindlichkeit. Alltägliche Paradoxien, Dilemmata, Absurditäten und Zynismen*, Opladen: Leske + Budrich.

Thomas, Tanja (in Vorb.): *Fremde im Mediendiskurs – Diskriminierung im Gespräch*, Tübingen: Diss.phil.

Wagner, Franc, Mark Galliker & Daniel Weimer 1997: „Implizite sprachliche Diskriminierung von Ausländern zur Zeit der Wende", in: Jung et al. (eds.) 1997: 230-240.

Wagner, Franc 2000: *Implizite sprachliche Diskriminierung als Sprechakt. Lexikalische Indikatoren impliziter Diskriminierung in Medientexten* (= Studien zur deutschen Sprache 20), Tübingen: Narr.

Weiß, Hans Jürgen et al. 1995: *Gewalt von Rechts – (k)ein Fernsehthema? Zur Fernsehberichterstattung über Rechtsextremismus, Ausländer und Asyl in Deutschland*, Opladen: Leske + Budrich.

Winkler, Beate 1994: *Was heißt denn hier fremd? Thema Ausländerfeindlichkeit. Macht und Verantwortung in den Medien*, München: Humboldt.

Wodak, Ruth 1994: „Formen rassistischen Diskurses über Fremde", in: Brünner & Graefen (eds.) 1994: 265-284.

Thomas Steinmaurer

Fern-Sehen. Historische Entwicklungslinien und zukünftige Transformationsstufen des Zuschauens

1 Vorbemerkungen

Mediale Apparate können bezugnehmend auf die Diskussion zur Theorie und Geschichte audiovisueller Medien als Dispositive begriffen werden. Als solche definieren sie sich als ein Ensemble und Zusammenspiel von Elementen, das von Aspekten der Technologie, Produktion, Rezeption und Ästhetik bis hin zu jenen gesellschaftlichen (Macht)Verhältnissen reicht, die in ein Medium eingeschrieben sind.[1] In der historischen Analyse audiovisueller Medien erwies sich dabei das Fernsehen als ein gegenüber dem Kino wesentlich flexibleres mediales Dispositiv, das in seiner bisherigen Geschichte eine Reihe unterschiedlicher Ausprägungsformen angenommen hat (vgl. Zielinski 1989; Steinmaurer 1999). Insbesondere im Hinblick auf die Rezeptionsdispositionen konstituiert sich das televisuelle Dispositiv als eine in sich variantenreiche mediale Formation, die auch neben der klassischen Rezeptionsform des Heimempfangs weitere Ausdifferenzierungen hervorbrachte. Das Fernsehen nistete sich zudem in eine Vielzahl unterschiedlicher sozialer Orte und Kontexte ein, die dem Medium – auch außerhalb des rein massenmedialen Umfeldes – immer wieder neue Verbreitungsnischen eröffnete. Das Medium stieg in der Nachkriegszeit sehr schnell zu einem Leitmedium in unserer Gesellschaft auf, prägte den gesellschaftlichen Diskurs entscheidend mit und wurde zu einem zentralen Lieferanten kultureller Codes und Muster.

In den privaten Wohnräumen integrierten sich in der Nachkriegszeit die Empfangsapparate als neue Medienmöbel und Design-Stücke in das Ensemble der Alltagsdinge und veränderten dort nicht nur die Architektur der Inneneinrichtung, sondern imprägnierten auch die kommunikativen Muster in den Familien. Das Medium kann also nicht nur als Symptom seiner Zeit gelesen werden, sondern ist als ein Dispositiv zu begreifen, das die gesellschaftlichen

---

[1] Der Dispositiv-Begriff geht auf die Arbeiten Michel Foucaults zurück und wurde über die von Jeans Louis Baudry entworfene Apparatus-Theorie des Kinos für den medientheoretischen Diskurs fruchtbar gemacht (vgl. Baudry 1986, 1993). Im deutschsprachigen Raum wurde das Dispositiv-Konzept u.a von Siegfried Zielinski (1989), Knut Hickethier (u.a. 1992, 1995), Joachim Paech (1990, 1991, 1994) und Karl Sierek (1990, 1993) in die Theorie-Debatte eingebracht.

(Macht)Verhältnisse mitkonfigurierte, den Prozeß beeinflußte, der von sozialen Makroentwicklungen bis in die kleinen Ritzen der Alltagskultur und Mentalitätsentwicklung eine nachhaltige Wirkung zeigte.[2]

Im folgenden Beitrag soll versucht werden, die Vielschichtigkeit des Mediums Fernsehens in seiner historischen Entwicklung unter den oben skizzierten Rahmenbedingungen nachzuzeichnen, wobei der Schwerpunkt einer hier nur punktuell leistbaren historischen Re-Konstruktion auf der Rezeptionsseite, als eine sozial und technisch definierte Disposition im Spannungsfeld zwischen Medien- und Gesellschaftsentwicklung, liegen soll.[3]

2 Von den Visionen zu den ersten „Empfängern" und Programmen

Die Frühgeschichte des Mediums wurde zunächst von den Visionären des Fern-Sehen geschrieben, zu einer Zeit, als auf der Ebene der konkreten Technikentwicklung gerade die ersten Partialerfindungen in rudimentären Ansätzen vorlagen. Ein Jahr nachdem der Franzose Albert Robida 1883 seine Visionen zum Fernsehen in Romanform (*Le vingtième siècle*) veröffentlicht hatte (vgl. Robida 1883 sowie den Beitrag von Jürgen Müller in diesem Band), entstanden die ersten Patente, die sich im wesentlichen auf die Vorentwicklungen der Bildtelegrafie aus der ersten Hälfte des 19. Jahrhunderts bezogen.[4] Robida spekulierte in bunten Farben über die Vielfalt möglicher Anwendungsgebiete der Television, wobei die von ihm grafisch anschaulich dargestellten Apparaturen bereits eine Reihe intermedialer und interaktiver Elemente aufwiesen und sowohl Großbildempfangsanlagen für den öffentlichen Raum als auch für den privaten Raum adaptierte Empfangsapparaturen enthielten. In den ersten Technik-Entwürfen der Inventionsphase ging es aber vorerst darum, die Aufnahme, Übertragung und Ausstrahlung bewegter Bilder technisch zu realisieren. So reichte etwa 1884 der Berliner Paul Nipkow das Patent seines „Elektrischen Teleskops" beim Kaiserlichen Patentamt in Berlin ein, das die Übertragung von Bildern mittels zweier Lochscheiben mit 24 spiralförmig angeordneten

---

2 Auch die Technikgenese des Mediums kann – in Anlehnung an die Arbeiten der modernen Techniksoziologie – nicht losgelöst von gesellschaftlichen Entwicklungen und den dort möglichen Integrationsformen (Bedarf, Nutzen, Verwendungen) gesehen werden (vgl. Rammert 1993).

3 Zur Geschichte des Fernsehempfangs von den Visionen bis zur Integration des Mediums in das digitale Netz im Kontext technologischer und gesellschaftlicher Aspekte vgl. Steinmaurer 1999.

4 Ein wichtiges Element stellte u.a. auch die 1873 entdeckte lichtempfindliche Eigenschaft des chemischen Elements Selen dar.

Löchern beinhaltete. Die darin formulierten technischen Komponenten des Fernsehens fassten die Prinzipien der bereits existierenden Vorentwicklungen, wie die Zerlegung der Bilder in Zeilen (Alexander Bain 1843) und die Verwendung einer Selenzelle, zusammen. Die sogenannten (Nipkow-)Scheiben wurden später zu einem zentralem Element für die Entwicklungslinie des mechanischen Fernsehens. In dieser Phase produzierte „der Diskurs des technischen Wissens und der Diskurs der populären utopischen Phantasie [...] eine Symbiose, in dem die Semantik der alten Utopie und zahlreiche technischen Projekte der Bildübertragung spekulativ miteinander kombiniert wurden" (Elsner, Müller & Spangenberg 1991: 159). So entstand in dieser Phase ein Phylum technischer Innovationen, aus dem heraus die Bild- und Tonübertragung über Distanzen von zunächst statischen Bildern und in der Folge von Bewegtbildern – ohne Zeitverlust – realisiert wurde.

Es sollte allerdings noch bis in die zwanziger Jahre des nächsten Jahrhunderts dauern, bis schließlich – nach einer langen Phase technischer Erfindungs- und Entwicklungsarbeit – die Aufnahme, Übertragung und Darstellung bewegter Bilder technisch realisiert werden konnte. Als die ersten Apparate der Öffentlichkeit präsentiert wurden, hatten die „Nachbarmedien" des Fernsehens – das Radio und das Kino – schon ihren fixe mediale Form und soziales Orte der Rezeption gefunden. Die ersten televisuellen Empfangsapparate orientierten sich in ihrem Design nach dem medialen Vorgänger, dem Radio.[5] So wies etwa der von John Logie Baird in den zwanziger Jahren entwickelte „Televisor"[6] oder der 1928 von Denes von Mihaly 1928 in Deutschland auf der Funkausstellung vorgestellte „Telehor" (mit 30 Bildzeilen) als Tischgeräte eindeutig in die Disposition des klassischen Heimempfangs. Der von Mihaly vorgestellte Guckkastenfernseher verfügte über Bildausmaße von der Größe einer Briefmarke (4 x 4 cm) und arbeitete wie nahezu noch alle Geräte aus der Inventions- und Innovationsphase auf mechanischer Basis mit Nipkowscheiben als zentralem Element zur Aufnahme und Wiedergabe der Bilder.[7]

Mitte der dreißiger Jahre wurde die Entwicklungslinie des mechanischen Fernsehens allerdings von einem technisch weitaus elaborierterem System,

---

5   Für das Fernsehen dienten in der Folge auch die Programmstrukturen des Radios als Vorlage zur Entwicklung genuin fernsehbezogener Programmstrukturen.
6   Der exzentrische Fernsehentwickler Baird führte 1925 erstmals sein mechanisches Fernsehsystem im Londoner Kaufhaus Selfridge vor, experimentierte mit Aufnahmemöglichkeiten von Fernsehbildern auf Platte (Phonovisor, 1926) und einem Nachaufnahmeverfahren (Noctovisor, 1927) und schaffte 1928 die Übertragung von TV-Bildern über den Atlantik (vgl. McArthur & Waddell 1986; Burns 1986, 1998).
7   Mihaly übertrug bei dieser Version lediglich von beweglichen Diapositiven abgenommene Bilder, nicht jedoch tatsächlich bewegte Sequenzen. Die von Baird in Großbritannien Fernsehapparaturen waren hingegen technisch etwas ausgereifter.

dem elektronischen Fernsehen, abgelöst. Technik-Pioniere wie Wladimir
Zworykin (USA 1923), Thilo Farnsworth (USA 1928) oder auch Manfred von
Ardenne (Deutschland 1931) adaptierten die 1897 von Ferdinand Braun für
Messzwecke konzipierte Elektronenstrahlröhre für die Zwecke des Fernsehens, womit das Medium zu seiner modernen technischen Form fand. Waren
die ersten auf mechanischer Basis arbeitenden Empfänger fast ausschließlich
als Tischempfänger konzipiert gewesen, entstanden mit dem elektronischen
Fernsehen nach einer ersten Konsolidierungsphase auch größer dimensionierte
und luxuriös ausgestattete Apparate. Diese zumeist mit Edelhölzern großzügig
verarbeiteten „Fernsehtruhen" fassten in ihrem Inneren eine horizontal einge-
baute Elektronenröhre, deren Bilder über einen aufklappbaren Umkehrspiegel
zu betrachten waren. Diese TV-Empfänger waren im Unterschied zu den ersten
Tischempfängern weniger darauf ausgelegt, in eine spätere Massenproduktion
überzugehen, sondern dienten der Geräte-Erzeugerindustrie auch als Demon-
strations- und Vorzeigeapparate auf Ausstellungen und stellten für die wenigen
Besitzer aus Politik und Industrie mediale Prestige-Objekte dar.

Noch steckte das Fernsehen allerdings in seiner ersten Innovationsphase,
auch wenn in Deutschland – aus einem Versuchsbetrieb heraus – am 22. März
1935 ein erster regelmäßiger Programmdienst eröffnet wurde, der bei genauer
Betrachtung lediglich als ein von den Nationalsozialisten propagandistisch
motiviertes Projekt eingestuft werden muß. Sie kamen damit der BBC zuvor,
die mit einem technisch wesentlich avancierterem System am 2. November
1936 einen Fernsehdienst startete. Erst 1939 eröffnete am 30. April offiziell der
erste Fernseh-Programmdienst – noch nicht unter vollen kommerziellen Rahmenbedingungen – in den USA[8], obwohl auch dort sehr früh schon mit dem
neuen Medium experimentiert worden war und zahlreiche Versuchssender in
Betrieb genommen werden konnten.

Auf dem Sektor der Empfangsapparate entstanden in der Folge neben der
Weiterentwicklung bei den Tischempfängern und den größeren Standempfän-
gern Varianten des Großbildfernsehens für die in öffentlichen Räumen vorge-
sehenen Rezeptionsformen. Diese an das Kino angelehnten Dispositionen, die
u.a. auf Entwicklungen von Alexanderson in den USA oder August Karolus in
Deutschland aus dem Ende der zwanziger Jahre zurückgehen[9], wurden in
Deutschland in sogenannten Fernseh-Theatern oder Fernseh-Kinos im Projek-
tionsverfahren ab 1935 eingesetzt. Als eine weitere Zwischenform entstanden
im gleichen Jahr im nationalsozialistischen Deutschland sogenannte Fernsehstuben, die als „Lichtspielhaus-Kleinausgaben" für etwa 30 Personen ein Fern-

---

8   Der Start des kommerziell orientierten Fernsehens in den USA erfolgte offiziell am 1. Juli
     1941.

seherlebnis auf zumeist zwei Heimempfängern boten. Beide Rezeptionsvarianten waren – typisch für das Propagandakonzept der Nationalsozialisten – für kollektive Publika ausgelegt und stellten im Sinne des Konzepts der Intermedialität mediale Hybride zwischen Kino und Fernsehen dar. Insbesondere während der Olympischen Sommerspiele 1936 fanden diese Fernsehereignisse bei der Berliner Bevölkerung v.a. wegen des Live-Erlebnisses einen großen Zuspruch, wobei die Fernseh- und Großbildstellen für die nationalsozialistische Propaganda auch zur Demonstration einer vermeintlichen Vorreiterrolle auf dem Gebiet der Fernseh-Technik dienten. Nachdem der Zuschauerandrang zu den Fernsehstellen und auch zu den Großbildstellen nach den Olympischen Spielen aber wieder nachgelassen hatte und mit Ausbruch des Krieges diese Form des Fernsehens im öffentlichen Raum für die Zivilbevölkerung geschlossen wurde, fand sie im Rahmen der „televisuellen Verwundetenbetreuung" eine kriegswichtige Verwendung. Noch 1939 startete in Anlehnung an das Projekt des Radio-Einheitsempfängers ein Produktionsvorhaben für einen Fernseh-Einheitsempfänger (FE1), der um nur 650 RM für eine größeren Teil der Bevölkerung erschwinglich sein sollte. Dieses in Kooperation mit den Fernsehfirmen begonnene Projekt wurde allerdings durch den Beginn des Krieges in den Anfängen gestoppt. Der allgemeine Programmdienst, der ab November 1938 von einem vollelektronischen Studio aus seine 441-zeiligen Fernsehbilder sendete, konnte in dieser Form bis 1943 weitergeführt werden und wurde zuletzt großteils nur noch von geschlossenen Benutzergruppen bzw. hohen Militär- oder Parteiangehörigen und Technikern genutzt.[10]

In einem abseits des massenmedialen Dispositivs liegenden Feld wurde in Deutschland die Fernsehtechnologie in das technische Sachsystem der Telekommunikation und des Militärs integriert. So baute die Reichspost im März 1936 eine „Fernseh-Sprechverbindung Berlin-Leipzig" – also erste Varianten des Bildtelefons – über Koaxialkabel mit zwei Sprechstellen auf[11] und das Militär entwickelte in Kooperation mit den Fernsehfirmen im Krieg miniaturisier-

---

9   August Karolus, der auf der Funkausstellung von 1928 in Zusammenarbeit mit Telefunken ein Fernsehsystem präsentierte, erreichte – neben der Darstellung eines 8 x 10 cm großen Normalbildes in einer Auflösung von 10.000 Bildelementen, das von mehreren Besuchern gleichzeitig gesehen werden konnte – in der Projektion mit dem „Fernkino-Apparat" unter Verwendung des Weillerschen Spiegelrads eine Bildgröße von 75 x 75 cm bei 96 Zeilen (vgl. Riedel 1985: 37). In den USA verwendete Alexanderson, der bei General Electric arbeitete, das Karolus-System, mit dem es ihm im September 1928 gelungen war, Bilder in der Größe von 46 x 46 cm zu projizieren (vgl. Abramson 1990: 168).

10   Großbritannien stellte mit Eintritt des Landes in den Krieg am 1. September 1939 seinen Fernsehdienst ein und auch die USA reduzierten am 12. Mai 1942 den Programmbetrieb auf sechs Stationen, die ein zeitlich limitiertes Programm ausstrahlten.

11   Diese erste Form der Bildtelefon wurde 1940 wieder eingestellt (vgl. Kniestedt 1985: 207).

te und extrem robust gebaute TV-Apparaturen für ferngelenkte Gleitbomben und Fernlenkeinrichtungen, die auch bereits erprobt wurden.[12]

Insgesamt fand das damals noch junge Medium bis in die vierziger Jahre aufgrund der gegenüber dem Kino und dem Radio noch weitaus zu geringen Verbreitung und durch die kriegsbedingt vorerst gestoppte Weiterentwicklung noch zu keiner ausgereiften dispositiven massenmedialen Form, auch wenn die ersten Innovationsstufen schon abgeschlossen waren. Als Rezeptionsform zeichnete sich eine klare Tendenz hin zum Heimempfang für massenmedial verbreitetes Fernsehen ab, auch wenn es bis zu diesem Zeitpunkt zur Herausbildung einer Reihe unterschiedlicher Rezeptionsdispositionen gekommen war, an die später wieder angeschlossen werden sollte. In Deutschland wurde dem Medium seitens der obersten Propagandaführung und auch von Hitler selbst offenbar ein noch zu geringer Stellenwert beigemessen, da auch neben der Presse vor allem der Hörfunk und der Film im nationalsozialistischen Propagandakonzept eine weitaus größere Rolle spielten.[13]

Auf gesellschaftlicher Ebene konnten jedoch schon jene gesellschaftlichen Rahmenbedingungen in Ansätzen beobachtet werden, die Raymond Williams als für das Radio und Fernsehen typisch erkannte – eine in der Gesellschaft sich gleichzeitig vollziehende Mobilisierungs- und Privatisierungsentwicklung (vgl. Williams 1975). Sie sollte erst in der Nachkriegszeit als eine für das Fernsehen wesentliche Gesellschaftsentwicklung ihre volle Wirkungskraft entfalten und dem Medium auf allen Ebenen zu seinem Durchbruch verhelfen.

---

12   Es widmete sich u.a. die damalige Fernseh GmbH der Schnellbildübertragung und der Herstellung von Lenkeinrichtungen u.a. in Gleitbomben, die sie ab dem Frühjahr 1943 serienmäßig produzierte. Sogenannte „Bildwandlergeräte" für die Flugzellen der Bomben sollen bis 1945 rund 400 große und 2 000 kleine von der „Elektro-Optik-GmbH" in Zusammenarbeit mit der Reichspostforschungsanstalt produziert worden sein (vgl. Reiss 1991: 246; British Intelligence Objectives Sub-Committee 1991: 324.). Weiters entstanden TV-Waffen wie das System „Tonne" für die sogenannte Henschel-Gleitbombe oder das System „Tonne P" für den Fernlenksprengpanzer „Goliath" von Borgward und das „Tonne"-System für Flugabwehrraketen oder für die Luftraumüberwachung in Flugzeugen. Auch die Streitkräfte der USA bauten und erprobten derartige televisuell unterstützte Fernsehlenkwaffen (vgl. Hempel 1969; Reiss 1979; Hoppe 1995 sowie Herzogenrath 1997).

13   Die Entwicklung des Fernsehens wurde von der Reichspost, der Reichsrundfunkgesellschaft und den Fernsehfirmen vorangetrieben, nicht jedoch von der obersten Führungsebene als propagandistisch vorrangiges Projekt – gleichgestellt dem Radio oder dem Film – eingestuft (vgl. dazu u.a. Reiss 1979, 1991; Winker 1994; Uricchio 1991; Zeutschner 1995).

3 Neubeginn und Aufstieg des Fernsehens zum zentralen Massenmedium

War in der Phase bis zum Ausbruch des Zweiten Weltkriegs das Fernsehen aufgrund der angesprochenen Hemmnisse nicht über das Niveau einer rudimentären Marktreife hinausgekommen, begannen sich nun in der Nachkriegszeit – nach einer ersten Phase des Wiederaufbaus – die Rahmenbedingungen entscheidend in Richtung auf eine schnelle und erfolgreiche Verbreitung des Mediums zu verbessern. Denn auf soziokultureller Ebene kündigte sich nun allmählich der Wechsel hin zum massenmedial ausgerichteten Fernseh-Rundfunk mit der Rezeption im privaten Umfeld an,

> Hand in Hand mit den Projekten der umfassenden privaten Mobilisierung durch den „Volkswagen" und der Schaffung privater Wohnrefugien auch für die mittleren und unteren sozialen Schichten – und nicht zuletzt durch die Etablierung des „Volksempfängers" in den Wohnstuben der Bevölkerung. Dieser Prozeß der Modernisierung – im Sinne der Heranführung nicht-bürgerlicher Kreise an die materiellen und soziokulturellen Privilegien des Bürgertums – wurden im Zweiten Weltkrieg massiv unterbrochen und gebrochen. (Zielinski 1989b: 17)

Dieser Modernisierungsprozeß beginnt sich nun Schritt für Schritt auch schon im Zuge des Wiederaufbaus durchzusetzen um zielstrebig dem Projekt „Wirtschaftswunder" zuzustreben, das in Westeuropa nicht unmaßgeblich erst durch die „Koka-Kolonialisierung" möglich wurde.

Als Vorbild für den (Wieder)Aufbau des Fernsehsystems in Europa diente – nicht zuletzt vor dem Hintergrund der Erfahrungen aus dem Dritten Reich – das Rundfunksystem Großbritanniens mit der BBC, der „Mutter aller Rundfunkanstalten" als öffentlich-rechtliche Anstalt. In der Phase vor dem großen Durchbruch des Fernsehens zu einem Massenmedium finden sich noch Formen von Großbild-TV-Anlagen, wie es sie auch schon vor 1945 zum Teil gegeben hatte. In den sogenannten Aktualitäts-Kinos, den „AKIS", konnten in Deutschland bis Anfang 1959 die Zuschauer aktuelle Live-Bilder im Kinoambiente genießen. Der kollektive Empfang war darüber hinaus in sogenannten Fernsehclubs, von denen es 1956 an die 14 in ganz West-Deutschland gegeben haben soll, möglich (vgl. Gabler 1956). Auch in Nachbarländern wie Frankreich wurde TV-Großprojektion in Kinos gezeigt und in der DDR der kollektive Fernsehempfang für politische Zwecke eingesetzt. In den USA erfreute sich das Gastspiel des Televisuellen im Kinoraum unter rein kommerziellen Vorzeichen bereits unmittelbar nach dem Krieg großer Beliebtheit.[14] V.a. aktuelle Sportübertragungen wurden dem Publikum, das großteils noch nicht mit

---

14 1946 hatten 16 Prozent aller Kinos bereits eine TV-Einrichtung bzw. planten eine derartige Einrichtung, die teilweise das Programm über Kabel in die Kinos verteilte.

Heimempfängern ausgerüstet war, in den (1952) 75 Theatern in 37 Städten geboten, eine Verbreitung, die bis zur Mitte des Jahrzehnts noch weiter anstieg. Insgesamt sollen bis dahin 300 Präsentationen von Großbildfernsehen in Kinoräumen stattgefunden haben (vgl. Halpern 1952). Diese Großbild-Fernsehanlagen stellten in dieser Ausprägung eine Übergangsform dar und dienten nicht selten als Förderer für den später sich durchsetzenden TV-Empfang in den eigenen vier Wänden.

Denn mit den fünfziger Jahren setzte sich auf gesellschaftlicher Ebene die Entwicklung der mobilen Privatisierung nunmehr durch, die Williams – als generell für den Rundfunk entscheidende – soziale Einflußdimension – so beschreibt:

> The earlier period of public technology, best exemplified by the railways and city lighting, was being replaced by a kind of technology for which no satisfactory name was yet been found: that which served at once mobile and home-centered way of living: a form of mobile privatisation. Broadcasting in its applied form was a social product of this distinctive tendency. (Williams 1975: 25f.)

Diese in Ansätzen vor dem Krieg bereits einsetzende Entwicklung förderte nun nachhaltig den Siegeszug des Fernsehens und auch die Verbreitung von Automobilen.

> Garant für die unbegrenzte individuelle und familiäre Mobilität, Ware gewordene Realisierung des Traums von persönlicher Freiheit das eine und informationstechnischer Anschluß an inszenierte wie nicht-inszenierte Weltpartikel, Garant für das permanente kulturelle Erlebnis in den eigenen vier Wänden der andere. [...] Beide Objekte, mit deren Hilfe brachliegende, aufgestaute und neu stimulierte Bedürfnisse und Wünsche wenigstens im Ansatz befriedigt werden konnten: der Hunger nach realer Welterfahrung außerhalb des eigenen Dorfes, der eigenen Stadt, des eigenen Landes, der Hunger nach Ansichten des Fremden, des Exotischen und nach Wissen und Bildung. (Zielinski 1989a: 197)[15]

Die Verbreitung des Fernsehens nahm zunächst in den Schaufenstern der Elektrohändler und in den Fernsehstuben in Gasthäusern und Kneipen, wo man in der kollektiven Rezeptionsform und halb-privaten Atmosphäre die ersten großen Fernsehereignisse erleben konnte, ihren Anfang. Zumeist waren es in der Folge Großereignisse wie die Fußballweltmeisterschaften (1954), die Krönung der englischen Königin Elisabeth II (1953) oder Olympische Spiele (1956), die zu wesentlichen Beschleunigern des Geräteverkaufs für den ersten privaten TV-Empfänger in der Mietwohnung oder im Eigenheim wurden.[16] Denn der

---

15 Zum Vergleich der Systeme Fernsehen und Auto vgl. auch Bachmair 1993.
16 Die Verbreitung des Fernsehens lag in Deutschland 1958 bei noch etwa 12 Prozent der Haushalte, nahm 1960 bereits auf ein Viertel zu und überstieg 1963 knapp die 50-Prozent-Marke. 1967 besaßen schließlich 75 Prozent der Haushalte einen Apparat und fünf Jahre später war eine Versorgungsquote von 81 Prozent erreicht.

Wunsch nach Anschaffung eines Heimempfängers korrespondierte in der Bevölkerung mit der Sehnsucht nach Häuslichkeit, Unterhaltung und auch dem Streben nach Sozialprestige, der für die Besitzer mit dem Erwerb des neuen Medienmöbels verbunden war. Der private Raum erfuhr damit eine Aufwertung und rückte zunehmend ins Zentrum des Interesses der Konsumartikel- und Möbelindustrie.

Mit dem Einzug des Fernsehapparats als neues Medienmöbel in die Wohnungen veränderte dieser auch die „Ordnung der Dinge" im Haushalt und die Innenarchitektur der Wohnzimmer, indem er die geschlossene Anordnung der Möbel um den Familien- oder Couchtisch aufspaltete und auch den kommunikativen Kreis(lauf) in der Familie aufbrach, der sich nun als Halbkreis auf ein neues Medienmöbel hin ausrichtete. Das Fernsehen öffnete dieses familiäre Kommunikations-Dispositiv und der Apparat wurde – wie das Günther Anders so treffend formulierte – zum „negativen Wohnzimmertisch":

> [... als] der massive in der Mitte des Zimmers stehende, die Familie um sich versammelnde Wohnzimmertisch seine Gravitationskraft einzubüßen begann, obsolet wurde, bei Neueinrichtungen überhaupt schon fortblieb. Nun erst hat er, eben im Fernsehapparat, einen echten Nachfolger gefunden; nun erst ist er durch ein Möbel abgelöst, dessen soziale Symbol- und Überzeugungskraft sich mit der des Tisches messen darf, was freilich nicht besagt, daß TV nun zum Zentrum der Familie geworden wäre. Im Gegenteil: was der Apparat abbildet und inkarniert, ist gerade deren Dezentralisierung, deren Ex-Zentrik, er ist der *negative Familientisch*. Nicht den gemeinsamen Mittelpunkt liefert er, vielmehr ersetzt er diesen durch den gemeinsamen Fluchtpunkt der Familie. [...] Nicht mehr zusammen sind sie, sondern nur noch beieinander, nein nebeneinander, bloße Zuschauer. [...] *Die Familie ist nun in ein Publikum en miniature umstrukturiert, das Wohnzimmer zum Zuschauerraum en miniature und das Kino zum Modell des Heims gemacht.* (Anders 1985: 105f.)

Darüber hinaus wurde das Fernsehen der neue Anziehungspunkt des Rückzugs ins Private und Mittel der Zelebrierung einer medial unterstützten Familienatmosphäre.

> Das Familiale des Mediums liegt in der historischen Entwicklung seiner Ästhetik selbst. Die Idee der Live-Sendung, die direkte Adressierung, Close-Ups, das Serielle, die Wiederholung und eine sich auch in den frühen Jahren schon durchsetzende allabendliche Präsenz erzeugten Familialität und Intimität, die über die Anordnung des Publikums in einer häuslichen Rezeptionssituation und über die familienbezogenen Programminhalte hinausgehen. (Bernold 1995: 228)

Damit vollzogen sich im Kontext des Trends der mobilen Privatisierung Veränderungen, in deren Gravitationszentrum das Medium Fernsehen sozial- und mentalitätsgeschichtlich eine zentrale Rolle einnahm. Das Fernsehen, das in sich die Verschränkung von öffentlichem und privatem Raum repräsentiert, beeinflußt die Wahrnehmung und die mentale Repräsentation dieser beiden Zonen, und zwar sowohl im Hinblick auf räumliche wie auch auf soziale, politische und ökonomische Konzepte.

> Our domesticity is the product of a historically defined and constantly shifting relationship between public and private spaces and cultures, a shifting relationship to which television itself contributes. (Silverstone 1994: 25)

In einem nächsten Ausdifferenzierungsschritt des technischen Sachsystems Fernsehen erfolgte eine deutliche Miniaturisierung der TV-Apparate. Anschließend an die während des Krieges im Kontext militärischer Technikentwicklung erprobten Miniaturisierungsvarianten wurde diese Diversivizierungslinie nun für den zivilen Bereich erschlossen und als Konsumprodukt in die Massenproduktion gebracht. Denn mit den Kleinempfängern konnte die Industrie weitere Nischen erschließen, nachdem sich auf dem Markt der klassischen Heimempfänger – auch über alles sozialen Schichten hinweg – erste Sättigungstendenzen abzuzeichnen begannen. Das Fernsehen „eroberte" in dieser Form vorerst weitere Räume innerhalb des privaten Wohnbereichs, wo man in kleineren Gruppen oder alleine das Programm seiner Wahl verfolgen konnte. Darüber hinaus begleiteten die kurz danach auf den Markt gekommenen ersten portablen TV-Empfänger, die nicht zuletzt erst durch die Entwicklungen auf dem Sektor der Transistortechnik möglich wurden, die auto-mobilisierten Familien auf ihren ersten Ausfahrten mit dem Campingbus oder zum Picknick an den Stadtrand. Die moderne Kleinfamilie der Wirtschaftswunderzeit signalisierte damit nach außen hin Modernität und Weltoffenheit und folgte damit wiederum idealtypisch dem Konsum- und Gesellschaftsmodell der mobilen Privatisierung. Deutlich zeigt sich darin auch der Manipulationsaspekt des Konzepts von Raymond Williams, der darin nur scheinbare Freiheiten, die sich in Mobilität und Pivatisierung ausdrücken, sieht (vgl. Williams 1984). Mobile Privatisierung ist demnach eine „Identität, die uns angeboten wird, [als, T.S.] [...] neue Art von Freiheit in dem Bereich unseres Lebens, den wir innerhalb der gesellschaftlichen Determination und Zwänge abgesteckt haben" (Williams 1984: 261). Die Privatisierung ist dabei eng an ein Mehr an Konsum und an die unmittelbare Umgebung geknüpft, wobei dieser die „produktivsten, vorstellungsreichsten Impulse und Aktivitäten der Menschen in Anspruch" nimmt (vgl. Williams 1984: 261). Die Privatisierung erlaubt immer hohe Mobilität, eine Lebenskultur in einer Art von „Schale, die man mitnehmen kann", die einem „das Gefühl einer ursprünglichen Identität des wirklichen Lebens anbietet, sozusagen vermeintliche Authentizität suggeriert" (Williams 1984: 261).

Noch hatte das technische Sachsystem Fernsehen allerdings weitere Innovations- und Verbreitungsstufen vor sich, die zunächst im Bereich der weiteren technischen „Aufrüstung" der Heimempfangsapparate erfolgten. Die Geräte wurden allmählich mit Fernbedienungen ausgerüstet, die schon sehr früh, Mitte der fünfziger Jahre, über Kabel die Verbindung zum Gerät herstellten. Anfang der 60er Jahre verbesserte sich mit der schnurlosen „Remote Control" der Nutzungskomfort für die Zuschauer. Tendenziell waren die Innovationsanstrengungen der Fernsehindustrie auf eine kontinuierliche Vergrößerung der Bildschirme hin ausgelegt, die von ihrem Design dem jeweiligen Zeitgeist und den aktuellen Modeströmungen angepaßt wurden. Schon sehr früh brachten die Anbieter auch verschließbare Geräte heraus, die es den Eltern ermöglichen sollte, ihren Kinder den unkontrollierten Zugang zur „Glotze" zu versperren. Der Apparat wurde generell entweder als „Stand-Alone"-Gerät an einer zentralen Stelle des Wohnzimmers positioniert, wo er zu einem Prestigeobjekt im Ensemble der Einrichtungsgegenstände wurde, oder aber diskret im Wandverbau versteckt und dort von „aufgeschlossenen" und „medienkompetenten Benutzergruppen" nur im kontrollierten Konsum in Betrieb genommen. Möbelhersteller begannen damit, für den entspannten TV-Abend geeignete Fernsehsessel herzustellen, von dem aus die Mobilisierung des Blicks in körperlicher Ruhestellung genossen werden konnte. In diesem Setting schien sich die „real existierende Metapher" des paradoxen Zusammenhangs von „Heimeligkeit und Mobilisierung" aufzulösen.

> Auf dem Fernseher, der nun zum neuen Leitmöbel wurde und vor dem sich immer mehr Familien allabendlich zusammenfanden, stand das leuchtende Segelschiff – ein Zeichen der Ferne, des Südens. Stand es zunächst nur für die Sehnsucht, wurde es bald zum Zitat des ersten Urlaubs an der nördlichen Adria oder an einem Kärntner See. Über die Weckung der Wünsche nach Reisen und Urlaub wurde die Leistungsbereitschaft mobilisiert. Über die ‚Familialisierung' wurden die Produzenten ‚im Interesse ihrer Kinder' zu fleißiger Arbeit und regelmäßigem Leben diszipliniert. (Sieder, Steinert & Tálos 1995: 19)

Für den nunmehr medial dicht durchsetzten Privatraum wurden auch entsprechende mobile Einrichtungsgegenstände angeboten, wobei auch der sogenannte Teewagen immer mehr zu einem obligaten Element wurde, der als ein Versatzstück für eine in die Häuslichkeit übernommenen Mobilität nicht selten „als immobiler Beistelltisch oder [...] gar als Podest für den Fernseher" diente (Lempp 1991: 143). In jedem Fall konnten darauf die für den Fernsehkonsum eigens kreierten Schnellgerichte und Häppchen angerichtet werden. Als mediale Luxusmöbel galten sogenannte „Kombinationstruhen" für Radio- und Fernsehempfang, die v.a. in deutschen Arbeiterhaushalten aus Prestigegründen sehr häufig gekauft wurden.

Das Dispositiv Fernsehen griff also zunehmend in den (Wohn)Alltag ein, der Empfangsapparat veränderte durch seine Positionierung die architektonischen und auch kommunikativen Strukturen in den Familien und avancierte vielfach zu einem Statussymbol, das für Wohlstand, Modernität und Weltaufgeschlossenheit stand. War es zu Beginn ein Medium, vor dem sich tendenziell die Familie – wenn auch in einer neuen Formation – vor dem Schirm vereinte und im Stück das Programmangebot konsumierte, führten die Zunahme des Programmangebots, die weitere Verbreitung von Zweitgeräten und mobilen Kleinempfängern und auch gesellschaftliche Strukturveränderungen dazu, daß der einstmalige Kern der Gesellschaft, die Familie, auch durch das Fernsehen zunehmend aufgespalten wurde und zunehmend individuellere Nutzungsstile entstanden. Denn nach der Durchsetzung der großen Innovationsschritte – der Einführung der Magnetaufzeichnung (1959), des Farbfernsehens (1967) sowie die Erschließung neuer Verbreitungskanäle wie Kabel und Satellit und einer damit zusammenhängenden großen Vermehrung der TV-Kanäle – begann sich auf der Ebene der Gesellschaft allmählich auch die Tendenz zur Individualisierung bemerkbar zu machen, die auch mit neuen Rezeptionsformen des Fernsehens korrespondierte.

In der Soziologie nimmt das Thema der Individualisierung seit vielen Jahren breiten Raum in der wissenschaftlichen Diskussion ein. Schulze etwa ordnet vier Komponenten der Individualisierungsthese zu: Zuerst eine „abnehmende Sichtbarkeit und schwindende Bindungswirkung traditioneller Sinnzusammenhänge (Schicht oder Klasse, Verwandtschaft, Nachbarschaft, religiöse Gemeinschaft)". Weiters eine „zunehmende Bestimmtheit des Lebenslaufs und der Lebenssituation durch individuelle Entscheidungen", ein „Hervortreten persönlicher Eigenarten – Pluralisierung von Stilen, Lebensformen, Ansichten, Tätigkeiten" sowie eine „Eintrübung des Gefühlslebens" mit „Einsamkeit, Aggression, Zynismus, Orientierungslosigkeit" (vgl. Schulze 1992, 75). Für Ulrich Beck, der den Strukturwandel in der Gesellschaft als eine „reflexive Individualisierung" beschreibt[17], führt auch der Faktor der Privatisierung im Zuge der Individualisierungsdynamik zu neuen Diversifikationen einer „immer feinkörniger *privatisierten* Lebenswelt".

> Ihre Fortsetzung findet diese Entwicklung heute in *innerfamilialen Individualisierungsschüben,* die sich z.B. vollziehen in der Berufstätigkeit der Frauen und den Ausbildungsverpflichtungen der Kinder [...], in der zunehmenden Austauschbarkeit der Ehebeziehung (steigende Scheidungsziffern) und schließlich in dem vollindividualisierten, mobilen ‚Single-Dasein' und der Einsamkeit alleinstehender alter Menschen. (Beck 1983: 54)

---

17   Die drei von Beck in seinem Konzept angesprochenen Dimensionen sind die „Freisetzungsdimension", die „Entzauberungsdimension" sowie die „Kontroll- und Reintegrationsdimension". Die erste meint die „Herauslösung aus historisch vorgegebenen Sozialformen und -bindungen im Sinne traditionaler Herrschafts- und Versorgungszusammenhänge", die zweite den „Verlust von traditionalen Sicherheiten im Hinblick auf Handlungswissen, Glauben und leitenden Normen" und die dritte eine „neue Art der sozialen Einbindung" (Beck 1986: 206).

Beck sieht jedoch das Individualisierungskonzept als „Spätwirkung der Modernisierung" nicht in „totale Inkommensurabilität" ausufern: „Selbst evidente Entstandardisierung, der Versuch völliger Eigenständigkeit, schlägt in eine neue Gemeinsamkeit um – Individualisierung wird in paradoxer Weise zur uniformen Ungleichartigkeit" (Beck 1983: 77). Als Träger und Promotor einer solchen uniformen Ungleichartigkeit könnte auch das Fernsehen gelten, das sich nicht zuletzt dadurch auszeichnet, im Fluß der Programme immer mehr vom Gleichen zu liefern und zu wiederholen. Als solches trägt es diesen in sich paradoxen Prozeß der Individualisierung mit, indem es die Fragmentierung und Diversivizierung durch die vielfältigen Offerte von Stilen, Trends und Sinnstiftungsangeboten unterstützt, gleichzeitig aber auch über die massenhafte Verbreitung und Vervielfachung dieser Angebote wiederum Uniformierungseffekte erzielt.

Außerhalb des Umfelds der Familie bzw. des privaten Umfelds begann nun wiederum das technische Sachsystem Fernsehen neue Orte des Sozialraums zu besetzen und diese zu durchdringen. Große, opulente Schirme für mediale Inszenierungen wurden etwa – nunmehr auch unterstützt durch die neue Technik Video – in Industrieausstellungen, im urbanen Raum oder für die Visualisierung und Steigerung des Erlebnischarakters bei populären Großveranstaltungen eingesetzt. Das Medium hielt darüber hinaus Einzug in neue Bereiche wie das Bildungswesen, der Industrie sowie der Kunst und wurde im Closed-Circuit-Verfahren auch immer häufiger für Zwecke der Überwachung eingesetzt. Für den privaten Raum brachten die Innovationen der Großbildtechnologie aufwändige Projektionsanlagen für die Simulation kinoähnlicher Rezeptionsbedingungen hervor, die mit ebenso hochqualitativen Tonanlagen ein entsprechendes Ambiente für das Heimkino erzeugen sollten. Das technisch avancierteste Niveau stellt in diesem Sektor das HDTV-System dar, das mit einer Bildauflösung von über 1000 Zeilen und einem an die Bildratio des Kinos angelehntem 16:9-Format einn neue audiovisuelle Qualitätsstufe darstellt. Auch wenn es dieses Projekt des hochqualitativen Fernsehens bis heute zu keiner nennenswerten Marktdiffusion bringen konnte, verwirklichen sich Ansätze daraus in der derzeit auf dem Markt befindlichen Flachbild-TV-Generation, die auf dem Niveau ihrer digitalen Vernetzung nicht mehr nur als bloße Empfänger für klassische Fernseh-, Film- und Videoware dienen, sondern als elektronisches Tafelbild zur (Re-)Präsentationsfläche für audiovisuellen Dekor werden können.

Die Hegemonie des Rechtecks als quasi standardisierter Rahmen der Bildenden Kunst seit der Renaissance auf einer neuen Stufe ihrer Realisiation: In der privaten Sphäre entsteht eine Galerie, bei der die Exponate nicht mehr für eine bestimmte Dauer aufgehängt und ausgewechselt werden, sondern bei der in einem fest installierten Bilderrahmen ein im Prinzip unendlicher Fluß von Visionen in den Wahrnehmungsraum kanalisiert wird. (Zielinski 1989: 249)

Auf der Seite der Miniaturisierung und Mobilisierung der Geräte führte – über mehrere Gerätegenerationen – die Weiterentwicklung zum Watchman von Sony, dem „audiovisuellen Bruder" des davor sehr erfolgreichen Walkman. Er war als mediales Gadget für den mobilen und allzeit mit dem Rundfunknetz verbundenen Hedonisten der neunziger Jahre gedacht, erreichte aber bei weitem nicht jene Marktdiffusion wie die Audio-Version. Die Benutzergruppen dieser Geräte werden mit Fernseh(bruch)stücken beliefert und konsumieren Televisuelles nicht mehr nur als Couch-Potato von Zuhause aus, sondern im Transit oder nebenher im Beruf oder in der Freizeit. Die audiovisuellen Kommunikate und TV-Gadgets durchdringen – auch an den Orten des Transits wie auf Flughäfen in Flugzeugen oder in der Eisenbahn (vgl. Augé ²1994) – tendenziell zunehmend alle Lebensbereiche und begleiten uns in vielen Nischen des Alltags, wo die mobilisierten Individuen in den Zustand einer Halb-Privatheit versetzt werden, sie zu einem kurzweiligeren Aufenthalt verhelfen oder die Video-Dekorwände zu Kaufimpulsen anregen sollen.

Insgesamt stellt sich das Fernsehen also als ein mediales Dispositiv mit einer sehr hohen Variabilität und Flexibilität dar, das nicht nur innerhalb seines Kernbereichs eine Reihe unterschiedlicher Ausprägungsformen und damit verbunden auch Rezeptionsweisen hervorbrachte, sondern auch außerhalb seines massenmedial definierten Funktionsbereichs sich in zahlreiche Nischen und Anwendungsbereiche diversifizierte. Mit der historischen Entwicklung des Mediums kam es dadurch zu einer immer dichteren und tendenziell ubiquitären Durchdringung des Fernsehens in der Gesellschaft, dessen Verbreitung wiederum von gesellschaftlichen Rahmenbedingungen wie der Mobilisierung, Privatisierung und der zuletzt immer mehr zunehmenden Individualisierung befördert und vorangetrieben wurde. Gegengleich verstärkte wiederum das Fernsehen diese gesellschaftlichen Trends. Insbesondere vor diesem Hintergrund scheint deshalb das eingangs vorgestellte Modell des Dispositivs ein geeignetes Analysekonzept zu sein, das gesellschaftliche Trends, mediale Formen, technische Bedingungen und auch politisch-kulturelle Einrahmungen in ihren gegenseitigen Verflechtungen und gesamthaften Auswirkungen theoretisierbar macht. Auch die hier angesprochenen Aspekte konnten nur in einem groben Überblick die Rezeptionsentwicklung nachzeichnen, die in einer Übersicht folgendermaßen veranschaulicht werden kann:

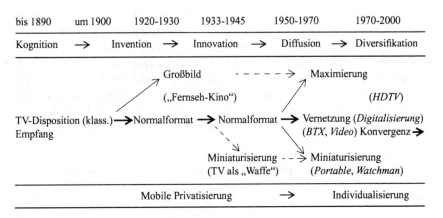

Quelle: Steinmaurer 1999

4 Transformation der Television auf dem digitalen Niveau

Genau jenes sehr komplexe Dispositiv des Fernsehens steht nun im Zuge der Digitalisierungs- und Konvergenzdynamik vor einer neuen Transformations-stufe, die das Medium im Sinne der Komplementaritätsthese nicht verdrängen, es aber zu Veränderungen und Neuadaptionen „zwingen" wird. Die in diesem Kontext zu erwartenden Innovationen betreffen eine ganze Reihe von – ökono-mischen bis hin zu programmlichen – Aspekten, wobei insbesondere auf dem Sektor der Rezeptionstechnologie eine dynamische Innovationsphase zu ver-zeichnen ist. Dieser Prozeß wird neue Empfangsspezifikationen hervorbringen, die sowohl mit traditionellen als auch neu sich herausbildenden Verwendungs-praxen und Nutzungsnischen korrespondieren.

Die Konvergenz der Fernsehtechnologie mit der Computertechnologie bzw. Telematik (vgl. Latzer 1998) eröffnet auf der Rezeptionsseite neue Varianten von Empfangsapparaturen, die vom klassischen Fernsehempfänger bis hin zu vollintegrierten und konvergierten All-in-One-Geräten reicht. Die bisherige Entwicklung deutet darauf hin, daß über die klassische Fernsehrezeptionsdis-position (passiver Empfang von Programmen) hinaus mittelfristig sich Emp-fangstechnologien entwickeln werden, die auf spezifische Nutzungsanforde-rungen hin ausgerichtete Zwischenformen (PC-TV, TV-PC) darstellen. Die fol-gende Übersicht zeigt einerseits den Innovationsbereich des PC-TV, der sich durch die Integration des Fernsehens in das vernetzte Computersystem defi-niert und andererseits die Entwicklungslinie des TV-PC, die den herkömmlichen Fernsehapparat über eine Schnittstelle (Set-Top-Box) an das digitale (Fernseh)Netz anbindet. Hinsichtlich der Diffusionsgeschwindigkeit dieser neuen medialen Hybride ist zu erwarten, daß bislang habitualisierte und im Alltag fest verankerte Nutzungs- und Verwendungspraxen wie die der passiven Rezeption von Fernsehprogrammen hohe Beharrungskraft besitzen und im Feld des TV-PC angesiedelt bleiben wird. Neue Anwendungsfelder und dafür maßgeschneiderte apparative Adaptionen werden aus dem Innovationsfeld des Computer/Internets (PC-TV) heraus entstehen.

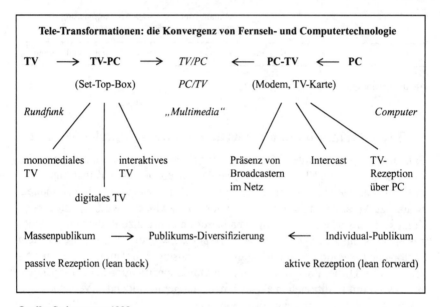

Tele-Transformationen: die Konvergenz von Fernseh- und Computertechnologie

TV $\longrightarrow$ TV-PC $\longrightarrow$ *TV/PC* $\longleftarrow$ PC-TV $\longleftarrow$ PC

(Set-Top-Box)   *PC/TV*   (Modem, TV-Karte)

Rundfunk   *„Multimedia"*   *Computer*

| monomediales TV | interaktives TV | Präsenz von Broadcastern im Netz | Intercast | TV-Rezeption über PC |

digitales TV

Massenpublikum $\longrightarrow$ Publikums-Diversifizierung $\longleftarrow$ Individual-Publikum

passive Rezeption (lean back)   aktive Rezeption (lean forward)

Quelle: Steinmaurer 1998

Der in der derzeitigen Transformationsphase auf das Fernsehen einwirkende Innovationsdruck wird also in der nahen Zukunft auf seine klassische massenmediale Struktur (Top-Down Sende-Struktur mit passiver Rezeption) eher transformierenden als revolutionierenden Einfluß ausüben. So nimmt derzeit das digitale Fernsehen nur geringe Anteile des Innovationspotentials in sein System auf und wird auch auf absehbare Zeit seine dispositive Verfaßtheit (mit einer weiteren Zunahme von Special-Interest-Programmen und Pay-TV-Formen, also ein „more of the same" für die passive Rezeptionsform) beibehalten. In den Randbereichen entstehen neue technische und mediale Hybride als Übergangs- und Zwischenformen, die das Fernsehen in die Netzumgebung integrieren oder die den TV-Apparat zu einem Multimedia-Terminal für den Zugang zum digitalen Netz – über die Set-Top-Box – transformieren „kann". Umgekehrt ist es möglich, über den Personalcomputer Fernsehen zu empfangen und darüber hinaus die für das Internet von klassischen TV-Anbietern adaptierten Inhalte oder jene nur noch für das digitale Netz produzierten hybridisierten Fernsehadaptionen (Netz-TV) mit einem aktiven Rezeptionszugang zu nutzen. Mit einer unmittelbaren Durchsetzung eines gänzlich verschmolzenen und konvergierten All-in-One-Geräts ist allerdings in der nahen Zukunft sicherlich nicht zu rechnen, da dies die derzeitigen Rahmenbedingungen (v.a. durch die Beharrungskraft tradierter Rezeptionsmuster: aktiv vs. passiv) nicht als wahrscheinlich erscheinen lassen.[18]

Für die wissenschaftliche Analyse dieser Prozesse wird es darauf ankommen, mit möglichst breit angelegten und – im Sinne einer interdisziplinären Vernetzung von Kommunikations- und Medienwissenschaft mit all den darin enthaltenen unterschiedlichen Zugängen – selbst auch „konvergierten" Theoriekonzepten die sich abzeichnenden Veränderungen zu untersuchen. Das theoretische Modell des Dispositivs stellt als explizit integriertes Modell bereits einen Schritt in diese Richtung dar. Integrierte Modelle wie die einer „Mentalitätsgeschichte" von Medien (vgl. Elsner, Gumbrecht, Müller & Spangenberg 1994) im Sinne einer breit angelegten kommunikationsgeschichtlichen Zugangsweise könnten ebenso wie systemtheoretisch fundierte Konzepte, die das Fernsehen „als Objekt und Moment des sozialen Wandels" begreifen (vgl. Schatz 1996), Potentiale in eine integrierte Fernsehtheorie einbringen und dadurch auch im Bereich der Weiterentwicklung theoretischer Modelle neue Konvergenzfelder erschließen.

---

18 Ein zusätzliches Innovationsfeld ist auch im Bereich der nächsten Handy-Generation zu sehen, die den mobilen User auf interaktiver Basis mit integrierten digitalen Kommunikationsnetzwerken – in Zukunft wohl auch auf der Basis von Laufbild-Informationen – verbindet. Auf diesem Niveau erreichen audiovisuelle Anwendungen in einem Spezialsektor eine neue Transformationsstufe, die in dieser Zuspitzung diametral jenen neuen TV-Applikationen gegenübersteht, die mit opulenten Flachbild-Apparaten des digitalisierten hochauflösenden Fernsehens das Kino-Ambiente im Haushalt zu einer neuen Renaissance führt.

5 Literatur

Abramson, Albert 1990: „110 Jahre Fernsehen. ‚Visionen vom Fernsehen'", in: Decker, Edith & Peter Weibel (eds.): *Vom Verschwinden der Ferne. Telekommunikation und Kunst*, Köln: DuMont, 146-207.

Anders, Günther ⁷1985: *Die Antiquiertheit des Menschen, Band I. – Über die Seele im Zeitalter der zweiten industriellen Revolution*, München: C.H. Beck.

Augé, Marc ²1994: *Orte und Nicht-Orte. Vorüberlegungen zu einer Ethnologie der Einsamkeit*, Frankfurt am Main: Fischer.

Bachmair, Ben 1993: „Vom Auto zum Fernsehen – Kulturhistorische Argumente zur Bedeutung von Mobilität für Kommunikation", in: Abarbanell, Stephan, Claudia Cippitelli & Dietrich Neuhaus (eds.): *Fernsehen verstehen*, Frankfurt am Main: Haag und Herchen (Arnoldshainer Texte, Band 76), 33-50.

Baudry, Jean-Louis 1986: „The Apparatus: Metaphysical Approaches to the Impression of Reality in Cinema", in: Rosen, Phillip (ed.): *Narrative, Apparatus, Ideology*, New York: Columbia University Press, 299-318.

Baudry, Jean-Louis 1993: „Ideologische Effekte am Basisapparat", in: *Eikon. Internationale Zeitschrift für Photographie und Medienkunst*, H. 5/1993: 34-43 (Aus dem Französischen von Gloria Custance und Siegfried Zielinski).

Beck, Ulrich 1998: „Jenseits von Stand und Klasse? Soziale Ungleichheiten, gesellschaftliche Individualisierungsprozesse und die Entstehung neuer sozialer Formationen und Identitäten", in: Kreckel, Reinhard (ed.): *Soziale Ungleichheiten*, Göttingen: Schwartz, 35-74 (Sonderband 2, Soziale Welt).

Beck, Ulrich 1986: *Risikogesellschaft. Auf dem Weg in eine andere Moderne*, Frankfurt am Main: Suhrkamp.

Bernold, Monika 1995: „Austrovision und Telefamilie. Von den Anfängen einer ‚historischen Sendung'", in: Sieder, Reinhard, Heinz Steinert & Emmerich Tálos (eds.): *Österreich 1945-1955. Gesellschaft, Politik, Kultur*, Wien: Verlag für Gesellschaftskritik, 223-235.

Burns, R.W. 1986: *British Television. The Formative Years*, London: The Institution of Electrical Engineers.

Burns, R.W. 1998: *Television. An International History of the Formative Years*, London: The Institution of Electrical Engineers.

British Intelligence Objectives Sub-Committee 1991: „Final Report No. 867: Television Development and Aplication in Germany", in: Uricchio (ed.) 1991: 320-327.

Elsner, Monika, Thomas Müller & Peter Spangenberg 1991: „Der lange Weg eines schnellen Mediums: Zur Frühgeschichte des deutschen Fernsehens", in: Uricchio (ed.) 1991: 153-207.

Elsner, Monika, Hans Ulrich Gumbrecht, Thomas Müller & Peter M. Spangenberg 1994: „Zur Kulturgeschichte der Medien", in: Merten, Klaus, Siegfried J. Schmidt & Siegfried Weischenberg, (eds.): *Die Wirklichkeit der Medien. Eine Einführung in die Kommunikationswissenschaft*, Opladen: Westdeutscher Verlag, 163-187.

Gabler, Hans 1956: „Fernsehen im Einzel- und Kollektivempfang", in: *Rundfunk und Fernsehen* Nr. 2/1956: 148-154.

Halpern, Nathan L. 1952: „Theater Television Progress", in: *Journal of the SMPTE*, Vol. 59, August 1952: 140-143.

Hempel, Manfred 1969: *Der braune Kanal. Die Entstehung und Entwicklung des Fernsehens in Deutschland bis zur Zerschlagung des Hitlerregimes*, Leipzig: Karl-Marx-Universität Leipzig.

Herzogenrath, Wulf (ed.) 1997: *TV-Kultur: das Fernsehen in der Kunst seit 1879*, Amsterdam: Verlag der Kunst.

Hickethier, Knut 1992: „Überlegungen zur Konstruktion einer Fernsehtheorie", in: Hickethier, Knut & Irmela Schneider (eds.): *Fernsehtheorien. Dokumentation der GFF-Tagung 1990*, Berlin: Ed. Sigma Bohn, 15-27.

Hickethier, Knut 1994: „Zwischen Einschalten und ausschalten. Fernsehgeschichte als Geschichte des Zuschauens", in: Faulstich, Werner (ed.): *Vom „Autor" zum Nutzer: Handlungsrollen im Fernsehen*, München: Fink, 237-306 (Geschichte des Fernsehens in der Bundesrepublik Deutschland. Hg. von Helmut Kreuzer und Christian W. Thomsen, Band 5).

Hickethier, Knut 1995: „Dispositiv Fernsehen. Skizze eines Modells", in: *montage/av* 4/1: 63-83.

Hoppe, Joseph 1995: „Fernsehen als Waffe. Militär und Fernsehen in Deutschland 1935-1950", in: Museum für Verkehr und Technik (ed.): *Ich diente nur der Technik. Sieben Karrieren zwischen 1940 und 1950*, Berlin: Nicolaische Verlagsbuchhandlung, 53-88. (Berliner Beiträge zur Technikgeschichte und Industriekultur. Schriftenreihe des Museums für Verkehr und Technik Berlin, Band 13).

Kleinsteuber, Hans J. 1996: „Die Entwicklung von HDTV in der High-Tech-Triade Japan-Europa-USA", in: Blind, Sonja & Gerd Hallenberger (eds.): *Technische Innovationen und Dynamik der Medienentwicklung*, Arbeitshefte Bildschirmmedien 63, Siegen, 41-66.

Kleinsteuber, Hans J. & Marcel Rosenbach 1998: „Digitales Fernsehen in Europa. Eine Bestandsaufnahme", in: *Rundfunk und Fernsehen* 1/1998: 24-57.

Kniestedt, Joachim 1985: „Die historische Entwicklung des Fernsehens. Zur Eröffnung des Deutschen Fernsehrundfunks vor 50 Jahren in Berlin", in: *Archiv, Zeitschrift für Rechts-, Verwaltungs- und Verkehrswissenschaft der Deutschen Bundespost* 37.3: 185-239.

Latzer, Michael 1997: *Mediamatik: Die Konvergenz von Telekommunikation, Computer und Rundfunk*, Opladen: Westdeutscher Verlag.

Lempp, Michael 1991: „Mobilisierung des Immobiliars. ‚Die ideale Lösung ist immer der Teewagen'", in: Ludwig-Uhland-Institut für Empirische Kulturwissenschaft der Universität Tübingen, Projektgruppe: *Partykultur der 50er Jahre: Partykultur? Fragen an die Fünfziger*, Tübinger Vereinigung für Volkskunde e.V., 141-143.

McArthur, Tom & Peter Waddell 1986: *The Secret Life of John Logie Baird*, London, Melbourne: Hutchinson.

Paech, Joachim 1990: „Das Sehen von Filmen und filmisches Sehen. Anmerkungen zur Geschichte der filmischen Wahrnehmung im 20. Jahrhundert", in: Blümlinger, Christa (ed.): *Sprung im Spiegel. Filmisches Wahrnehmen zwischen Fiktion und Wirklichkeit*, Wien: Anabas, 33-49.

Paech, Joachim 1991: „Eine Dame verschwindet. Zur dispositiven Struktur apparativen Erscheinens", in: Gumbricht, Hans Ulrich & Ludwig K. Pfeiffer (eds.): *Paradoxien, Dissonanzen, Zusammenbrüche*, Frankfurt/ Main: Suhrkamp, 773-790.

Paech, Joachim 1994: „Das Fernsehen als symbolische Form", in: *Digitales Fernsehen – eine neue Medienwelt?* ZDF Schriftenreihe, H. 50, Technik, Mainz, 81-88.

Rammert, Werner 1993: *Technik. Aus soziologischer Perspektive*, Opladen: Westdeutscher Verlag.

Reiss, Erwin 1979: *„Wir senden Frohsinn". Fernsehen unterm Faschismus*, Berlin: Elefanten Press.

Reiss, Erwin 1991: „Zum ORGANisationsprizip TELEVISION. Von der Unverträglichkeit eines Mediums mit dem faschistischen Regime: deutsches Fernsehen 1933-1945", in: Uricchio, William (ed.): *Die Anfänge des deutschen Fernsehens. Kritische Annäherungen an die Entwicklung bis 1945*, Tübingen: Niemeyer, 283-309.

Riedel, Heide 1985: *Fernsehen – Von der Vision zum Programm. 50 Jahre Programmdienst in Deutschland*, Berlin: Deutsches Rundfunkmuseum.

Robida, Albert 1981: *Le Vingtième Siècle*, Paris [1883] (Reprint Editions Slatkine, Genève, Paris).

Schatz, Heribert 1992 (ed.): *Fernsehen als Objekt und Moment des sozialen Wandels. Faktoren und Folgen der aktuellen Veränderungen des Fernsehens*, Opladen: Westdeutscher Verlag.

Schulze, Gerhard 1992: *Die Erlebnisgesellschaft. Kultursoziologie der Gegenwart*, Frankfurt am Main/New York: Campus.

Sieder, Reinhard, Heinz Steinert & Emmerich Tálos 1995: „Wirtschaft, Gesellschaft und Politik in der Zweiten Republik. Eine Einführung", in: id. (eds.) 1995: 9-32.

Sierek, Karl 1990: „Einstellungswechsel. Vom kinematographischen zum televisuellen Dispositiv", in: *Blimp*, H. 15: 30-34.

Sierek, Karl 1993: *Aus der Bildhaft. Filmanalyse als Kinoästhetik*, Wien: Verlag Sonderzahl.

Silverstone, Roger 1994: *Television and Everyday Life*, London/New York: Routledge.

Steinmaurer, Thomas 1998: „Interaktivität. Kommunikatives Phänomen auf unterschiedlichen medialen Niveaus", in: *Medien Journal* 22.4: 29-40.

Steinmaurer, Thomas 1999: *Tele-Visionen. Zur Theorie und Geschichte des Fernsehempfangs*, Wien/Innsbruck: Studienverlag.

Uricchio, William 1991 (ed.): *Die Anfänge des deutschen Fernsehens. Kritische Annäherungen an die Entwicklung bis 1945*, Tübingen: Niemeyer.

Winker, Klaus 1994: *Fernsehen unterm Hakenkreuz. Organisation, Programm, Personal*, Köln: Böhlau.

Williams, Raymond 1975: *Television. Technology and Cultural Form*, New York: Schocken Books.

Williams, Raymond 1984: „Mobile Privatisierung", in: *Das Argument*, 26. Jg., März/April 1984: 260-263.

Zeutschner, Heiko 1995: *Die braune Mattscheibe. Fernsehen im Nationalsozialismus*, Hamburg: Rotbuch.

Zielinski, Siegfried 1989a: *Audiovisionen. Kino und Fernsehen als Zwischenspiele in der Geschichte*, Reinbek bei Hamburg: Rowohlt.

Zielinski, Siegfried 1989b: „Das Möbel mit der Elektronenröhre. Splitter zum Paradigmenwechsel in der Geschichte der Audiovision", in: *Unsere Medien, Unsere Republik* 3, Dez. 1989: 16-18.

Über die Autoren

Daiber, Jürgen, PD Dr. phil. (geb. 1961), Studium der Pädagogik an der PH Heidelberg, Staatsexamen 1986; ab 1987 Studium der Germanistik und Linguistischen Datenverarbeitung in Heidelberg, Mannheim und Trier; Magister Artium 1992; ab 1992 Promotions-Stipendium des Landes Rheinland-Pfalz, Promotion 1994; ab Sommer 1994 Kulturredakteur der Tageszeitung „Heilbronner Stimme"; Mai 1995 bis heute: Tätigkeit als Wissenschaftlicher Assistent für Neuere deutsche Literaturwissenschaft an der Universität Trier; Habilitation 2001. PUBLIKATIONEN (in Auswahl): *Poetisierte Naturwissenschaft. Zur Rezeption naturwissenschaftlicher Theorien im Werk von Botho Strauß*, Frankfurt a. Main: Peter Lang 1996; *„Experimentalphysik des Geistes"* – *Novalis und das romantische Experiment*, Göttingen: Vandenhoeck 2001.

Dotzler, Bernhard J., Dr. phil., Forschungsdirektor für Literatur- und Wissenschaftsgeschichte am Zentrum für Literaturforschung, Berlin. Studium der Philosophie, Neueren deutschen Literaturgeschichte, Deutschen Philologie und Kulturwissenschaft in Freiburg, Siegen, Bochum und Berlin (HU). 1991-92 Referent der Geschäftsstelle des Wissenschaftsrates, Köln. 1992-95 Wiss. Mitarbeiter der Förderungsgesellschaft wiss. Neuvorhaben, Forschungsschwerpunkt Literaturforschung, Berlin. 1996-2000 Wiss. Assistent am Institut für Deutsche Sprache und Literatur der Universität zu Köln; daselbst Projektleiter am Kulturwissenschaftlichen Forschungskolleg „Medien und kulturelle Kommunikation", Teilprojekt: „Archäologie der Medientheorie". 1997 Visiting Lecturer an der University of Cambridge, UK (Lent Term). 1998 Gastprofessor für Medientheorie an der Akademie der Bildenden Künste, Nürnberg. BUCHPUBLIKATIONEN u.a.: *Der Hochstapler. Thomas Mann und die Simulakren der Literatur* (München 1991), *Papiermaschinen. Versuch über* COMMUNICATION & CONTROL *in Literatur und Technik* (Berlin 1996), *Grundlagen der Literaturwissenschaft. Exemplarische Texte* (Hrsg., Köln / Weimar / Wien 1999).

Felix, Jürgen, geb. 1955, Dr. phil., lehrt Filmwissenschaft an der Johannes Gutenberg-Universität Mainz, Mitherausgeber der Zeitschriften AUGENBLICK. MarburgerHefte zur Medienwissenschaft und MEDIENwissenschaft: rezenzionen/reviews, Artikel und Aufsätze zur Filmgeschichte und Medientheorie, Buchveröffentlichungen als Autor/Herausgeber (Auswahl): *Woody*

Allen. Komik und Krise (1992), *Unter die Haut. Signaturen des Selbst im Kino der Körper* (1998), *Genie und Leidenschaft. Künstlerleben im Film* (2000), *Die Wiederholung* (2001), *Moderne Film Theorie* (erscheint 2001).

Gwóźdź, Andrzej, Prof. Dr. (geb. 1953), Professor an der Śląski Universität in Katowice (Leiter des Lehrstuhls für Film- und Medienwissenschaft) und an der Lodzer Universität. 1972-1981 Studium der Polonistik und Germanistik. 1984 Promotion in Katowice mit einer Arbeit zur Filmsemiotik. 1991 Habilitation in Wrocław (Breslau) aufgrund einer Habilitationsschrift zur Theoriegeschichte der deutschen Filmtheorie bis 1933. 1999 ausserordentliche Professur. Zahlreiche Forschungsstipendien in Deutschland (DAAD, Alexander von Humboldt-Stiftung, Volkswagen-Stiftung). 1996 Visiting Professor an der Universität Utrecht. Im Wintersemester 1998/1999 Gastprofessur an der Universität Konstanz (Medienwissenschaft). Autor, Coautor mehrerer Bücher und zahlreicher Beiträge in Fachzeitschriften und Sammelbänden, Herausgeber und Mitherausgeber vieler Anthologien, u.a. *Filmtheorie in Polen* (1992) und eines zweibändigen Sammelbandes zur Geschichte und Gegenwart der deutschen Filmtheorie.

Herwig, Henriette, Prof. Dr. phil., Studium der Germanistik, evangelischen Theologie, Gesellschafts- und Erziehungswissenschaften in Kassel, Zürich und Bern, gefördert von der *Studienstiftung des deutschen Volkes*. 1985 Promotion mit einer Arbeit über Dialogstrukturen im dramatischen Werk von Botho Strauß (Tübingen: Stauffenburg 1986), für die sie mit dem Georg-Forster-Preis des Kasseler Hochschulbundes ausgezeichnet wurde. 1988/89 Visiting Scholar an den Universitäten Harvard und Duke (USA). 1996 Habilitation mit einer Arbeit über Goethes *Wilhelm Meisters Wanderjahre* (Tübingen / Basel 1997). 1986-2001 Assistentin, Oberassistentin, schließlich Dozentin für *Neuere deutsche Literatur* an der Universität Bern. Lehrstuhlvertretungen und Gastdozenturen an den Universitäten Bern, Basel, Wien, Freiburg im Breisgau und an der FU Berlin. Herbst 2000 Berufung als Professorin für *Neuere deutsche Literaturgeschichte* an die Albert-Ludwigs-Universität Freiburg im Breisgau. Gründungspräsidentin der *Goethe-Gesellschaft Schweiz*. Publikationen zu Goethe und zur Goethezeit, zur Literatur des 20. Jahrhunderts, insbesondere zu Botho Strauß, zur Frauenliteratur, Schweizer Literatur, Literatursemiotik und Literaturtheorie.

Hess-Lüttich, Ernest W.B., Prof. Dr. Dr., Jg. 1949. 1972 M.I.L. (London), 1974 M.A. (Bonn), 1976 Dr. phil. (Bonn), 1980 Dr. phil. habil. (Berlin), 1985 Dr. paed. (Bonn). 1970-72 Lektor f. Deutsch als Fremdsprache Univ. of London, 1972-74 Tutor f. Anglistik Univ. Bonn, 1974-75 Wiss. Ass. f. Anglistik TU Braunschweig, 1975-80 Wiss. Ass. f. Germanistik FU Berlin, 1980-85 Wiss. Ass. u. Priv. Doz. f. Germanistik Univ. Bonn, 1985-90 Prof. Germanistik u. Linguistik FU Berlin, 1990-92 Full Prof. of German, Assoc. Prof. of Comparative Literature, Indiana University Bloomington, Fellow at Research Center for Semiotic Studies Bloomington, 1992- Ordinarius für Germanistik (Sprach- u. Literaturwiss.) Univ. Bern, Schweiz. 1986-88 Vize-Präs. d. GAL (Dt. Ges. f. Angew. Ling.), 1993-99 Präs. d. DGS (Dt. Ges. f. Semiotik). 1990 Distinguished Max Kade Prof. Indiana Univ., 1998 Pro Helvetia Swiss Chair at CUNY Graduate Center, 1999 Distinguished Max Kade Prof. Univ. of Florida, 2000 DAAD Prof. Minas Gerais Univ., Gastprofessuren in München, Graz, Essen, Madison/Wisconsin, Saarbrücken, Bloomington/Indiana, Berlin, New York, Gainesville/Florida, Belo Horizonte/Brasilien. FORSCHUNGSSCHWERPUNKTE: Diskursforschung (soziale, literarische, ästhetische, intermediale, interkulturelle, intra-/subkulturelle, institutionelle, fachliche, öffentliche Kommunikation). VERÖFFENTLICHUNGEN: 10 Bücher (*Grundlagen d. Dialoglinguistik* 1981, *Kommunikation als ästhetisches Problem* 1984, *Zeichen u. Schichten in Drama u. Theater* 1985, *Angewandte Sprachsoziologie* 1987, *Grammatik d. dt. Sprache* ³1999, *Literary Theory and Media Practice* 2000 u.a.); 20 (Co-)Editionen (*Literatur u. Konversation* 1980, *Multimedia Communication* 1982, *Theatre Semiotics* 1982, *Textproduktion – Textrezeption* 1983, *Zeichengebrauch in Massenmedien* 1985, *Integration u. Identität* 1985, *Text Transfers* 1987, *Code-Wechsel* 1990, *Interkulturelle Verständigung in Europa* 1990, *Literature and Other Media* 1991, *Medienkultur–Kulturkonflikt* 1992, *Semiohistory and the Media* 1994, *Textstrukturen im Medienwandel* 1996, *Fremdverstehen* 1996, *Kult, Kalender u. Geschichte* 1997, *Signs & Time* 1998, *Signs & Space* 1998, *Kommunikationstheorie und Zeichenpraxis* 2000, *Medien, Texte und Maschinen* 2001); ca. 200 Aufsätze in wiss. Zss., Handb., Sammelw.; ca. 200 Rezz., Ber., Misz., Presseart., Interviews.

Lemke, Inga, Dr. phil., Jg. 1960; seit 1986 freiberufliche journalistische Tätigkeit als Kunstkritikerin, u.a. für den *Kölner Stadt-Anzeiger* und die *Süddeutsche Zeitung*; 1992 Promotion in germanistischer Medienwissenschaft und Kunstgeschichte; wissenschaftliche Mitarbeiterin des DFG-Sonderforschungsbereichs „Bildschirmmedien" und Lehrtätigkeit an der Universität Siegen;

1997-1999 Visiting Scholar an der New York University. Wissenschaftliche Schwerpunkte: Kunst- und Ausstellungsgeschichte des 20. Jahrhunderts, Vermittlung zeitgenössischer Kunst, Theater- und Literaturadaption in Film und Fernsehen, Mediengeschichte und -ästhetik, Video, Intermedialität und Theatralität. BUCHPUBLIKATIONEN: *Documenta-Dokumentationen. Die Problematik der Präsentation zeitgenössischer Kunst im Fernsehen – aufgezeigt am Beispiel der documenta-Berichterstattung der öffentlich-rechtlichen Fernsehanstalten in der Bundesrepublik Deutschland 1955-1987* (Diss.phil. Siegen 1992), Marburg 1995; als Herausgeberin: *Theaterbühne – Fernsehbilder. Sprech-, Musik- und Tanztheater im und für das Fernsehen.* Anif/Salzburg 1998.

Müller, Jürgen E., PD Dr. phil., geb. 1950, Universitätshauptdozent für Film- und Fernsehwissenschaft an der Universität Amsterdam. VERTRETUNGS- UND GASTPROFESSUREN: Universität Passau, Université de Montréal, Universität Wien und Universität Salzburg. Herausgeber der Reihe *Film und Medien in der Diskussion* (Münster, Nodus), Mitglied des internationalen Editorial Board der Zeitschrift *Cinémas*. FORSCHUNGSSCHWERPUNKTE: Multi- und Intermedialität; Film und Semiohistorie; Film- und Medientheorie; Geschichte der Audiovision und des Fernsehens; Rezeptionsforschung; Literatursoziologie. BUCHPUBLIKATIONEN (in Auswahl): *Texte et médialité* (Hrsg., Mannheim 1987); *Blick-Wechsel. Tendenzen im Spielfilm der 70er und 80er Jahre* (mit M. Vorauer, Hrsg., Münster 1993); *Semiohistory and the Media* (mit E.W.B. Hess-Lüttich, Hrsg., Tübingen 1994); *Towards a Pragmatics of the Audiovisual* (Hrsg., 2 Bde., Münster 1994/5); *Intermedialität. Formen moderner kultureller Kommunikation* (Münster 1996); *Signs & Space* (mit E.W.B. Hess-Lüttich & A. v. Zoest, Hrsg., Tübingen 1998); *Quebek und Kino* (mit Michel Larouche, Hrsg., Münster 2001 – in Druck). Zahlreiche Artikel in Sammelbänden und Zeitschriften.

Rusterholz, Peter, Prof. Dr., Jg. 1934; Studium und Assistenz am Deutschen Seminar der Universität Zürich, Professur für Neuere deutsche Literatur in Kassel, von 1980 bis 2000 Ordinarius für Neuere deutsche Literatur an der Universität Bern. Lehre und Forschung in historischer Hermeneutik, zur Semiotik und Mediengeschichte, zur Literatur des Barock, der Goethezeit und der deutschsprachigen Literaturen Deutschlands, Österreichs und der Schweiz des 20. Jahrhunderts, Leitung von Forschungsprojekten zum Nachlass von

Friedrich Dürrenmatt im Schweizerischen Literaturarchiv, zur Zeit Gastprofessur an der TU Berlin.

Schiewer, Gesine Lenore, PD Dr. phil., Oberassistentin am Institut für Germanistik der Universität Bern, Abteilung für Angewandte Linguistik, Text- und Kommunikationswissenschaft. ARBEITSSCHWERPUNKTE: Neuere deutsche Literaturwissenschaft, Germanistische Linguistik/Angewandte Linguistik; speziell Ästhetik, Sprach- und Erkenntnistheorie im 17. und 18. Jahrhundert, historische Semiotik, Logik und Semantik im 19. Jahrhundert (John Stuart Mill und seine Rezeption), literatursprachliche Entwicklungen des Deutschen im 19. und 20. Jahrhundert, interdisziplinäre Bereiche von Linguistik und Literaturwissenschaft. VERÖFFENTLICHUNGEN: *Cognitio symbolica. Lamberts semiotische Wissenschaft und ihre Diskussion bei Herder, Jean Paul und Novalis* (1995); Aufsätze und Rezensionen in Fachzeitschriften und Sammelbänden.

Steinmaurer, Thomas, Dr. phil., geb. 1963, ist Universitätsassistent am Institut für Kommunikationswissenschaft der Universität Salzburg. Die FORSCHUNGSSCHWERPUNKTE liegen in den Bereichen der Theorie und Geschichte des Fernsehens, der Analyse der Kommunikations- und Medienlandschaft Österreichs und in der theoretischen Auseinandersetzung mit den Wechselwirkungen des medialen und gesellschaftlichen Wandels. WICHTIGE VERÖFFENTLICHUNGEN: „Interaktivität. Kommunikatives Phänomen auf unterschiedlichen medialen Niveaus", in: *Medien Journal*, 22. Jg., H. 4, 29-40; *Tele-Visionen: Zur Theorie und Geschichte des Fernsehempfangs*. Wien, Innsbruck: Studien Verlag 1999; „Das Rundfunksystem Österreichs", in: *Internationales Handbuch für Hörfunk und Fernsehen* 2000/2001. Hamburg: Nomos Verlagsgesellschaft 2000, 495-511; „Tele-Transformationen", in: Flach, Sabine / Grisko, Michael (Hg.): *Fernsehperspektiven. Aspekte zeitgenössischer Medienkultur*. München: KoPäd Verlag 2000, 281-195.

Vogel, Christina, PD Dr. phil., ist seit 1996 Privatdozentin für französische und rumänische Literatur an der Universität Zürich. Zu ihren BUCHVERÖFFENTLICHUNGEN zählen: *Diderot: L'esthétique des „Salons"* (1993); *Les „Cahiers" de Paul Valéry* (1997); (Hg.) *Les Unités discursives dans l'analyse sémiotique* (1998). Seit 1993 arbeitet sie an der bei Gallimard in Paris erschei-

nenden ersten integralen Edition der *Cahiers* Paul Valérys mit. Zu ihren FOR-
SCHUNGSSCHWERPUNKTEN gehören: Kunst- und Literaturkritik (insbesondere
im 18. und 20. Jahrhundert), die Infragestellung von Subjektivität in der Literatur der Nachkriegszeit (vor allem durch die Nouveaux Romanciers) sowie
Literaturtheorie (vornehmlich semiotische und textgenetische Modelle).

Adressen

PD Dr. Jürgen Daiber
Universität Trier
Germanistik / NDL
D-54286 Trier
0651-201-2317
daiber@uni-trier.de

Dr. Bernhard Dotzler
Forschungsdirektor für Literatur-
und Wissenschaftsgeschichte
Zentrum für Literaturforschung
Jägerstr. 10-11
D-10117 Berlin
dotzler@zfl.gwz-berlin.de

Dr. Jürgen Felix
Filmwissenschaft
Johannes Gutenberg-Universität Mainz
Wallstr. 11
D-55122 Mainz
juergenfelix@aol.com

Prof. Dr. Andrzej Gwóźdź
ul. Rożanowicza 5/7
PL-40-148 Katowice
gwan@homer.fil.us.edu.pl

Prof. Dr. Henriette Herwig
Deutsches Seminar II
Albert-Ludwigs-Universität
Freiburg im Breisgau
Werthmannplatz 3
D-79085 Freiburg
ubinggeli@sm-philhist.unibe.ch

Prof. Dr. Dr. Ernest W.B. Hess-Lüttich
Universität Bern
Institut für Germanistik
Länggass-Str. 49
CH-3000 Bern 9
Tel.: +41 31 631 83 07
Fax: +41 31 631 37 88
hess@germ.unibe.ch

Dr. Inga Lemke
Weberstr. 91
D-53113 Bonn
Tel.: +49-228-261 85 66
Dr.Inga.Lemke@t-online.de

Prof. Dr. Jürgen E. Müller
Universiteit van Amsterdam
Faculteit der Geesteswetenschappen
Leerstoelgroep filmen-
en televisiewetenschap
Nieuwe Doelenstraat 16
NL-1012 CP Amsterdam
Tel.: +31 20 525 2995 / 2980
Fax: +31 20 525 4599
JMueller@hum.uva.nl

Prof. Dr. Peter Rusterholz
Universität Bern
Institut für Germanistik
Länggassstr. 49
CH-3000 Bern 9
Tel.: +41 31 631 83 12
Fax: +41 31 631 37 88

PD Dr. Gesine Lenore Schiewer
Universität Bern
Insitut für Germanistik
Länggassstr. 49
CH-3000 Bern 9
Tel.: +41 31 631 83 13
Fax: +41 31 631 37 88
gesine.schiewer@germ.unibe.ch

Dr. Thomas Steinmaurer
Universität Salzburg
Inst. für Kommunikationswissenschaft
Rudolfskai 42
A-5020 Salzburg
Tel.: +43 662 8044-4150(51)
Fax: +43 662 8044 4190
Thomas.Steinmaurer@sbg.ac.at

PD Dr. Christina Vogel
Universität Zürich
Romanisches Seminar
Plattenstr. 32
CH-8028 Zürich
chvogel@rom.unizh.ch